DECISÕES DE ALTO IMPACTO

Uranio Bonoldi

DECISÕES DE ALTO IMPACTO

COMO DECIDIR COM MAIS CONSCIÊNCIA E SEGURANÇA NA CARREIRA E NOS NEGÓCIOS

ALTA BOOKS
E D I T O R A
Rio de Janeiro, 2021

Decisões de Alto Impacto

Copyright © 2021 da Starlin Alta Editora e Consultoria Eireli.
ISBN: 978-65-5520-853-5

Todos os direitos estão reservados e protegidos por Lei. Nenhuma parte deste livro, sem autorização prévia por escrito da editora, poderá ser reproduzida ou transmitida. A violação dos Direitos Autorais é crime estabelecido na Lei nº 9.610/98 e com punição de acordo com o artigo 184 do Código Penal.

A editora não se responsabiliza pelo conteúdo da obra, formulada exclusivamente pelo(s) autor(es).

Marcas Registradas: Todos os termos mencionados e reconhecidos como Marca Registrada e/ou Comercial são de responsabilidade de seus proprietários. A editora informa não estar associada a nenhum produto e/ou fornecedor apresentado no livro.

Impresso no Brasil — 1ª Edição, 2021 — Edição revisada conforme o Acordo Ortográfico da Língua Portuguesa de 2009.

Erratas e arquivos de apoio: No site da editora relatamos, com a devida correção, qualquer erro encontrado em nossos livros, bem como disponibilizamos arquivos de apoio se aplicáveis à obra em questão.
Acesse o site www.altabooks.com.br e procure pelo título do livro desejado para ter acesso às erratas, aos arquivos de apoio e/ou a outros conteúdos aplicáveis à obra.

Suporte Técnico: A obra é comercializada na forma em que está, sem direito a suporte técnico ou orientação pessoal/exclusiva ao leitor.

A editora não se responsabiliza pela manutenção, atualização e idioma dos sites referidos pelos autores nesta obra.

Produção Editorial
Editora Alta Books

Gerência Comercial
Daniele Fonseca

Editor de Aquisição
José Rugeri
acquisition@altabooks.com.br

Produtores Editoriais
Illysabelle Trajano
Maria de Lourdes Borges
Thales Silva
Thié Alves

Marketing Editorial
Livia Carvalho
Thiago Brito
marketing@altabooks.com.br

Equipe de Design
Larissa Lima
Marcelli Ferreira
Paulo Gomes

Diretor Editorial
Anderson Vieira

Coordenação Financeira
Solange Souza

Coordenação de Eventos
Viviane Paiva

Assistente Editorial
Caroline David

Equipe Ass. Editorial
Beatriz de Assis
Brenda Rodrigues
Gabriela Paiva
Henrique Waldez
Mariana Portugal
Raquel Porto

Equipe Comercial
Adriana Baricelli
Daiana Costa
Fillipe Amorim
Kaique Luiz
Victor Hugo Morais

Atuaram na edição desta obra:

Revisão Gramatical
Alessandro Thomé
Anna Carolina Guimarães

Capa
Marcelli Ferreira

Layout e Diagramação
Catia Soderi

Dados Internacionais de Catalogação na Publicação (CIP) de acordo com ISBD

B719d	Bonoldi, Uranio
	Decisões de alto impacto: como decidir com mais consciência e segurança na carreira e nos negócios / Uranio Bonoldi ; ilustrado por Xavier. - Rio de Janeiro : Alta Books, 2021.
	352 p. : il. ; 16cm x 23cm.
	Inclui índice e anexo.
	ISBN: 978-65-5520-853-5
	1. Administração. 2. Negócios. 3. Decisões. 4. Carreira. I. Xavier. II. Título.
2021-4140	CDD 658.4012
	CDU 65.011.4

Elaborado por Vagner Rodolfo da Silva - CRB-8/9410

📧 **Ouvidoria:** ouvidoria@altabooks.com.br

Editora afiliada à:

Rua Viúva Cláudio, 291 — Bairro Industrial do Jacaré
CEP: 20.970-031 — Rio de Janeiro (RJ)
Tels.: (21) 3278-8069 / 3278-8419
www.altabooks.com.br — altabooks@altabooks.com.br

Sumário

Dedicatória 7

Agradecimentos 9

Quem deve ler este livro 11

Prefácio 13

Introdução 17

1. Nada é mais importante para a carreira e para os negócios do que saber decidir 23
2. Por que tomamos más decisões? 43
3. Por que é difícil tomar decisões racionais? 61
4. Você é livre e responsável para decidir? 79
5. Decidir bem é decidir com poder 93
6. Conhecer a si mesmo para decidir melhor 109
7. Ingredientes para uma boa decisão — a metodologia 123
8. Como a metodologia funciona na vida real 149
9. Um método para aliviar pressões 167
10. Informações e alternativas em excesso podem ser perigosas 185
11. O desafio de decidir levando em conta as expectativas dos outros 203
12. Os valores pesam em negociações complexas 219
13. Riscos são inevitáveis. Devemos respeitá-los, jamais temê-los 233
14. Um software que contava mentiras 247
15. A seguradora que trocou a confiança dos clientes por bônus 259
16. A indústria farmacêutica que ameaçava levar seus clientes à morte 271
17. Um roteiro para uma empresa brasileira se internacionalizar 283
18. Uma arquitetura de negócios malfeita 291
19. Otávio e sua transição de carreira 301
20. Podemos tomar decisões difíceis em situações tremendamente adversas e hostis 311

Conclusão 325

Anexo 329

Índice 350

Dedicatória

Dedico este livro à minha família, que sempre me apoiou no processo de minhas escolhas e decisões. Começo pelos meus pais (*in memoriam*), Uranio e Tita Bonoldi, e aos meus irmãos, Fabio e Ana.

À minha esposa, Paola; meus filhos, Roberta e Aurelio; e à minha nora, Mariela, que, juntos, me proporcionaram a possibilidade de também dedicar este livro ao mais novo integrante da família, meu neto, Valentin.

Que este livro possa proporcionar apoio nos processos de escolha e decisão e consequente desenvolvimento equilibrado e feliz em suas vidas.

Agradecimentos

Leitor, gostaria de começar agradecendo a você por ter se interessado pelo título e subtítulo deste livro, ter chegado até aqui e estar com a mente aberta e disposto a desenvolver melhor seu processo de escolhas e tomada de decisão. Isso é muito bom, e agradeço imensamente pelo seu interesse e espero poder corresponder, contribuindo para melhorar seu nível de consciência e segurança nesse processo.

Recebi apoio incondicional de muita gente para a construção deste livro, muita gente mesmo. Nunca ficou tão claro o quanto precisamos uns dos outros, em particular no tratamento de tema tão importante e delicado. Decisão: "Processo cognitivo que resulta na seleção de uma opção entre várias alternativas." A palavra "cognitivo" complica tudo, pois envolve o observar, o processar, o avaliar e o avançar, tomar a atitude. No "observar", no "processar" e no "avaliar", a componente emoção está sempre presente e pronta para nos angustiar e ativar o medo e as reações em todas suas facetas. Delicado, não? Então foi assim, nada mais nada menos do que seis anos de construção da metodologia e testes. Teste, avaliação, ajustes e mais testes, a fim de proporcionar uma metodologia que pudesse aliviar essa angústia e trazer maior consciência, segurança e consistência ao ato de tomar uma atitude, de decidir e seguir em frente com a vida.

Ao longo desse processo, inúmeras pessoas tiveram a paciência de me ouvir, apoiar e ajudar a testar a metodologia, e me encorajaram a escrever este livro. Sinto-me na obrigação de agradecê-las, dividir o mérito deste livro e apresentá-las a você. São elas: Alberto Ayres, Amyr Klink, Antônio Silvio Curiati, Arnaldo Farias, Barbara Mattos, Carla Weisz, Eduardo Villela, Eliane Terrataca, Fábio Barbosa, Flavia Baptista da Costa, João Cordeiro, Leonardo Mourão, Monica Carvalho, Oscar Boronat, Renato Simeira Jacob, Xavier de Lima e minha esposa, Paola, pela crítica construtiva e paciência em entender que em alguns momentos de lazer não pude estar com ela.

Agradeço a todos que me ouviram e me questionaram ao longo das aulas que ministrei na Fundação Dom Cabral e que assistiram às minhas palestras, pois em muito me ajudaram a eleger os melhores casos, as melhores histórias e a forma de apresentar a metodologia e minhas ideias.

Ao time Alta Books, por me acolher e desenvolver um primoroso trabalho de edição e distribuição desta obra.

A todos, meu muito obrigado.

Uranio Bonoldi

Quem deve ler este livro

"O homem que planta árvores, sabendo que
nunca se sentará à sombra delas, começou a
entender o significado da vida."

Rabindranath Tagore[1]

Este livro foi escrito para gestores de empresas privadas e públicas — conselheiros de empresas, presidentes, vice-presidentes, diretores, gerentes, supervisores e coordenadores de equipes. Ou seja, não importa se no mundo privado ou público, para pessoas que exerçam liderança sobre determinado grupo de colaboradores e que precisam que seus times ajam de forma alinhada aos propósitos corporativos, com alta capacidade de execução e conclusão. Para tanto, cada vez mais pessoas com algum grau de comando precisam ser líderes legítimos, e isso se constrói pela maneira como o líder escolhe e toma suas decisões — o líder de hoje deve ser exemplo. Suas decisões estão alinhadas aos valores corporativos, bem como aos valores pessoais? Suas orientações estão alinhadas entre aquilo que pensa, sente, fala e como age? Essa capacidade da liderança em conduzir seus times lhe dá credibilidade e grande e legítimo poder de influência, o que permite liderar seus coordenados, desenvolvê-los, eliminar comportamentos e atitudes que possam ser nocivas e reforçar a prática da ética.

Líderes que somos de nossa vida, este livro também foi escrito para o indivíduo moldar sua carreira e trilhar sua vida profissional de modo mais assertivo, com mais consciência e segurança. E, adicionalmente, proporcionar a pais, educadores em geral, mentores, enfim, àqueles que têm a oportunidade de proporcionar educação e orientação hoje e às futuras gerações, uma forma estruturada e objetiva de perguntar e responder a si mesmos sobre como escolher e decidir melhor para um excelente nível de convivência e sustentabilidade do planeta.

---

1 **Rabindranath Tagore** (1861-1941): escritor, Prêmio Nobel de Literatura e místico indiano. Seus versos contribuíram de maneira significativa para o melhor conhecimento mútuo das culturas indiana e ocidentais. Nasceu em Calcutá, Índia, então sob o domínio britânico, no dia 7 de maio de 1861.

Prefácio

O filósofo espanhol José Ortega y Gasset destacou que "O homem é o homem e a sua circunstância". A vida é feita de acontecimentos, alguns marcantes, outros nem tanto, de experiências positivas e negativas e, principalmente, das lições que aprendemos com tudo o que acontece conosco e com os outros. É essa sequência particular que nos molda como indivíduos, ou seja, a vida é o que nós fazemos dela a partir de nossas inúmeras decisões.

Tive a oportunidade de falar muitas vezes com jovens e sempre busco chamar a atenção para esse ponto. A vida é uma maratona, e não uma corrida de 100 metros. A cada decisão, um novo leque de oportunidades se abre. Esse encadeamento de decisão e oportunidade forma tanto nossa carreira profissional quanto nossa vida particular, porque, como nos lembra Uranio Bonoldi na introdução deste livro, "na vida real, não nos faltam oportunidades em que nossas decisões provocam importantes repercussões".

Todos os dias, tomamos decisões. Algumas são corriqueiras e não têm muito impacto, ainda que mesmo essas carreguem certa dose de folclore, como o autor nos conta, e há decisões com mais consequências. Não sou estudioso de ética ou filósofo, mas essas decisões de muito impacto sempre me chamaram a atenção porque elas fazem parte do quotidiano de um executivo. Assim como o autor, acredito que o papel do líder em uma organização é garantir o resultado, visando a perpetuidade da empresa, ao mesmo tempo em que encontra a melhor forma de motivar e engajar o time, para que cada um possa dar o melhor de si e se desenvolver.

Fiz minha carreira no setor financeiro, até chegar a presidente do antigo Banco Real, e muitas vezes fui questionado sobre meu processo para tomar decisão. Compartilho com vocês três pontos que sempre levei em consideração para tomar uma decisão importante: informação, emoções e valores. Lendo este livro, percebi que os pontos que eu seguia de forma instintiva formavam um método.

O medo é uma emoção que remete aos nossos instintos mais primitivos, e ele pode nos paralisar ou nos proteger. Esse medo nos protege quando nos faz estar mais bem preparados para uma determinada situação, como estudar mais uma vez uma apresentação antes de fazê-la em público. Acredito que a melhor forma de não deixar que o medo nos paralise é recolher informações e dados que nos ajudem a entender o contexto no qual aquela decisão será tomada, seus riscos e suas oportunidades.

O segundo ponto é o emocional. Como explica o autor no terceiro capítulo desse livro, somos animais emocionais e nunca conseguiremos ser 100% racionais, e eu acrescento:

felizmente. Ao longo de minha carreira, além de compilar uma série de informações para sempre servirem de base para minhas decisões, procurei ponderá-las com o tempo. Certa vez, escrevi um artigo, com uma pitada de humor irônico: "Não tenho tido sucesso na contratação... toda vez que eu tento contratar um profissional, sempre vem uma pessoa junto." Faz parte do processo de gestão de pessoas lidar com frustrações, sonhos, ambições, valores e emoções. Ao mesmo tempo em que isso torna tudo um pouco mais complicado, é o que nos torna humanos. Negar o papel das emoções na formação do indivíduo não faz bem para a saúde mental de ninguém, ainda mais nestes tempos em que ouvimos falar tanto de depressão, síndrome de Burnout, ansiedade, entre outros. A questão principal, como diz Bonoldi, é equilibrar a balança. Como você verá no livro, as emoções podem nublar nosso julgamento, nos levar a uma decisão intempestiva, ou podem nos ajudar. No meu caso, sempre que possível, eu procurava aguardar alguns dias. Costumo dizer aos mais jovens: nada como repousar as ideias no travesseiro por pelo menos uma noite, para trazer um pouco de perspectiva e ponderar as emoções e a racionalidade.

O terceiro ponto, a meu ver, é o mais importante. As decisões precisam ser baseadas em valores e no seu propósito. Infelizmente, no Brasil, durante muito tempo, prevaleceu a ideia de que, para atingir o sucesso é preciso tomar atalhos. Quantas e quantas vezes ouvi pessoas dizendo: "Para ter sucesso na vida, você tem que transigir, você tem que encontrar os atalhos.". Eu e muitos outros profissionais de sucesso nunca seguimos por esse caminho, no meu caso, talvez, por causa de fortes valores familiares, talvez por causa do DNA forte, talvez porque simplesmente não saberia jogar sujo. Sempre acreditei na força de meus valores. O melhor é sempre optar pelo caminho da transparência, do respeito, como forma de orientar nosso dia a dia. A questão não é chegar a um posto mais alto. A questão é ir tão longe quanto possível, progredir sem abrir mão de meus valores. Acreditar em minhas escolhas, seguindo minha intuição, minha vocação e sempre buscando fazer o que eu gosto, dentro de meus valores, foram atitudes que ajudaram muito para que eu tivesse realização no trabalho e felicidade na vida. A medida para avaliar minhas decisões sempre foi muito simples: se eu puder comentar com meus filhos durante o jantar, então está de acordo com os valores que sigo e propago.

O primeiro passo da metodologia desenvolvida por Bonoldi é o autoconhecimento. Assim como o autor, eu também acredito que conhecer a si mesmo é a base de tudo. Quantas vezes vi jovens profissionais dizendo "vou me candidatar para aquela posição porque o salário é maior"! Outra situação: alguém recomendando a demissão de algum profissional porque ele ou ela não tinha alguma habilidade específica que era essencial para aquela função, quando poderia ser transferido para outro departamento. O que há de errado com essas situações? É que, em ambas, o autoconhecimento ficou para escanteio. Não gosto da definição de pontos fortes e fracos, eu acredito que todos nós temos um perfil que é mais adequado para essa ou

PREFÁCIO

aquela função. Ao identificar seu perfil, seu propósito e seus valores, decisões profissionais e pessoais ficam mais fáceis, assim como o desenvolvimento individual.

Em determinado momento do livro, o autor escreve: "Agindo dessa forma, segundo nossos valores e buscando o maior número de beneficiários possível, criaremos um círculo virtuoso, no qual os resultados acabam retornando para os que produziram algo de útil para a sociedade, para o meio em que vivemos." Esse ciclo virtuoso é o que devemos motivar diariamente. É saber que, com o nosso dia a dia, nosso trabalho, nossa postura, podemos agregar valor para nossa família, para as organizações e para a sociedade. Com isso, vemos que podemos ajudar, ainda que seja só um pouquinho, a construir um Brasil um pouco melhor. Ao longo de minha carreira, por meio de minhas decisões, sempre quis mostrar que é, sim, possível dar certo, fazendo as coisas certas, do jeito certo!

Desejo que esta leitura te ajude em futuros processos de decisão e que, no processo de autoconhecimento, você consiga identificar seus valores. Eles são a base de tudo. Desejo a todos uma ótima leitura!

Por Fábio Barbosa
Presidente do Banco Real, Santander,
Febraban e da Editora Abril. Atualmente,
além de conselheiro de várias empresas, é
diretor-presidente da
Fundação Itaú.

Introdução

Certa vez, um executivo, 39 anos, CFO em uma subsidiária brasileira de uma multinacional, entrou na sala de seu CEO. Estava tão entusiasmado, que nem se lembrou de bater à porta. "Marcos, conseguimos! Vai ser possível ajustar o nosso preço ao orçamento do cliente. Manteremos nossas margens e a qualidade da entrega!" Uau! Aquela era uma boa notícia, pensou Marcos. Tão boa, que ele relevou a invasão barulhenta do executivo. O cliente sobre o qual ele falava representava uma fatia importante da receita e do lucro da organização, e o negócio quase havia ido por água abaixo por conta dos custos envolvidos.

O executivo continuou com o CEO: "Mas devo dizer que busquei a solução reunindo o nosso time. Foi um trabalho em equipe. Envolvi a área de T.I., o gestor de operações e o Cláudio, da Central de Comando e Qualidade das operações. E sabe quem teve o 'eureca!' e deu o caminho das pedras? O Cláudio!" O executivo parou por um instante. Fixou os olhos em um ponto, através do janelão da sala, que estava em algum lugar atrás, bem atrás de Marcos. Ficou assim por alguns segundos, pensativo, e indagou ao CEO em tom mais reflexivo: "Aliás, eu me pergunto a todo momento: por que o Cláudio está onde está e eu sou quem eu sou? Para mim, a capacidade do Cláudio é bem maior do que a minha. Juro que me pergunto isso o tempo todo!"

Marcos, que estava entretido em seu computador, girou a cadeira em que se encontrava sentado. Levantou-se, deu a volta na mesa, colocou a mão no ombro do CFO e disse: "A diferença entre vocês, meu caro, é que você toma ATITUDE."

Nunca mais me esqueci dessa conversa, que foi real. Era eu o CFO daquela empresa, e aquilo que ouvi do CEO foi o começo de uma profunda transformação que se estenderia pelos anos seguintes e, finalmente, ganharia forma neste livro.

Escolhas, decisões, atitude e ação sempre fizeram parte de minha carreira profissional e me proporcionaram uma trajetória que considero confortável e recompensadora. Considero que a grande responsável pelas conquistas que eventualmente experimentei em minha vida profissional foi a maneira como tomei decisões — com erros e acertos, mas sempre refletindo após os resultados, o que me permitiu entender por que ora dava certo e ora errava.

Além de estar em posições que me colocaram diante da necessidade de tomar decisões difíceis, algo que me ensinou, às vezes com alguns fortes puxões de orelha da vida, a como perceber quais eram os caminhos mais efetivos diante das escolhas que se apresentavam foi a disposição e o desejo de estudar, criar e testar caminhos, rotinas e processos que facilitassem o processo de decidir.

Ao longo de mais de trinta anos de carreira como executivo e consultor, fui concebendo e formatando uma metodologia própria, que utilizava nos momentos em que havia necessidade de fazer escolhas e deliberações difíceis. Este livro é o resultado de meu sonho de compartilhar com você, leitor, esse método de tomada de decisões, agora estruturado e fundamentado. Além de ser amplamente testado por mim, ele já é usado por muitas pessoas que dividem a gestão de empresas comigo ou que participaram de minhas palestras, aulas e treinamentos.

A capacidade de tomar decisões capazes de gerar repercussões positivas para si próprio, para os negócios e para os demais não é algo que surge de maneira espontânea e natural para nós. Empreendedores, profissionais liberais e autônomos, profissionais em geral, empresários, acionistas, executivos, membros de conselhos de administração também passam pelo mesmo desafio: como decidir melhor? Como agir quando as escolhas são muitas e tudo se torna mais desafiador? E quando o cenário e o futuro são incertos, difíceis de prever? O que são decisões difíceis e fáceis? Como posso encaminhá-las de forma eficaz? Uma decisão acertada é acertada para quem? Só para mim? Só para você? Ou para o maior número de pessoas que podemos atingir?

Tais dúvidas nos assaltam sempre que estamos diante de decisões difíceis, em nossa vida pessoal ou profissional. Decidir é agir, tomar atitude, saber discernir o que é real das fantasias que nos levam a postergar, ter medo, tomar o caminho dos outros, talvez cortar caminhos ou paralisar. Devemos reconhecer que não controlamos a vida, mas há um milissegundo em que temos pleno domínio dela, e nele se efetiva o poder de uma decisão pela nossa escolha. Pois bem, é nesse instante, que está sob nosso controle, que podemos fazer as melhores escolhas e tomar decisões mais conscientes e bem posicionadas em relação aos nossos valores e à nossa essência. Temos a capacidade de usar nossa sabedoria, nossas virtudes e mobilizar nossos valores e decidir a partir deles, reconhecendo nossa verdadeira essência.

INTRODUÇÃO

A preocupação com as consequências de nossas resoluções também está na alma dessa metodologia que desenvolvi ao longo de minha caminhada profissional e que agora ofereço a você.

Apesar de o tempo todo tomarmos decisões fáceis automaticamente, como escolher a roupa que vestiremos pela manhã ou o que comeremos no almoço, tomar decisões difíceis exige aprendizado, reflexão e o uso da razão, conforme explico no primeiro capítulo deste livro. Pacificar a mente e refletir sobre as possíveis consequências das decisões que tomaremos, assunto do Capítulo 2, é a melhor garantia de que cortaremos pela raiz a sequência de passos equivocados que nos conduzem às más decisões.

Minha experiência e a de muitos outros que estudaram os caminhos mentais que percorremos para tomar decisões mostram que o elemento mais corrosivo que está na raiz das escolhas ruins é a nossa dificuldade de dominar nossas emoções e cultivar a racionalidade no momento em que decidimos. O Capítulo 3 mostra o que está por trás dessa nossa tendência a agirmos emocionalmente e sugere maneiras de reconhecê-la, neutralizá-la e superá-la.

Uma das explicações do motivo de sermos tão emocionais é que não nos sentimos verdadeiramente livres para tomar decisões, um tema que está no Capítulo 4. Nele, trago como exemplo a cadeia de decisões tomadas por pessoas que não acreditaram ser possível deliberar com liberdade e, por essa razão, se tornaram responsáveis por uma tragédia de enormes proporções: o rompimento de uma barragem em Brumadinho (MG), que provocou a morte de pessoas e um incalculável passivo ambiental.

A alta gestão dessa empresa foi apontada pela justiça como responsável pelos vários erros e negligências que causaram a tragédia. Se ela tinha autorização para tomar resoluções, não tinha o necessário poder genuíno, que, conforme explico no Capítulo 5, é aquele que permite tomarmos decisões respeitando tanto os valores corporativos como nossos valores pessoais.

Alinhar nossos valores com os da organização é algo que se inicia com o autoconhecimento, conforme é explicado no Capítulo 6. É imprescindível nos conhecermos cada vez mais e melhor — é um processo. Aperfeiçoar as boas qualidades que temos, de termos consciência daquilo de que gostamos, do que nos faz bem, assim como ter claro o que não toleramos, que não nos deixa confortáveis e, sendo assim, nos afastarmos daquilo que não nos diz respeito.

Os Capítulos 7 e 8 são de grande relevância neste livro. Neles, explico os antecedentes, os fundamentos, as etapas e o modo de aplicar a metodologia que desenvolvi para ajudar as pessoas a tomarem decisões cada vez melhores. E o que são decisões melhores, mais bem posicionadas e conscientes? O sétimo e o oitavo capítulos também responderão a essas questões. Em especial no oitavo capítulo, há ênfase em como usar minha proposta na prática, no calor dos desafios diários que exigem decisões muitas vezes capazes de afetar profundamente a vida de muitas pessoas. A partir desses capítulos, com certeza, você começará a transportar casos experimentados em suas experiências profissionais e pessoais usando a metodologia e passará a avaliar sua eficácia.

E na vida real não faltam oportunidades em que nossas decisões provocam importantes repercussões. Isso mexe com as ambições. Todos os que estão em uma posição de liderança sabem que, em várias ocasiões, as pressões exercidas pelos mais variados interesses envolvidos podem ser brutais. Saber utilizar a metodologia que apresento para fazer frente a essas forças é o que tratamos no Capítulo 9.

Pressões não são, no entanto, as únicas variáveis que podem perturbar o processo de decisão. O excesso de escolhas disponíveis e o desafio de termos de lidar com a expectativa da direção de uma empresa ou de outras pessoas frequentemente nos induzem a agir de maneira emocional e, como consequência, realizar escolhas ruins. Esses temas são tratados respectivamente nos Capítulos 10 e 11, os quais também mostram como podemos reconhecer e neutralizar esses obstáculos.

Os dois capítulos seguintes, de números 12 e 13, também mostram como a metodologia que proponho se adéqua a outros momentos complexos que se colocam diante do gestor: como tomar boas decisões em meio a processos de negociações complexos e como gerenciar os riscos que surgem na sequência das deliberações feitas pelos gestores são os temas, respectivamente, tratados neles.

Ao longo de toda esta obra, o leitor confirmará, lancei mão da descrição e da análise de situações que exigiram avaliações e decisões difíceis. Todos os capítulos trazem pelo menos uma descrição de caso, a maioria deles real, que nos servem para examinar os passos tomados por aqueles que participaram desses eventos e aponto quais seriam os melhores caminhos preconizados pela minha metodologia.

A partir do Capítulo 14 até o 20, o livro se concentra nesses estudos de caso. Há ali eventos que são conhecidos mundialmente devido ao impacto que as

INTRODUÇÃO

decisões envolvidas provocaram na vida de milhares ou milhões de pessoas. Estão entre eles, por exemplo, o escândalo da falsificação dos dados sobre a emissão de gases nocivos pelos veículos produzidos pela Volkswagen. Ou, em um caso brasileiro, os problemas envolvidos nos números do Instituto de Resseguros do Brasil, que fez com que as ações dessa instituição, que se orgulhava de uma história de mais de 80 anos, derretessem na Bolsa de Valores e dirigentes fossem demitidos.

Este livro não é uma obra de autoajuda, por uma questão clara. Como bem sabemos, a autoajuda tem como objetivo propor passos, fórmulas e outras ferramentas que ajudam na conquista de algo para si, e que, portanto, reforça e apoia a conquista de interesses próprios, que podem ser considerados, de certa forma, egoístas. É outro o meu propósito aqui. Nesta obra, falo de autoconhecimento, de virtudes e de valores para uma orientação ética no processo de escolha e tomada de decisões para o dia a dia dos negócios e de nossa vida.

Tentei, ao longo destas páginas, orientar o leitor a fazer as perguntas certas, refletir sobre elas e, a partir das respostas, tomar decisões que beneficiem o maior número de pessoas possível, de acordo com seus valores e sua própria essência.

Escrevi o livro para nós, que, diferente dos animais, somos dotados do livre-arbítrio e temos a capacidade de transformar o mundo para melhor em função de nossa inteligência, capacidade cognitiva e do desejo de viver em sociedade de forma harmoniosa — exercitando a boa convivência dentro de parâmetros éticos. O que pretendo é auxiliar aqueles que desejam mudar a mente para tomarem decisões cada vez mais conscientes, melhores e mais justas e que tragam conforto para si e para os outros — sem medo de errar. Se mudarmos nossa mente e o modo como decidimos, mudaremos nosso mundo para melhor de forma absolutamente natural.

1

Nada é mais importante para a carreira e para os negócios do que saber decidir

Até que enfim! Charles suspira aliviado ao se sentar na poltrona do avião. Não foi fácil chegar até ali. Que correria! O coração ainda está acelerado. Charles pensa que não devia ter concordado com o almoço naquele restaurante de frutos do mar na Nona Avenida, em Nova York, onde estava. O voo estava marcado para às 14h45 — foi quase uma irresponsabilidade levantar-se da mesa às 13h10, pegar um táxi na rua, atravessar Manhattan e cruzar a ponte para o bairro do Queens até o aeroporto La Guardia. Com todo aquele trânsito, era óbvio que chegaria em cima da hora, mas ele

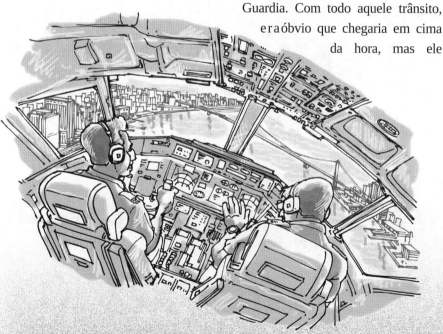

NADA É MAIS IMPORTANTE PARA A CARREIRA (...)

contou com a sorte por estar de posse do check-in e apenas uma pequena mala de mão, o que o permitiu entrar direto na fila de embarque. Ele quase perdeu o voo, foi o último a entrar no avião.

A viagem também o deixa com medo e ansioso. Será que inconscientemente ele não queria perder o voo e tentou se autossabotar? Charles nunca esteve em Charlotte, na Carolina do Norte, para onde está indo agora. A cidade é charmosa, com seus museus e restaurantes — todos dizem. Mas aquela é uma viagem a trabalho. Charlotte é um importante centro financeiro, sede de grandes bancos internacionais, e será em um deles que Charles passará uma semana, em um curso de finanças.

Há ainda um pequeno desconforto. Um segredo que Charles esconde até dos mais próximos. Ele tem um ligeiro medo de avião. Mas não vai acontecer nada — pensa. O voo está lotado, há crianças, jovens, adultos e idosos. Sentada ao seu lado, uma senhora que parece viajar sozinha lhe dá um sorriso simpático. Mas quando uma das comissárias finalmente fecha a porta do avião, suas mãos começam a suar. Sorte que o voo não é longo, uma hora e vinte apenas — pensa.

O avião corre pela pista, com a decolagem atrasada pelo alto tráfego daquele aeroporto — são aproximadamente 15h25 daquela quinta-feira, Charles está do lado direito da aeronave, na poltrona junto à janela, um pouco atrás das asas. Ele vê a pista correndo ao seu lado. Quase fecha os olhos, aflito, ao sentir o avião se elevando, primeiro a cabine de comando, em seguida as rodas, imagina... é a hora que ele mais teme. Sempre passa pela sua cabeça que o avião poderá bater a cauda no solo e partir-se em dois. "As estatísticas dizem que os momentos mais prováveis de um acidente são na decolagem e no pouso", Charles se tortura com as mãos suando.

Mas o avião não bateu no chão e começa a subir. Charles relaxa um pouco mais. Olha pela janela, vê os arranha-céus. Adiante, algo que parece ser o Central Park. As turbinas reverberam alto, o avião trepida com o esforço da subida. A névoa não permite ver muita coisa e... de repente, o grande susto!

O que era todo aquele barulho? Parecia que estavam atirando pedras gigantes sobre eles. Por um segundo, Charles imagina que eles passavam sobre enormes buracos na estrada. Buracos? Seu cérebro o corrigiu imediatamente: não havia buracos, não havia estrada. Ele estava no ar, fechado dentro de um avião. O avião chacoalha, todas as luzes se apagam. Os passageiros se agitam, ouvem-se "Ohhs!" de surpresa, e o medo é perceptível. Uma voz comenta: "Turbulência!"

Mas não era isso. "Fogo!", outra voz diz. Charles vê chamas saindo da turbina do seu lado e sente o corpo se encolher. O fogo se extingue rápido. Não, não é uma turbulência! Ouve-se um assustador silêncio, daqueles que nunca queremos ouvir. Os motores pararam de funcionar. As luzes voltam. "As turbinas pararam", alguém atrás da sua fileira comenta. Um forte cheiro de combustível invade o ambiente. O silêncio mortal continua por dois, três segundos, e todos os passageiros começam a murmurar, alguém diz algo com uma voz chorosa.

As comissárias se levantam e começam a andar pelo corredor. "Mantenham os cintos afivelados! Calma, não é nada. Cintos afivelados! Fiquem tranquilos!" As pessoas se olham em silêncio. Um *bip* vem do sistema de som: "Aqui é o capitão. Preparem-se para o impacto!" Todos se agitam como se levassem um choque: "O quê? Impacto? Meu Deus!" Charles sente a garganta apertar. "Impacto?" Ele chega a fazer um movimento para se levantar, quer perguntar à comissária o que está acontecendo, o que ele pode fazer, como parar aquela situação. Quer descer do avião, ir para Charlotte de ônibus.

A senhora ao seu lado olha para ele, uma expressão mista de quem não está entendendo o que se passa e ao mesmo tempo quer ajuda. Sem que Charles tenha acompanhado o movimento, as comissárias já não estão mais no corredor, mas sentadas em suas cadeiras, na parte dianteira do avião. Elas gritam juntas, bem ensaiadas, como se estivessem em um coral: "Mantenham a cabeça para baixo! Abracem para o impacto! Mantenham a cabeça para baixo! Abracem para o impacto!"

Todos obedecem. Não há como desobedecer a uma ordem como essa. O clima é de tragédia e medo, muito medo. Charles percebe que esteve com seu cartão de embarque todo o tempo nas mãos. Sem saber o porquê, o lê com atenção, como se aquilo fosse algo de enorme importância: Flight 1549, US Airways, 14:45, seat 26F... Uma mão aperta seu braço direito: era a senhora da poltrona ao lado.

"Mantenham sua cabeça para baixo! Abracem para o impacto!" Charles ouve, em meio ao coral, pessoas chorando, rezando. A senhora ao lado está em silêncio, aperta o seu braço com força. "Mantenham sua cabeça para baixo..."

NADA É MAIS IMPORTANTE PARA A CARREIRA (...)

Charles decide que, por alguns segundos, desobedecerá a ordem. Levanta a cabeça, olha pela janela. Vê os arranha-céus, o dia cinzento. Uma ponte passa rapidamente abaixo deles, deve estar frio lá fora. O avião está se abaixando, caindo. "O que vai acontecer? Vou morrer? Sentir dor?", ele pensa, o coração disparado.

A mão aperta com mais força seu braço. Charles compreende. Abaixa a cabeça, prepara-se para o impacto. As comissárias não param de falar. Ele sente que o avião levanta ligeiramente o bico. Então, uma pancada forte. Primeiro, a parte traseira bate com força, em seguida, o avião nivela. Todos são jogados para a frente. As luzes se apagam. As máscaras de oxigênio caem do teto e ficam balançando furiosamente. Há um grande e estranho barulho, que Charles não consegue identificar. Água! O barulho é de água, como se fosse uma cachoeira. Pessoas gritam, o avião continua em movimento, sacolejando com força, uma criança chora. "Pousamos na água", pensa Charles. Como é possível isso? A mão no seu braço...

De repente, tudo para, o barulho forte da água, as comissárias. Silêncio, como se todos se perguntassem "Estamos vivos?" A criança não chora mais. Os passageiros começam a levantar a cabeça. Se olham, perplexos. Charles vira-se para a janela. Estão na água. No mar? Não! Estão flutuando em um rio. No Rio Hudson, que separa Nova York de Nova Jersey, Charles reconhece. Por alguns segundos, tudo parece congelado, como um filme pausado. O encanto é quebrado pela porta da cabine de comando, que é aberta com violência. Surge o comandante: "Abandonar a aeronave!" E como se fosse um movimento ensaiado, todos começam a se movimentar de uma vez.

As comissárias, o comandante, o copiloto... todos gritam ordens. "Peguem o colete salva-vidas, não esqueçam os casacos." Os passageiros começam a se levantar. Charles quer sair correndo do avião. Sente vontade de empurrar quem está à frente, mas se controla. As comissárias gritam para que os passageiros saltem por cima das poltronas em direção às janelas de emergência.

Charles se prepara para pular para o assento da frente. Quer ir embora dali. A senhora idosa olha para ele. Nada diz. Charles novamente entende. Decide, com esforço, que terá calma, esperará. Ele pega a senhora pela mão. Para sua surpresa, tem calma o suficiente para abrir o compartimento ao alto, pegar um casaco e entregá-lo à senhora, mesmo sem saber se aquele é o dela.

Todos são instruídos a ir até as portas e saídas de emergência. Há barulho de água entrando no avião. Charles novamente segura o nervosismo e a vontade de passar por cima de todos. A senhora segura na sua mão sem dizer nada. Ele a conduz pelo corredor. Portas de emergência são abertas, elas dão para as asas do avião. Já há algumas pessoas em pé sobre elas. Uma comissária indica a porta a ele, que quer correr, sair dali, subir na asa. Quem pode saber se o avião não explodirá? É preciso fugir!

Mas ele se controla, novamente. Decide outra coisa. Pega a mão da senhora, desce até a asa e quase a carrega no colo, cuidadoso, colocando-a sobre a asa. A água ali molha seus sapatos. O ar está gelado. Sete graus negativos! Será que o melhor não é pegar um colete e saltar na água? Nadar até a margem? Charles olha para algo na sua mão: o bilhete de embarque "Flight 1549, US Airways, 14:45, seat 26F". Não pode pular na água, vai molhar o cartão....

Charles espanta o pensamento absurdo. Passa o braço sobre o ombro daquela senhora. Eles nunca se viram. Mas está decidido, ele irá, sim, cuidar dela, protegê-la. Todos se equilibram sobre a asa, que balança com a correnteza do rio. Estão isolados, em uma ilha frágil. O que acontecerá? Eles se afogarão? Congelarão até a morte?

DECIDIR É VITAL

Tomamos decisões o tempo todo. Felizmente, a maior parte delas não se dá em situações tão dramáticas como as que enfrentou nosso personagem Charles. Ou o comandante do avião, que da mesma maneira tomou uma série de decisões desde que decolou do aeroporto até pousar no rio. Esse episódio do voo 1549 é real, está relatado no Capítulo 20 deste livro, e verificaremos que, sim, podemos tomar decisões difíceis em situações tremendamente adversas e hostis, desde que reunamos elementos fundamentais para um bom posicionamento e total consciência no processo decisório.

Decidir é algo inevitável e fundamental para nossa existência consciente. Não há uma única ação que tomemos que não seja precedida por uma decisão. Andar, falar, comer, dormir, sair do emprego, viajar, participar de uma eleição, escrever uma tese de mestrado, avançar o sinal vermelho, trocar de emprego, aplicar na Bolsa, comprar um saco de pipocas, demitir um empregado, cantar uma música, mudar de país... todos esses movimentos surgem ou após uma decisão pontual ou como consequência de uma série de resoluções complexas, encadeadas, complementares ou, em alguns momentos, até mesmo contraditórias.

Para entender melhor como as decisões estão diretamente relacionadas à ação, podemos distingui-las das escolhas. Mesmo que pareçam sinônimos, a escolha está no campo das alternativas, enquanto as decisões se dão no âmbito da ação, da atitude. Quando estamos prestes a tomar uma decisão, podemos ter várias escolhas ou alternativas diante de nós. As escolhas são como diferentes caminhos que podemos percorrer. Já a decisão seria o ato efetivo de optar por uma dessas alternativas e caminhar por ela.

Ao longo deste livro, trataremos do processo cognitivo que percorremos para a tomada de decisões em nossas carreiras e em situações de negócios nas empresas para as quais trabalhamos. Sempre podemos aprender estratégias e técnicas que podem aumentar a margem de sucesso de nossas decisões. Mesmo quando nos tornamos "especialistas" em decidir, isso não garante que os resultados alcançados sejam exatamente aqueles que almejamos. Mesmo que isso aconteça, o que eu considero importante é que tomemos decisões com consciência. Ainda que erremos completamente, o fato de estarmos conscientes e bem posicionados com relação aos nossos valores na tomada de decisão que fizermos, diante das alternativas colocadas, fará com que enfrentemos as eventuais falhas e consequências com mais tranquilidade, e assim poderemos identificar de maneira clara em que momento nos equivocamos no processo.

Nem sempre nos damos conta da entrelaçada teia de decisões que tomamos, do momento que acordarmos pela manhã até o último pensamento do dia, deitados em nossa cama, antes de dormir. Tomar decisões é o que gera todos os nossos movimentos. Não conseguimos evitar tomar decisões, como também é impossível deixar de respirar, piscar os olhos ou até mesmo sorrir, mas podemos aprender a manejá-las e posicioná-las bem e de forma consciente, o que pode tornar o processo muito mais eficaz.

DECISÕES AUTOMÁTICAS

Mas o que temos a ganhar se conseguirmos decidir de maneira mais efetiva e consciente? Em primeiro lugar, passaremos a decidir sobre as coisas de uma maneira mais racional e, portanto, sujeita a menos erros. Nossa natureza humana é composta em grande parte por emoções, conceitos ilógicos, crenças e julgamentos subjetivos. Essa característica influencia fortemente a maneira como decidimos. Costumamos, portanto, agir de maneira emocional em momentos em que deveríamos decidir guiados pela razão, sem deixarmos nossas preferências ou temores pessoais conduzirem o processo decisório.

O atual ambiente de negócios, com seu excesso de informações, pressões por resultados de curtíssimo prazo e extrema agilidade de comunicação proporcionada pelas novas tecnologias, acaba por nos incentivar a tomar decisões importantes de maneira automática e em uma velocidade insana, nada saudável, que desconsidera o tempo mínimo para se pensar e avaliar adequadamente diferentes cenários. Não paramos para organizar as ideias e refletir com relação ao que surge diante de nós, mesmo quando temos de responder a questões complexas e difíceis. A consequência desse hábito é que frequentemente nossas decisões são de uma qualidade inferior àquelas que tomaríamos caso agíssemos de uma maneira mais calma, racional e lógica.

Podemos entender melhor o que seria uma decisão automática acompanhando o que se passou com um empreendedor que decidiu abrir um café em um shopping. Era um café bistrô, não muito grande e nem muito modesto, no qual eram servidos, além de cafés, pães de queijo, bolos, refrigerantes, sucos e salgados. Não havia diferenciais nesse negócio em relação a outros similares no bairro em questão. O comerciante investiu uma boa quantia no empreendimento, pois negócios em shoppings costumam exigir um bom dinheiro em luvas, aluguel do espaço, compra de equipamentos, empregar e treinar funcionários, contratar fornecedores e outras despesas.

NADA É MAIS IMPORTANTE PARA A CARREIRA (...)

Desde o início, o negócio enfrentou dificuldades para decolar. Talvez a loja não estivesse em uma boa localização, por onde passa um número maior de pessoas. Também não deve ter ajudado em nada o fato de que, uma semana após o café ser inaugurado, uma grande franquia que oferecia produtos bem similares instalou-se em outro andar e, ainda que diametralmente distante do bistrô, encantou os frequentadores do shopping. Para resumir, em menos de seis meses, o negócio tornou-se inviável. O empreendedor devolveu o ponto, pagou uma multa à administração do shopping, demitiu os empregados e amargou o custo dos equipamentos, muitos dos quais nem havia acabado de pagar.

Tudo isso foi traumatizante, afetando até mesmo as finanças pessoais do empresário. Amargurado, ele registrou nas profundezas de seu cérebro: "Café dá errado, é um negócio muitíssimo arriscado, algo que deve ser evitado, pois é prejuízo e chateação na certa." Passado algum tempo, um amigo desse empresário o procura entusiasmado: "Olha, tenho um negócio sensacional para você. Inauguraram um shopping novo aqui perto, o movimento está ótimo, muita gente de alto poder aquisitivo. Vagou um ponto sensacional, bem em frente a um cinema, e eu estou querendo abrir um café ali. Vamos lá, vem ser meu sócio e..."

O empresário não permitiu que o amigo nem mesmo terminasse a frase: "Nem pensar! Café não dá certo! Estou fora! Nunca mais vou entrar em um empreendimento desses!" Ele não voltou atrás e contou ao amigo, pela centésima vez, todos os problemas que aquele negócio trouxera para ele. Ou seja, esse empresário tomou uma decisão automática, completamente fundamentada na emoção, diante de uma oportunidade que surgia para ele. Caso não agisse dessa maneira tão enfática e analisasse de maneira racional os detalhes que naquele momento o amigo tentava explicar, ele poderia entender que sua má experiência era algo que pertencia ao passado. Aquele insucesso foi provocado por fatores que não estavam presentes nessa nova situação. Se compreendesse isso, esse empresário poderia ter tido outra atitude e, inclusive, usado os aprendizados da experiência anterior para colher bons resultados na nova empreitada.

Ainda tomando como exemplo a abertura de um café, essa decisão automática também trabalha na direção inversa. Caso o empresário houvesse alcançado o sucesso no empreendimento, ele poderia desenvolver a crença de que abrir um café "sempre dá certo". Se o mesmo amigo o procurasse propondo serem sócios naquele shopping novo, ele poderia concordar com a ideia imediatamente, sem examinar de maneira mais cuidadosa o capital que teria de investir, o ponto em que estaria localizado o empreendimento, se não já haveria muitos outros concorrentes etc.

Também nesse caso, ele estaria agindo de maneira emocional, sem se preocupar em examinar os fatos de maneira cuidadosa, refletir sobre os prós e contras e tomar decisões baseado na realidade que estava diante dele. As chances de o negócio não decolar também seriam grandes. Só o otimismo, sem uma boa análise das premissas e dos fundamentos, é incapaz de garantir bons resultados. Examinar o contexto em que os fatos estão inseridos é de grande importância na tomada de decisões. Se fixarmos nossa mente no passado — seja ele repleto de lembranças ruins ou, ao contrário, marcado por vitórias animadoras —, não conseguiremos entender o contexto em que estamos.

Sem analisarmos o momento presente, nossa razão não emergirá, e só teremos nossas emoções a guiar nossas escolhas. O que aconteceu no passado nunca se repetirá da mesma maneira. Acreditar que passaremos sempre pelas mesmas experiências vividas anteriormente é um equívoco recorrente na maneira de pensar de todos nós e que frequentemente nos leva a tomar decisões incorretas.

EU SEMPRE SOUBE DISSO

Costumamos cometer esse erro de julgamento por duas razões. Primeiro, porque, como já foi dito, somos seres emocionais e não conseguimos eliminar 100% nossos vieses subjetivos, entre eles esse apego por experiências passadas. A segunda razão é que, embora este mundo seja imprevisível, não acreditamos nisso. Precisamos ter consciência de que vivemos na incerteza, que o imponderável, o acaso e o acidental nos ronda a todo momento. E essa é a arte de viver. Quando examinamos eventos passados, que à época nos pegaram completamente de surpresa, inclusive provocando prejuízos, agimos como se, na verdade, estivéssemos o tempo todo controlando aquela situação. Essa maneira de pensar é chamada

NADA É MAIS IMPORTANTE PARA A CARREIRA (...)

do fenômeno do "eu sempre soube disso", conforme explica o empreendedor e autor suíço Rolf Dobelli.

Isso acontece, escreve Dobelli, porque nossa mente funciona com um *viés retrospectivo*.[1] Esse viés seria a nossa tendência de avaliar algo que aconteceu no passado como um resultado lógico e inevitável do encadeamento de fatos que estavam então se desenrolando. Se na época ninguém entendeu isso, pensamos, é porque eram todos tolos e não souberam interpretar os sinais. Fazemos isso nos esquecendo de que nós também somos incapazes de prever os acontecimentos que surgirão na sequência. Pior, naquele momento, fazemos previsões que depois se mostram totalmente equivocadas e não tiramos disso nenhuma lição. Ao menos deveríamos ter a humildade de reconhecer que não controlamos nada.

Rolf Dobelli relata um caso de sua família que comprova essa tese. Certo dia, Dobelli leu o diário do seu tio-avô que morava em Paris. Em agosto de 1940 — um mês após a ocupação alemã de Paris —, seu tio-avô escreveu: "Aqui estão todos contando com o fato de que [os alemães] vão se retirar novamente no fim do ano. Foi o que também me confirmou um oficial alemão (...) finalmente teremos nosso dia a dia parisiense de volta." Hoje, diz Dobelli, quem ler um livro de história sobre a Segunda Guerra Mundial considerará que a ocupação da França, que se estenderia até 1944, era algo previsível diante da lógica de uma guerra. A ideia de que alguém poderia acreditar que os alemães ficariam em Paris por apenas seis meses soa quase ridícula. No entanto, se fôssemos nós o tio-avô de Rolf Dobelli, ou qualquer outro parisiense da época, com certeza nunca acreditaríamos que os invasores ainda ficariam ali por quatro anos.

Para o autor suíço, o viés retrospectivo é algo perigoso, pois essa mentalidade faz com que acreditemos que o acerto de nossas previsões é muito maior do que ele realmente é. "Essa crença nos torna arrogantes e nos conduz a decisões errôneas", diz Dobelli. Eu acrescentaria que essas previsões exageradas nos fazem errar tanto por excesso de pessimismo quanto por otimismo. Como acontece no exemplo dos dois empresários em que um deles acredita que abrir um café em um shopping sempre dará um resultado ruim, e o outro, que ter um café sempre será

---

1 Rolf Dobelli escreve sobre viés retrospectivo no capítulo "Por que você deveria escrever um diário", em seu best-seller *A arte de pensar claramente*. Edição ampliada, Ed. Objetiva, 2014, p. 51.

um sucesso. Ambos não levam em conta a diferença entre as circunstâncias que viveram no passado e aquelas que surgem agora. Todos os dois podem ser vítimas, portanto, de seus vieses retrospectivos.

DECISÕES FÁCEIS, DECISÕES DIFÍCEIS

Pode até parecer algo banal o que vou dizer agora: as decisões podem ser divididas em decisões fáceis e difíceis. Posso adivinhar que você está pensando algo como: "Claro, como também há caminhos fáceis e caminhos difíceis, pessoas fáceis e pessoas difíceis, provas fáceis e difíceis, casamentos fáceis e difíceis..." Sim, essa é uma classificação que pode ser compreendida imediatamente e parece vaga o suficiente para não nos preocuparmos muito com ela.

No entanto, acredito que deveríamos examinar com mais atenção as diferenças entre decisões fáceis e decisões difíceis. E devemos fazer isso porque posturas que devemos adotar diante desses dois tipos de decisão e as repercussões que elas trazem são diversas. Por esse motivo, precisamos entender quais os caminhos que percorremos quando estamos diante de cada uma delas.

Um estudo realizado em 2015 pela pesquisadora Sheena Iyengar, da Universidade de Columbia, localizada em Nova York (EUA),[2] revelou que tomamos, em média, setenta decisões relevantes por dia. Por "relevante" devemos entender desde decisões simples, como o que comeremos no almoço, até outras bem mais complexas, como mudar de emprego ou de país, pedir alguém em casamento ou solicitar o divórcio. Há outras centenas, talvez até milhares, de decisões irrelevantes, como resolver que pé colocaremos primeiro para fora da cama ou se vamos na pia, lavar primeiro a mão esquerda ou a direita. Essas são decisões que tomamos de maneira quase inconsciente e não importam para este livro. Cabe ressaltar que, dependendo da profissão/atividade da pessoa, esse número pode facilmente dobrar.

---

2   Citado por Travis Bradberry in: "5 Decisions You Will Always Regret" — Entrepeneur, novembro de 2015. <https://www.entrepreneur.com/article/253097>.

As decisões fáceis são aquelas que são únicas e imediatas, ou seja, não estão em um contexto mais amplo em que uma decisão exigirá que se tome outra decisão anterior, que será precedida por ainda outra, e assim por diante. Quase sempre as decisões fáceis nos dão pouca liberdade de escolha, produzem efeito apenas no curto prazo, e seus resultados atingem poucas pessoas. Elas têm, portanto, um baixo impacto, seja positivo ou negativo, sobre o autor da decisão e o meio em que ele está inserido.

Quando dizemos que a decisão de tomar um sorvete ou escolher uma roupa é uma decisão fácil, imediatamente aparece alguém para nos lembrar que, quando você entra em uma sorveteria com quarenta sabores diferentes ou tem no armário vinte calças de cores variadas, não há nada de fácil em escolher o que tomará ou vestirá. Mesmo se, diante de tantas opções, alguém fosse ficar parado, incapaz de optar, ainda assim essa decisão não seria difícil, já que o impacto que ela provoca é de curto prazo e dificilmente terá qualquer repercussão sobre os demais. Além do mais, elas não apresentam tantas opções diante daquele que escolherá. Ou você toma o sorvete ou não toma. Ou veste uma calça ou sai de casa nu. O impacto será de curto prazo em ambos os casos — não me refrescarei e serei preso por atentado ao pudor, respectivamente.

Também, no plano profissional individual, há decisões que podem ser consideradas fáceis. Por exemplo, se sou um especialista em qualidade e há um seminário de aperfeiçoamento sendo ministrado por um grande especialista da área, decidir se me inscreverei ou não para ouvir esse especialista é uma decisão fácil. Resolver se solicitarei um feedback do meu chefe também é algo pontual que não terá um impacto profundo. A não ser, claro, que a avaliação de meu superior seja tão desfavorável, que eu considere que terei de procurar urgentemente outro emprego. Fui demitido e estou sem dinheiro. Devo procurar emprego já ou tirar um período de folga? Minha rede de relacionamentos está fraca. Será que preciso retomar minha prática de networking? Sou da área comercial e as vendas caíram. Preciso começar a me mexer logo ou ainda não devo me alarmar?

Quando estão no exercício de funções de gerência, as pessoas são também colocadas diante de decisões com níveis diversos de dificuldade. Há vários exemplos de decisões de negócios fáceis. Por exemplo, ao serem convocadas para uma reunião, podem ficar em dúvida se fazem a reunião por Skype ou pessoalmente; se reivindicam ou não a troca do mobiliário do escritório; se contratarão uma substituta para a secretária que deixou o emprego ou transferirão suas funções para outra pessoa que já trabalha ali. O prazo de manutenção preventiva de algumas máquinas já venceu. O contrato com a empresa especializada deve ser renovado ou é melhor esperar algum tempo? Embora as deliberações envolvidas sejam mais abrangentes do que aquelas no nível individual, elas também são pontuais e, portanto, fáceis de resolver.

Resumindo, enquanto nossas resoluções estiverem restritas apenas a escolhas, preferências ou a decidir se você apenas ficará quieto no seu canto, sem responder a qualquer solicitação, essas decisões podem ser consideradas fáceis, por terem aquelas características sobre as quais tratamos: apresentam pouca liberdade de escolha (me visto ou não, tomo ou não o sorvete, coloco este ou aquele sapato etc.), terem suas consequências no curto prazo e de fácil identificação, não trazerem grande impacto sobre você e a terceiros, à vida ou ao ambiente em que você está, bem como serem pontuais e restritas em seu alcance.

CAMISETA CINZA E GOLA ALTA

Há lendas corporativas a respeito dos grandes executivos dando conta de que eles decidiram se livrar das decisões mais simples da vida, aumentando, assim, o tempo disponível para as deliberações que realmente interessam. Mark Zuckerberg, o bilionário criador do Facebook, admitiu usar sempre a mesma camiseta ou moletom cinza, "para ter de fazer o menor número de decisões possível sobre qualquer outra coisa que não seja servir da melhor maneira possível à minha comunidade".[3] Steve Jobs, o falecido CEO da Apple, também se tornou ainda

---

3 Reportagem publicada pelo jornal inglês *The Independent*, em 26 de janeiro de 2016. <https://www.independent.co.uk/news/people/why-mark-zuckerberg-wears-the-same-clothes-to-work-everyday-a6834161.html#:~:targetText=Why%20Mark%20Zuckerberg%20wears%20the%20same%20clothes%20to%20work%20everyday,-It%20may%20seem&targetText=His%20bland%20outfits%20may%20seem,more%20important%20decisions%20at%20work>.

mais famoso pelo uso repetitivo das blusas pretas de gola alta. Ele as vestia como um uniforme, para simplificar suas escolhas quanto ao vestuário. A insistência em usar a mesma peça chegou a transformar a gola alta em um "ícone da genialidade", conforme atestou a rede norte-americana CNN, em outubro de 2019, em sua seção *Style*.[4]

Pessoalmente, considero algo folclórico essa decisão de usar sempre a mesma vestimenta, ou comer todos os dias o mesmo prato, para ganhar tempo para as decisões difíceis. Primeiro, porque é pouco provável que Steve Jobs ou Mark Zuckerberg passariam horas diante do guarda-roupa ou lendo e relendo cardápios nos restaurantes sem conseguir determinar o que queriam vestir ou comer. Restringir escolhas fáceis como essas pode tornar a vida chata, sem criatividade e até indigesta. E é ainda pouco provável que ter 69 decisões a serem tomadas no dia, no lugar das 70 como os demais mortais, tenha sido a chave do sucesso de algum homem ou mulher de negócios.

Já as decisões difíceis têm seus desafios provocados por ter de se levar em conta um número bem maior de elementos antes de deliberarmos sobre algum assunto. Esse ponto é particularmente relevante, pois aprender a lidar com decisões difíceis é o foco, o ponto central deste livro e o que realmente pode mudar o curso de nossa vida de modo significativo. Um desses elementos que terá importância quando estivermos diante de uma decisão difícil é a liberdade de escolha que surge diante de uma deliberação complexa. Costumamos considerar a liberdade de escolher como algo positivo e desejável. Sem dúvida, ter liberdade é algo bom, mas no contexto das decisões, essa liberdade também faz com que o leque de possibilidades que teremos pela frente se amplie e, com isso, multipliquem-se também as consequências de nossas resoluções.

Um exemplo disso seriam as muitas opções que surgem no momento em que vamos escolher a profissão que seguiremos ou procurar novos caminhos profissionais. É uma decisão difícil, pois para cada área que escolhermos, surgirão numerosas providências a serem tomadas que exigirão que se tomem outras decisões. Além disso — e esta é uma outra característica das decisões difíceis —, a repercussão do que decidirmos se estenderá por um longo prazo, ao

---

4   <https://edition.cnn.com/style/article/black-turtleneck-genius-artsy/index.html>.

contrário das decisões fáceis, cujas consequências são imediatas e perduram por um período curto.

DECISÃO	LIBERDADE DE ESCOLHA	CONSEQUÊNCIA	IMPACTO
Fácil	Pouca	Curto prazo	Baixo Não reflete em terceiros
Difícil	Ampla	Longo prazo	Alto Reflete em terceiros

Sempre devemos nos lembrar de que, tanto para as decisões fáceis quanto para as difíceis, nem todos os elementos característicos delas estarão todos presentes. Um exemplo: casamento é uma decisão difícil. Seus efeitos quase sempre se estenderão por um longo prazo, mas não há exatamente uma ampla liberdade de escolha. Você não terá de decidir entre trinta noivas ou noivos com quem se casará. Em geral, só há uma pessoa como candidata a dividir a vida até que a morte, ou alguma outra coisa antes, os separe.

CASAMENTO, UMA DECISÃO DIFÍCIL

O impacto de um casamento também é alto, o que é outro elemento típico das decisões difíceis, que costumam ter uma repercussão muito mais ampla do que as resoluções simples. Quando você juntar os trapinhos com alguém, as implicações serão grandes, não se restringirão apenas a você. Vocês podem decidir comprar uma casa, ter filhos, talvez um parente próximo venha viver com vocês... E se o

NADA É MAIS IMPORTANTE PARA A CARREIRA (...)

pior acontecer e surgir a decisão de separar, mais uma vez o impacto será bastante significativo. E não só sobre sua vida, mas também na de seu cônjuge, na das crianças, de parentes e de amigos. Esse fato, de a decisão afetar outros contextos, define que há ali uma decisão difícil, que sempre traz repercussões que vão além do indivíduo. Resoluções complexas geram ansiedade, medo, tensão e, também, esperanças, e tudo isso pode paralisar o processo ou, no mínimo, retardá-lo, o que pode fazer com que a decisão perca sua eficácia.

Atualmente, é dada bastante ênfase à necessidade de nos reciclarmos para estarmos à altura de um mercado de trabalho que está sempre se transformando e sendo modificado por novas tecnologias e estilos de gestão. Por isso, sempre está diante de nós a possibilidade de iniciarmos uma nova graduação ou uma pós-graduação. Essa é uma decisão difícil, pois, além de oferecer diferentes possibilidades de caminhos a seguir, também tem potencial para influenciar nossa trajetória profissional por um longo prazo, trazendo o risco de perdas ou ganhos para nossa carreira.

Se você estiver de volta para a universidade pretendendo mudar de carreira ou matriculando-se em uma pós-graduação para aumentar suas habilidades, talvez seja obrigado a pedir demissão, o que exigirá uma reserva financeira anterior ou que volte para a casa dos pais. Se você for alguém valorizado e importante para a empresa na qual trabalha, conseguirá manter seu emprego enquanto frequenta as aulas e ainda poderá ter o total ou parte do curso custeado por ela, o que tornaria a decisão muito mais fácil.

Para a maioria das pessoas, no entanto, voltar aos bancos universitários é o resultado de um conflito interno, e nesse processo de resolução, algumas dúvidas surgirão: você sente que escolheu certo sua carreira ou a empresa na qual trabalha? Se sente feliz e motivado? Está seguro de que fez a escolha certa, seguindo seus valores? Se você se sente bem com sua profissão, para que, então, mudar de campo, em vez de se especializar em profundidade na área em que já atua? Talvez ostentar duas graduações possa ser algo atraente para alguns, mas é algo muito mais ligado a emoções, não é mesmo? Dependendo de seu campo e da carreira escolhida, isso poderá não ter sentido e só resultará em um gasto de tempo e de dinheiro em algo que, no final, irá atrasá-lo na especialização em alguma área que de fato lhe trará satisfação e ganhos consequentes. Veja como não se trata de uma decisão fácil.

Nas funções de gestão, claro que também há decisões difíceis a serem tomadas. Se a empresa se encontrar diante de uma perda de participação de mercado, por exemplo, serão necessárias resoluções complexas e drásticas, como o remanejamento de pessoal, demissões, mudanças nos processos de produção ou a criação de novos produtos. Mudanças conjunturais na economia ou problemas de gestão em áreas críticas da empresa podem redundar em uma situação financeira desfavorável e ameaçadora. Isso exigirá intervenções profundas e de choque na organização e escolha entre várias possibilidades, cada qual com um repertório próprio de consequências futuras. Um escândalo envolvendo a liderança da empresa trará danos à reputação e à marca da organização e requererá uma resposta rápida e ações contundentes que nunca serão fáceis e nem simples.

DECIDIR É CRIAR MOVIMENTO

É de grande importância saber distinguir decisões fáceis das difíceis, para que não percamos tempo diante de desafios que são simples de resolver e nos equivoquemos reagindo como se estivéssemos diante de problemas complexos e de difícil resolução. Tire de sua frente, o mais rápido que puder, as questões que podem ser contornadas sem muitos movimentos. No início, quando somos ainda profissionais inexperientes, isso talvez exija doses de coragem e de iniciativa. Se a questão a ser enfrentada for difícil, considere o tempo como seu amigo. Traga essa decisão difícil para o mundo da reflexão, da razão. Isso se faz isolando a emoção, respirando e esperando que a mente se acalme, e tomando o tempo necessário para buscar os elementos que o ajudarão a resolver os desafios de maneira mais racional possível. Há uma metodologia eficaz para chegar a soluções que façam sentido para seus valores. Trataremos dessa metodologia mais adiante neste livro.

Decidir é criar movimento, é fazer com que nossas necessidades pessoais, profissionais e também as das organizações sejam encaminhadas na direção de sua satisfação. Não conseguiremos nunca passar pela vida sem decidir, e, portanto, devemos entender a importância de nossas decisões e não nos furtarmos a elas. Decida, vá em frente! Se com o tempo a consequência de sua decisão se mostrar diferente do que você esperava, não vacile em procurar outros caminhos, voltar atrás e buscar outras soluções.

Não devemos evitar deliberar sobre os assuntos por medo de tomarmos más decisões, assunto, aliás, que é o tema do próximo capítulo. Nunca acertaremos em tudo o que nos propusermos a fazer. Maus momentos são inevitáveis. Não temos, no entanto, um caminho que não passe pelo processo contínuo de escolha... decisão... escolha... decisão... Algumas delas serão fáceis, outras, difíceis e mesmo dificílimas, mas grandes conquistas nos aguardam no final dessa estrada. O que temos que aprender é por onde queremos caminhar, de que forma e fazer com que as coisas sejam feitas.

2

Por que tomamos más decisões?

No dia 29 de outubro de 2018, às 6h30 da manhã, um Boeing 737 MAX 8, da Lion Air – uma empresa aérea *low-cost* da Indonésia – decolou do Aeroporto Internacional de Jacarta (capital da Indonésia), em direção a Pangkal Pinang. A distância entre as duas cidades é de uma hora de voo, idêntica ao que se leva de avião entre São Paulo e Belo Horizonte. Logo após a decolagem, o piloto comunicou à torre de controle que estava com problemas e iria voltar ao aeroporto. Mas isso nunca aconteceu, 13 minutos depois de levantar voo, o Boeing caiu no oceano, matando todas as 189 pessoas que estavam a bordo[1].

Quatro meses e 11 dias mais tarde, em 10 de março de 2019, outro Boeing 737 MAX 8, desta vez da empresa Ethiopian Airlines, levantou voo de Adis Ababa, capital da Etiópia, em direção a Nairóbi, capital do Quênia. Quase imediatamente após a decolagem, o piloto comunicou à torre que estava tendo problemas para controlar o avião. Com seis minutos de voo, o aparelho caiu no solo, explodindo. Todos os passageiros e tripulantes, 157 pessoas no total, morreram[2].

Acidentes aéreos sempre provocam grande consternação, já que raramente há sobreviventes nessas tragédias e o número de vítimas é sempre alto. Essas duas quedas, no entanto, possuíam características que as tornavam especialmente alarmantes. A principal delas era a de que o Boeing 737 MAX 8 havia sido lançado recentemente – seu primeiro voo comercial se deu em 22 de maio

---

1   <https://www.theguardian.com/world/live/2018/oct/29/lion-air-crash-rescue-teams-search-waters-off-jakarta-for-flight-jt610>.

2   <https://www.bbc.com/news/world-africa-47513508>.

de 2017[3] — e os modelos acidentados haviam sido entregues, zero quilômetro, para as duas companhias aéreas. Eram aviões que carregavam os mais modernos equipamentos produzidos pela indústria da aviação.

Outra constatação, que viria algum tempo depois, era a de que, segundo dados de satélite que monitoravam os voos, nos minutos que antecederam as quedas, as duas aeronaves se comportaram de maneira bastante similar: aceleravam para velocidades muito acima da faixa de segurança; ganhavam altitude de maneira súbita, para em seguida mergulhar em direção ao solo. E os dois aparelhos apresentavam esse comportamento a intervalos regulares. Os pilotos, as caixas-pretas revelariam depois, não entendiam o que estava ocorrendo com a aeronave e não conseguiam controlá-la[4].

A CULPA ERA DO MCAS

As suspeitas de que o problema estava nos aviões, e não na falta de habilidade dos pilotos, começaram a ganhar corpo. Muita polêmica depois, e várias tentativas da Boeing em negar sua responsabilidade, surgiu o culpado pelo comportamento incontrolável do 737 MAX 8, um software chamado MCAS (Sistema de Aumento de Características de Manobra), desenvolvido pela Boeing especialmente para este modelo[5].

O MCAS foi colocado no avião para corrigir um, digamos, vício de construção. O 737 MAX 8 foi uma evolução na Boeing que deixou o aparelho mais veloz e econômico do que seus modelos anteriores. Para isso, foram colocados motores maiores em uma fuselagem do mesmo tamanho que a dos seus antecessores. Era necessário, portanto, montar os motores em posições mais altas e mais

---

3   <https://www.flightglobal.com/orders-and-deliveries/malindo-operates-worlds-first--737-max-flight/124109.article>.

4   <https://www1.folha.uol.com.br/mundo/2019/03/dados-de-satelite-sao-semelhantes-na--queda-dos-dois-boeings.shtml>.

5   <https://www.bbc.com/portuguese/internacional-47564737>.

distantes da fuselagem o que mudou a aerodinâmica do avião dando-lhe uma tendência, quando em voo, de se inclinar para o alto[6].

Quando aviões levantam excessivamente o nariz, correm o risco de estolar, ou seja, perder a sustentação e cair bamboleando como uma folha que se solta de uma árvore. A função do MCAS era forçar o nariz do avião para baixo, o que eliminaria o perigo do estol[7]. O MCAS tomava essa decisão de acordo com dados coletados de vários sensores e, uma vez acionado, não permitia aos pilotos interromper o movimento. Os pilotos do MAX 8 nunca foram comunicados pela Boeing da existência desse software. No caso do seu mau funcionamento, como ocorreu nos voos, o de Jakarta e o de Addis Ababa, os comandantes não saberiam o que fazer. Ficaram nas mãos de um software que agia, soberano, para livrar o avião de um perigo que nunca existiu.

Por trás dessas tragédias, na qual morreram 336 pessoas, várias más decisões, que é o assunto deste capítulo, foram tomadas. Está fora do escopo deste livro entrar em detalhes, além dos que serão trazidos, explicando a sequência de decisões que iriam provocar o que certamente foi um dos maiores abalos na imagem da Boeing já ocorrido.

CONCORRÊNCIA DA AIRBUS

O que sucedeu com a empresa comprova que o que costuma estar por trás de todas as más decisões é deliberarmos de uma maneira emocional, no lugar de levarmos em conta fatores racionais. Um dos motivos que levou a Boeing redesenhar os modelos 737 que já vinha produzindo há 50 anos[8] foi a decisão de fazer frente à

---

6   Idem.

7   *"Velocidade abaixo da qual o avião perde a sustentação, por não haver sucção em cima das asas e pressão embaixo"*, Dicionário Eletrônico Houaiss.

8   <https://www.economist.com/business/2019/12/21/boeing-will-halt-production-of-its--troubled-737-max>.

POR QUE TOMAMOS MÁS DECISÕES?

sua maior concorrente, a europeia Airbus, que vinha tomando mercado dela com a produção de aviões mais econômicos[9].

Até aí, tudo bem, pois aperfeiçoar os bens produzidos para manter-se competitivo pode ser uma decisão racional e um caminho correto. Mas o que motivou a empresa foi o temor do crescimento da arquirrival — afinal, teria o concorrente, aviões melhores do que a Boeing? Ainda que por um lapso de tempo, a Boeing poderia admitir esse julgamento por parte do mercado?

Temor pela perda de pedidos, pressões internas, de todos os lados, com o intuito de "barrar" o crescimento de "rivais", pode despertar angústias e o medo daqueles que precisam fazer com que as coisas sejam feitas e que detém o poder para isso. As decisões, nesse contexto, podem passar a ter forte componente emocional e a despertar interesses menores que não valores corporativos, o que sempre induzirá a erros e consequências não desejadas. Um deles, bem grave, quando o 737 Max 8 já estava em seus voos iniciais, foi o de não levar em conta as observações feitas em uma troca de e-mails por funcionários da própria Boeing de que o software MCAS era instável.

O jornal *The New York Times* publicou uma reportagem[10] em que afirmava ter tido acesso a e-mails relatando problemas com o MCAS. De acordo com o texto, um dos documentos internos da Boeing afirmava que "se os pilotos não respondessem ao novo sistema automatizado em segundos, isso seria catastrófico". Os comandantes da Lion Air e da Ethiopian Airlines não conseguiram responder a tempo.

É claríssimo que a desastrosa decisão da direção da empresa em não suspender o lançamento do novo avião e redesenhar o software MCAS, que, ela já sabia, não era seguro pela sua instabilidade, mostra ter fortes indícios de ter sido uma decisão emocional. Quem, pensando racionalmente, iria ignorar esses sinais de alerta, fazer de conta que o 737 MAX 8 era um avião seguro e decidir correr um risco tão absurdo?

---

9   <http://www.nbcnews.com/id/41517601/ns/business-us_business/t/boeing-ceo-new-airplane-replace#.XglJG0dKjIU>.

10 *Documents Show Safety Concerns at Boeing Before Deadly Crashes*, 30 de outubro de 2019, NYT — <https://www.nytimes.com/2019/10/30/business/boeing-muilenburg-testimony-congress.html>.

No final, a má decisão cobrou a sua conta: em dezembro de 2019, a empresa anunciou que iria suspender a fabricação do modelo 737 MAX 8, deixando 800 aviões já prontos em seu pátio[11], a um custo unitário de 121,6 milhões de dólares[12]. As ações da empresa caíram[13]. Dennis Muilenburg, o poderoso CEO da empresa, foi demitido na véspera do Natal, em 2019[14] e; até o final daquele ano, o prejuízo contabilizável com a produção daqueles aviões, que ninguém mais queria comprar, havia chegado a 4,4 bilhões de dólares[15]. Tudo isso sem falar dos passageiros mortos e a dor de seus familiares, algo que é impossível quantificar em dólares ou qualquer outra moeda.

Somente este relato dos problemas enfrentados pela Boeing já seria suficiente para mostrar os efeitos de várias das motivações incorretas que costumam produzir más decisões que, por sua vez, desembocam em prejuízos financeiros e de imagem, demissões e, como aconteceu neste caso, sofrimento e morte. Estiveram ali, entre os comportamentos incorretos, a urgência em dar uma resposta à concorrência; o desprezo pela avaliação técnica que apontava problemas no produto; a tentativa de enganar os clientes e as autoridades reguladoras; e, certamente, a preocupação dos altos escalões em tentar alguma mágica para que o problema desaparecesse, garantindo algum favorecimento. Aliás, com certeza, a esta altura dos acontecimentos, agentes reguladores do mundo todo, clientes, pilotos e tripulações se perguntam a que interesses a Boeing servia?

Todas as decisões inspiradas por essas motivações foram emocionais a começar pelo medo da concorrência avançar e, pior ainda e em alto grau, as decisões que se sucederam na tentativa de dar cobertura ao enorme erro cometido. Se prevalecesse a razão e todos os envolvidos decidissem de maneira

---

11 <https://www.economist.com/business/2019/12/21/boeing-will-halt-production-of-its--troubled-737-max>.

12 <http://www.boeing.com/company/about-bca/#/prices>.

13 <https://www.bbc.com/portuguese/geral-50820052>.

14 <https://computerworld.com.br/2019/12/27/em-meio-a-crise-do-737-max-boeing--anuncia-saida-do-ceo-dennis-muilenburg/>.

15 <https://www.economist.com/business/2019/12/21/boeing-will-halt-production-of-its--troubled-737-max>.

POR QUE TOMAMOS MÁS DECISÕES?

racional, talvez não houvesse qualquer acidente, nem prejuízos, nem o desperdício de se assistir a aviões modernos de última geração se deteriorando, abandonados, ao ar livre mundo afora.

SÍNDROME DA MARIA-VAI-COM-AS-OUTRAS OU EFEITO MANADA

Há outras causas, também emocionais, que nos fazem tomar más decisões. Se eu fosse escolher um apelido para defini-la, eu a batizaria como a "síndrome da maria-vai-com-as-outras", muitos nomeiam de "efeito manada". Testemunhei uma mostra disso recentemente, na organização em que trabalho. Nossos principais produtos são refrigeradores e freezers de alta performance, que atendem a critérios rigorosos de qualidade, fruto de anos de investimento em pesquisa e inovação. Órgãos governamentais, que usam esses equipamentos para armazenar medicamentos, imunobiológicos, plasma e outros produtos regulados, têm participação relevante na nossa carteira de clientes. Sempre participamos, portanto, de licitações públicas, que é a forma de compra que os órgãos e entidades governamentais são obrigados a atender quando precisam adquirir bens.

Nesse ambiente de licitações públicas, existe uma regulamentação específica criada para incentivar as empresas de menor porte a participarem dessa modalidade de venda para órgãos públicos. Essa regulamentação determina que um percentual das aquisições de bens feitas pelos órgãos públicos seja fornecido exclusivamente por microempresas e empresas de pequeno porte – MEs e EPPs (Lei Complementar nº. 123/2006).

No entanto, para burlar essa exigência, há grandes empresas que produzem equipamentos para esse segmento da Saúde que se aproveitam da precária fiscalização do Estado e criam rapidamente microempresas para também "jogarem" no campo reservado às empresas menores. Isso é, antes de tudo, antiético, mas também é ilegal, na medida em que se frustra a competitividade e são obtidos benefícios indevidos para si mesmas, ou para terceiros, violando os princípios da isonomia de tratamento e de igualdade de condições entre os participantes (artigo 37, XXI, da Constituição Federal).

É então que surge a síndrome da maria-vai-com-as-outras: se uma grande empresa age desonestamente e cria microempresas, vários outros *players* podem ou vão tomar a decisão de seguir essa prática, que é completamente emocional, de fazer a mesma coisa. Foi nesse contexto que eu fui procurado pelo responsável da área de licitação pública na empresa em que trabalho. "Você viu o que a empresa XPTO fez?", ele me perguntou alarmado. "Abriu uma microempresa. Eles vão ganhar mercado! Eles vem ganhando todas as concorrências fazendo isso!".

Se agíssemos como muito concorrentes fizeram, estaríamos tentados a trilhar o corta-caminho de abrir microempresas e agir na ilegalidade, nos posicionando dentro da esfera antiética e imoral. Porém, com calma, refletindo sobre o assunto e tratando-o de forma real, estratégica e sustentável, ficou claro que deveríamos:

I. Nos tornarmos menos vulneráveis às vendas do setor público, ampliando a nossa atuação em outros mercados.

II. Alertar os órgãos reguladores sobre a ineficácia da lei.

E estes caminhos podem ser considerados os mais fáceis? Claro que não. São duros, penosos e exigem muito investimento de toda ordem de recursos. Porém, eles estão alicerçados em Valores. Valores constroem, ensinam, inovam e nos desenvolvem, bem como revelam com o que uma empresa realmente se importa.

Não me esqueço do escândalo da VW, o "caso dieselgate", que estudaremos em detalhes mais adiante. Enquanto a VW lançou mão do corta-caminho dos motores Diesel TDI e tentaram a todo custo ludibriar o governo americano sobre a emissão de gases em níveis aceitáveis aos agentes reguladores, os japoneses, ao se depararem com as novas regras mais rígidas quanto a emissão de gases de motores a explosão, condenaram os motores a diesel e buscaram uma nova solução. Hoje são líderes na tecnologia de motores híbridos, que usam eletricidade, gasolina ou etanol. Fabricam os melhores veículos com este tipo de tecnologia e estão mundialmente à frente na pesquisa de veículos elétricos e híbridos, mostrando que agiram, neste episódio, baseando suas decisões, de fato, em valores e na inovação.

Enquanto isso, apesar do escândalo do dieselgate ter ocorrido em meados de 2014, a Volkswagen ainda está sofrendo as consequências do escândalo.

Para quem acredita que as empresas que quebram valores e destroem as relações de confiança, valem a pena, a revista *The Economist* em 2018 apresentou uma pesquisa entre oito empresas que se envolveram em escândalos empresariais, e o resultado foi que elas tinham perdido, em média, 30% do valor de mercado comparando-as ao valor de mercado de seus pares. Isso sem contar as perdas com indenizações, multas, prisões e, claro, o incalculável prejuízo à vida de muitas pessoas.

Um outro expediente que é usado para burlar licitações, frustrando a competitividade e garantindo o monopólio nas contratações, é o de uma empresa de porte maior se associar com uma ou mais empresas menores (MEs ou EPPs) que servem de fachada para ganhar a concorrência e, posteriormente, os produtos são fabricados e fornecidos pela empresa maior distribuindo-os por meio daquelas menores. Fechado o negócio, o lucro é dividido entre a microempresa e a organização maior, de acordo com o que foi tratado entre elas. Diante disso, se o argumento de que tomar essa atitude é algo antiético não sensibiliza as pessoas, vamos pensar então sob outras duas perspectivas. Primeiro a de que a energia e os recursos dispendidos para se montar uma estrutura como essa podem ser maiores do que executar eticamente o trabalho. Em segundo lugar, levar em conta que podemos ser denunciados em algum momento para o Ministério Público, por termos cometido uma ilicitude.

DE 6 A 22 PESSOAS

Supondo que, para montar este "esquema" (esse nome me dá arrepios!), as empresas que fraudam o sistema de licitação tenham que se associar a, ao menos, outras três empresas para dar o mínimo de cobertura ao território nacional, essas empresas costumam ter pelo menos dois sócios (ainda que possamos constituir MEs unipessoais). Já temos, então, seis pessoas na estrutura que serão remunerados de alguma forma e, com certeza, bem remunerados, pelo simples fato de que o risco de se fazer algo ilegal, cobrará uma conta alta.

Então vem a pergunta: Não seria melhor investir numa estrutura de P&D, ou seja, Pesquisa e Desenvolvimento, e assim ter bons produtos capazes de proporcionar vantagem competitiva? Mais um detalhe: em cada uma dessas empresas, incluindo a organizadora, é possível inferir que ao menos quatro pessoas de cada empresa estarão inevitavelmente envolvidas com os respectivos comerciais, backoffices, jurídicos etc. Portanto, serão 22 pessoas participando nesse processo. Não seria uma exposição demasiadamente pública, capaz de gerar um senhor escândalo? Vale o risco de destruição da imagem tanto das empresas como dos profissionais envolvidos? A resposta sempre residirá nos valores defendidos pela empresa e seus profissionais.

Esse tipo de exposição leva a empresa a cometer ilícitos em sequência, na tentativa de acobertar o ilícito original, caso seja descoberto. Várias pessoas que comungaram desse "esquema", no mínimo imoral, passam a dispender recursos e dedicar energia para tentar acobertar o fato. A história mostra que toda a situação tende a ficar cada vez pior e devemos isso ao fato de que o mundo mudou, o que é bom.

Como veremos mais adiante, o poder no século XXI não reina mais absoluto e de certa forma blindado em estruturas imutáveis e intransponíveis. O poder está mais diluído e transitório, forçando gestões mais transparentes. O acesso às informações faz com que as notícias corram muito depressa, gerando forte reação de agentes reguladores e do público em geral. A pressão popular tem sido um poderoso catalisador de medidas punitivas das condutas ilícitas ou imorais.

A pressão para ganhar ou preservar mercado é responsável por inúmeras más decisões. "Precisamos de dinheiro, o concorrente está em uma posição melhor do que a nossa, a chefia exige performance", todos esses argumentos geram reações emocionais. Mesmo diante de cenários tensos como estes, não temos motivos justificáveis para agir de maneira não pensada. Devemos parar, respirar e pensar sobre alternativas que não nos deixem vulneráveis e sujeitos a experienciar maus resultados mais à frente.

Muito se tem falado sobre Compliance, desde os últimos grandes escândalos corporativos. A preocupação com a adoção de processos internos que garantam condutas éticas e legais só tem aumentado, ao ponto de ter ensejado o aprimoramento das leis anticorrupção e das normas reguladoras em cada segmento da indústria. Compliance é, portanto, a consequência que advém dos valores funcionando como um GPS corporativo, pautado pela ética para as melhores práticas e tomada de decisões.

POR QUE TOMAMOS MÁS DECISÕES? 53

Se formos impulsivos e agirmos com pressa e no calor das emoções, não teremos o tempo mínimo necessário para refletirmos sobre as melhores escolhas. Falei sobre isso ao destacar a diferença entre decisões fáceis e decisões difíceis, no primeiro capítulo. Quando detectamos que estamos diante de uma decisão difícil, como é essa de enfrentar uma concorrência na qual ficamos tentados a agir de maneira ilícita, devemos imediatamente resistir a agir por impulso e refletir o mais calmamente possível sobre as opções que temos, e acreditem, sempre teremos outras opções.

Nas questões difíceis, o tempo é o seu amigo. Abrace, portanto, o tempo. E isso não significa procrastinar, mas, sim, reservar tempo para tomar a decisão mais racional e bem-avaliada que você puder. Busque elementos, busque dados, avalie as origens e as consequências das diferentes alternativas de escolha. Analise os subsistemas da empresa: as interfaces e as relações com o mercado (a livre concorrência, as relações nacionais e internacionais) e com o Poder Público (enquanto autoridade reguladora). Sempre tendo valores e a ética como premissa. Faça um levantamento dos riscos para cada possível decisão a ser tomada. E, importante, tenha certeza de que a sua decisão está alinhada com os seus valores pessoais e os da sua empresa.

Um dos antídotos para a tensão que nos induz às más decisões é lidar com as nossas expectativas. Costumo tratar desse assunto nos cursos que dou sobre poder e tomada de decisão. É comum, ao definirmos metas pessoais e profissionais, e aqui estou dando ênfase àquelas profissionais, fixarmos objetivos que sabemos que não serão possíveis de serem alcançados.

Como essas metas são compartilhadas com outras pessoas, passamos a ter, portanto, um compromisso que será, em algum momento, cobrado pelos demais. Isso irá gerar uma grande tensão. Para alcançarmos esse inalcançável, tentaremos buscar subterfúgios, cortar caminhos, descumprir as leis. Não faça nada disso. Podemos pensar no exemplo de alguém da área de vendas de uma empresa. Se a empresa estabelece metas de vendas que essa pessoa, depois de analisar com cuidado o que é pedido, sabe que nunca serão alcançadas, ela terá de levar isso ao conhecimento dos seus superiores de uma maneira honesta.

UM PODER SOBRE VOCÊ MESMO: VALORES

É fácil dizer para o seu chefe que a meta que ele estabeleceu é uma maluquice? Claro que não! Mas o que mais poderia ser feito? Se você começar o seu ano já desestimulado desde a largada, é pouco provável que as coisas deem certo. É aí que surge a oportunidade de você desenvolver um poder sobre si mesmo ou de sua empresa ter poder sobre ela mesma.

Se os seus valores e os da organização em que trabalha não estão sintonizados com metas ou outras exigências estratégicas, ou você muda seus valores para se adaptar à nova realidade — o que é uma decisão lamentável, caso os seus valores sejam sólidos e eticamente coerentes —, ou você muda de empresa, e vai para uma outra organização em que as coisas em que acredita estejam em harmonia com o que é praticado e esperado de você.

Devemos ter clareza sobre quais são os nossos próprios valores, pois eles são

essenciais para que possamos decidir de uma maneira racional. Por essa razão, o autoconhecimento é parte da preparação para se decidir bem. Se nos conhecermos em profundidade, saberemos como escolher e decidir bem. Nossas escolhas devem estar baseadas na nossa própria essência e não na dos outros.

Quando decidimos em função dos outros, essa escolha é emocional. E já falamos neste capítulo como as decisões emocionais costumam produzir más decisões. Agora, acrescentamos mais um tópico responsável por decisões ruins, que é o de tomarmos decisões desalinhadas em relação aos nossos valores e aqueles da empresa na qual trabalhamos.

Se alguém decide fazer algo motivado exclusivamente no "ah, todo mundo está fazendo assim", essa decisão emocional deve ser impedida pelos valores da empresa. É de se esperar que o dirigente dessa organização tenha seus valores alinhados com os valores empresariais e zele por eles, impedindo que sejam feitas ações que contradigam esses princípios. Como, por exemplo, abrir microempresas para burlar a licitação, tentar burlar os testes de emissão de gases dos seus veículos a diesel, no caso da Volkswagen e, porque não dizer, do recente escândalo da Boeing com o 737-800 MAX em que foram ocultados os defeitos do software MCAS e outros casos que tratarei mais adiante neste livro.

INSTINTO É PARA OS ANIMAIS

Há quem se vanglorie de tomar decisões por instinto. Não vejo vantagens nisso. Quem atua por instinto são os animais, que tomam suas decisões baseados no medo, na luta pela sobrevivência, para satisfazer suas necessidades em um dado momento e pela preservação da espécie. Eu diria que a chance de uma decisão por instinto dar certo é de 50%, e os outros 50% serão um problema. Ou seja, pura sorte. Pode dar certo decidir por instinto, mas pode ser também um grande desastre.

É importante distinguirmos instinto de intuição. A intuição leva você a refletir. Você pode ter uma intuição de que há uma boa perspectiva de negócio ou uma oportunidade pessoal interessante e, a partir daí, avaliar outras implicações e variáveis que estão relacionadas. A partir daí, sua decisão tem uma boa chance de ser racional, com perspectivas positivas de trazer bons resultados. Já o instinto está ligado à impulsividade, ao decidir sem refletir.

No entanto, os caminhos que a nossa mente percorre sempre têm mais nuances do que pode parecer, no que concerne às decisões racionais e emocionais. Tomar mais tempo para decidir algo não significa, automaticamente, que a decisão que surgir daí será racional. Podemos passar uma semana, um mês pensando em algum assunto e, na hora de bater o martelo, algum fato novo produzir emoções imediatas e nos fazer agir de maneira impulsiva.

De novo, devemos eliminar as influências e os fatores externos que podem nos levar a deliberar de uma maneira insatisfatória. Um bom relato de como funcionamos quando estamos sendo levados pelas emoções a agir de maneira impulsiva é mostrada pelos autores (e irmãos) americanos Chip Heath e Dan Heath. Eles mostram isso em seu livro *Gente que Resolve*[16]. Em um dos capítulos, eles transcrevem as conclusões de uma reportagem produzida no ano 2000 por Chandler Phillips, um jornalista especializado em automobilismo. Chandler recebeu como missão infiltrar-se como um vendedor de carros em uma loja em Los Angeles (EUA) e revelar os truques de convencimento usados pelos vendedores para fazer com que os clientes comprassem carros, mesmo que não fossem os modelos nos quais eles estivessem interessados.

VENDER CARROS É PURA EMOÇÃO

Nos três meses que passou na loja, Chandler aprendeu que a técnica dos vendedores de carro era exatamente fazer com que os potenciais compradores deixassem de lado os pensamentos racionais e fossem dominados pela emoção. Isso os faria decidirem-se pela compra, mesmo que quando chegassem à loja tivessem a

---

16 *"Domine as Emoções Imediatas", Gente que Resolve*, Saraiva, 2013. p. 162.

POR QUE TOMAMOS MÁS DECISÕES?

intenção apenas de examinar ofertas e verificar preços. Transcrevo a seguir um parágrafo do relato trazido por Chip e Dan:

> Phillips logo descobriu que a arte de vender carros era fazer que os clientes parassem de pensar e começassem a sentir. Um colega vendedor aconselhou Phillips que, ao mostrar os carros a um cliente, ele deve observar qual carro lhe chamou a atenção e convidá-lo — se necessário com insistência — a sentar-se ao volante. A sensação é incrível, não é? Depois, recusando-se a aceitar um não como resposta, ele deve pegar as chaves e insistir que o cliente faça um test-drive. O vendedor garantiu: "Meu amigo, a emoção de dirigir fechará o acordo".

Não é assim que costumamos funcionar? Temos, portanto, de parar, pensar e lançar mão da racionalidade para tomar decisões difíceis. O autor Daniel Kahneman disse, em seu livro *Rápido e Devagar*[17], que os processos de decisão podem ser divididos em dois — o Sistema Um e o Sistema Dois, o rápido e o devagar. O Sistema Um diz respeito às decisões que tomamos sem perceber, o automático, tal qual ligar a seta do carro quando decidimos virar à esquerda para sinalizar nossa intenção. Esse seria o lado rápido da decisão, o Sistema Um, que estão inseridas no que também chamo de decisões fáceis.

Já o Sistema Dois se refere às decisões mais analíticas, que exigem maior reflexão e uma análise mais detalhada das causas e consequências do que pretendemos fazer. É o sistema devagar, na imagem que Kahneman utilizou. A questão, adverte o autor, é que muitas vezes usamos o Sistema Um para tomarmos decisões que deveriam ser tomadas no âmbito do Sistema Dois para serem consistentes e gerar bons resultados.

Nunca deixo de me surpreender em como as pessoas que decidem se deixam levar com tanta facilidade por argumentos emocionais para iniciarem ações que têm potencial para gerar resultados terríveis. Esses dirigentes que causaram tanto mal não são pessoas desalmadas e indiferentes ao sofrimento alheio. Eles

---

17 *Rápido e Devagar – Duas Formas de Pensar*, Daniel Kahneman, Objetiva, 2012.

simplesmente se deixam levar pelo que é emocional ou externo a eles, sem pensar que estão prestes a fazer más e perigosas escolhas.

CARTEIRA COM MIL DÓLARES

Uma pesquisa feita pelo professor Eugene Soltes, da Harvard Business School, com executivos americanos presos por cometerem crimes do colarinho branco[18] mostrou que apenas um deles tinha viés psicótico, no caso Bernard Madoff[19], detido por fraude financeira em 2008. Madoff tinha plena consciência do que fazia segundo a pesquisa. Já os demais executivos, 47 que também responderam à pesquisa além de Madoff, nenhum deles era psicopata ou sequer possuía o instinto de roubar. Soltes dizia que era possível deixar uma carteira desacompanhada com mil dólares no seu interior, que nenhum deles pensaria em roubar o dinheiro. Quando perguntados por que tinham feito aquilo – havia entre os entrevistados gente como Bernard Ebbers, antigo CEO da Worldcom, uma das mais poderosas empresas de telecomunicação até o ano 2000, condenado a 25 anos de prisão por cometer fraudes no valor de 11 bilhões de dólares —, os antigos executivos respondiam que fizeram aqueles malfeitos "porque os outros faziam e eu pensava que estava fazendo o bem para a minha empresa". Suas ações fraudulentas provocaram prejuízos para milhões de pessoas, afetaram a aposentadoria de muitos milhares e obrigaram pessoas já aposentadas a voltarem ao mercado de trabalho. Viviam em um ambiente tóxico, no qual as pessoas decidem sem levar em conta as consequências de seus atos.

---

18 "Crime praticado contra a ordem econômico-social por agentes econômico-financeiros, especialmente os que trabalham em órgãos governamentais ou a eles têm acesso", *Dicionário Eletrônico Houaiss*.

19 O investidor americano Bernard, ou Bennie Mardoff foi preso e condenado a 150 anos na cadeia acusado de criar um esquema de pirâmide financeira ilegal, que chegou a movimentar US$ 150 bilhões, prejudicando milhares de pessoas e empresas — <https://www.sunoresearch.com.br/artigos/bernie-madoff-do-bilhao-a-prisao/>.

Decidir baseado nas vontades e influência dos outros, de novo, é o erro mais emocional de todos os erros emocionais. Ele está baseado no que é externo a você, externo à empresa. Influências de fora surgem a todo momento. É preciso fugir disso. É necessário que levemos em conta o que faz sentido para nós e para nossas empresas. Devemos fugir do efeito manada, mesmo porque quem irá arcar com as consequências dos atos que cometermos, seremos nós mesmos. Que o diga Bernard Ebbers.

Devemos sempre vigiar nossa própria mente para evitar nos desviarmos do bom caminho na tomada de decisões. Se percebermos que não estamos ouvindo as pessoas ou dividindo as nossas dúvidas, isso pode ser um sinal de que a arrogância e o excesso de confiança estão tomando conta de nós. E esses sentimentos negativos nos fazem distanciarmo-nos da realidade e tirarmos os pés do chão, o que nos induzirá a tomar decisões incorretas.

Aliás, falo aqui em bom e mau, em correto e incorreto. E o que é bom e mau? Quais reflexões eu posso trazer para você a esse respeito? Encaro isso de forma bem direta. Onde há interesse, onde há forte participação do ego, da soberba, provavelmente o caminho não será nada bom. E o que é bom? Bom é aquilo que ao invés de interesses, está ligado a valores. Valores nos trazem pensamentos altruístas, que trazem benefícios ao maior número de pessoas possível, traz soluções, inovação, o pensar elevado. Conduz, portanto, ao bom caminho no processo de tomada de decisão a que me referi acima.

São muitos os caminhos que podem nos levar para vias tortas das decisões emocionais. Ao que parece, a nossa natureza humana tem muito mais familiaridade em considerar fatores subjetivos do que seguir raciocínios em que a razão tenha mais espaço. Mas quais seriam os motivos que nos levam a ter tanta dificuldade em cultivar a racionalidade em nossas decisões? Este é o assunto que iremos tratar no próximo capítulo.

3

Por que é difícil tomar decisões racionais?

Uma tragédia ocorrida há mais de setenta anos no estado norte-americano de Montana, quando treze pessoas — doze bombeiros e um guarda-florestal — morreram em um incêndio, é ainda hoje tema de discussão quando se fala sobre tomada de decisões e liderança. Na ocasião, uma equipe de bombeiros, liderada por Robert Wagner Dodge, foi lançada de paraquedas em uma região remota coberta por florestas chamada Mann Gulch.[1] Pouco tempo depois do salto de paraquedas e de pousarem, antes mesmo de iniciar o combate às chamas, os bombeiros foram cercados e atingidos pelo fogo que se alastrava morro acima. Dois integrantes do esquadrão e Robert Dodge foram os únicos sobreviventes. A controvérsia a respeito do incidente — que foi retratado em livros, filmes e em inúmeros estudos de caso — envolve tanto a atuação do líder do time quanto a resposta dadas pela equipe às suas instruções.

O fogo teve início em meio a uma tempestade na tarde do dia 4 de agosto de 1949, quando um raio atingiu uma das árvores da floresta que cobria a região, atravessada pelo Missouri, o maior rio em extensão dos Estados Unidos. O incêndio, no entanto, só foi notado no início da tarde do dia seguinte.[2] Ventava e fazia calor. A equipe chefiada por Dodge era composta por *smokejumpers*,[3] bombeiros de elite

---

1 Palavra da língua inglesa, *gulch* significa "ravina" em português, um barranco íngreme formado principalmente pela erosão da água de chuva.

2 <https://www.hhs.gov/ash/oah/sites/default/files/ash/oah/oah-initiatives/ta/experience_expertise_klaus_leadership.pdf>.

3 <https://www.fs.usda.gov/science-technology/fire/smokejumpers/mccall/history>.

POR QUE É DIFÍCIL TOMAR DECISÕES RACIONAIS?

treinados para saltar de paraquedas e controlar incêndios em regiões distantes e de difícil acesso, e fora trazida de sua base a quase 200 quilômetros de distância.[4]

Até aquele momento, acreditava-se que o fogo não era tão intenso e que seria dominado de uma maneira relativamente rápida. Assim que todos os membros da equipe já estavam em solo, encontraram-se com um guarda-florestal, Jim Harrison, que, sozinho e sem sucesso, tentava apagar o incêndio já havia quatro horas. No primeiro momento, Dodge não se impressionou com o que viu. Chamou seu segundo em comando, William Hellman, e o instruiu a descer com a equipe até junto ao rio Missouri, à distância de um quilômetro e meio de onde estavam. Enquanto os homens se preparavam para a caminhada, Dodge sentou-se tranquilamente com o guarda-florestal e repartiu a refeição que o chefe da equipe trouxera em sua mochila.[5]

No entanto, o vento mudou de direção e passou a soprar forte, alterando subitamente a situação. O fogo, que até então queimava o mato rasteiro, elevou-se e incendiou a copa das árvores, lançando folhas e galhos incandescentes no espaço à frente dos bombeiros. O mato se incendiou imediatamente, e o fogo começou a se alastrar velozmente morro acima. Embora a equipe estivesse já abaixo da posição de Dodge, apenas o líder do grupo estava em uma posição que lhe permitia ver, até aquele momento, a mudança de direção das chamas. Era um enorme perigo. O fogo cortava o caminho dos que estavam descendo. Não havia como continuar em direção ao rio.

Ainda mais grave, soprado pelo vento, o fogo escalava o morro muito mais rápido do a velocidade com que os bombeiros, carregados de equipamentos de combate às chamas, poderiam correr até o cume. O líder gritou para que jogassem fora as pás, os machados, as serras e as mochilas e corressem de volta para o alto da ravina,

---

4 <https://foresthistory.org/wp-content/uploads/2016/12/Turner_The-thirteenth-fire.pdf>.

5 Na obra mais famosa e completa a respeito da tragédia de Mann Gulch, o livro *Young Men and Fire*, editado pela University of Chicago Press em 1992 (não disponível em português), o autor Norman Maclean relata em minúcias os instantes que antecederam o fato. Detalhes, a exemplo da refeição que Robert Dodge fez com o guarda-florestal Jim Harrison, enquanto o resto da equipe descia em direção ao rio Missouri, foram considerados fundamentais para a análise posterior dos desencontros entre as ordens dadas por Dodge e a resposta de sua equipe.

passando para a outra face do morro, onde estariam seguros, mas os bombeiros não entenderam seu pedido.

DECISÃO CONFUSA

Robert Dodge era o membro mais velho do grupo, com 33 anos de idade. Os demais tinham idades que variavam dos 17 aos 28 anos, a média da equipe era de 22 anos de idade, alguns deles eram estudantes. Portanto, pessoas jovens, fortes e treinadas. Mesmo assim, o líder percebeu que dificilmente eles conseguiriam atingir o alto do morro antes de serem pegos pelo fogo. Nesse momento, Dodge fez algo que provocou grande confusão entre seus liderados, conforme os investigadores concluíram depois.

Sem explicar nada a ninguém, ele se abaixou e colocou fogo em uma porção do mato, que imediatamente entrou em combustão. Rapidamente, todo a grama seca daquele lugar foi consumida, criando uma pequena clareira. Robert Dodge havia eliminado um dos elementos que permite que o fogo surja: o material inflamável. Deitou-se no meio do espaço que acabara de ser criado e gritou para os demais do grupo para que viessem também se deitar no chão ao seu lado. Como ali, agora, só haveria cinzas, as chamas do incêndio não se propagariam naquele solo. Eles estariam seguros ali, em sua companhia.

Mas os demais não escutaram suas instruções, não entenderam o que Dodge queria que fizessem ou acharam que ele havia enlouquecido. Afinal, ele os estava propondo que parassem de correr, como lhes havia dito anteriormente, e se deitassem no chão à espera de que aquele fogo assustador passasse em volta deles. De acordo com um artigo publicado em 1993[6] pelo teórico organizacional Karl E. Weick, autor que introduziu os conceitos de *mindfulness* e *sensemaking*, o segundo comandante, William Hellman, chegou mesmo a gritar para quem quisesse ouvir: "Para o inferno com tudo isso!

---

6 *Young Men and Fire*, p. 95, citado em *The Collapse of Sensemaking in Organizations: The Mann Gulch Disaster*, por Karl E. Weick.

Eu vou é dar o fora daqui!" William conseguiu chegar até o cume, mas sofreu queimaduras gravíssimas e morreu no dia seguinte, no hospital para o qual foi transferido.

Desorientados com todas as ordens e contraordens, os demais membros da equipe começaram também a correr para diferentes direções,[7] alguns deles ainda com suas mochilas nas costas. No entanto, não conseguiriam escapar. O fogo pegou todos eles, com exceção de dois, que conseguiram de fato cruzar para a outra face da ravina, escapando sem ferimentos. Além do segundo comandante, outra vítima sobreviveria nas primeiras horas, mas também morreria no dia seguinte, no hospital.

Onze outros bombeiros, sufocados pela fumaça ou atingidos pelas chamas, caíram no local em que estavam, seus corpos sendo carbonizados. Robert Dodge, sozinho dentro da clareira que havia criado, não sofreu nenhum arranhão, embora tenha contado que a corrente de ar quente gerada pelo fogo passando ao seu lado foi tão intensa, que o levantou do solo duas ou três vezes.

Ao lermos esse relato tão dramático, é provável que a maioria de nós considere Robert Dodge como um herói, um líder dedicado e criativo que só não foi capaz de salvar as vidas de seus comandados, porque estes se apavoraram ou, insubordinados, decidiram que suas próprias estratégias para escapar do fogo e da fumaça eram mais efetivos do que as de seu líder. Não há dúvidas de que Dodge em nenhum momento descuidou do restante da equipe. Ele examinou a situação e ordenou à equipe que fosse até a segurança do rio Missouri. Quando percebeu que a situação mudara e que havia um grande perigo à frente, instruiu os demais a se livrarem do peso que carregavam e os chamou para se juntarem a ele na clareira, a qual, afinal, se mostrou como um seguro refúgio naquela situação.

No entanto, basta ver o desastroso resultado para concluirmos que Robert Dodge fracassou enquanto líder. Embora ele aparentemente tenha tomado a melhor decisão para a ocasião, demonstrando iniciativa, criatividade e sangue frio diante de uma ameaça mortal, nenhum de seus subordinados confiou em suas orientações, o que provavelmente lhes custou a vida.

---

7 <https://foresthistory.org/wp-content/uploads/2016/12/Turner_The-thirteenth-fire.pdf>.

ARGUMENTOS RACIONAIS

Líderes obrigatoriamente devem ter os conhecimentos técnicos necessários para orientar seus subordinados a produzir os resultados desejados. Nas empresas convencionais, isso significa que as lideranças devem ser capazes de criar condições para que os colaboradores trabalhem em harmonia e de maneira coordenada. Assim, gerarão valor e garantirão o crescimento e a perenidade dessas organizações. Em outros empreendimentos, os objetivos podem variar de acordo com a natureza específica de suas atividades. No caso dos bombeiros, o que se espera é que eles apaguem incêndios, salvem pessoas em perigo e voltem vivos para casa no final do dia.

Dominar a técnica é, claro, fundamental, mas ela só produzirá bons resultados quando for acompanhada de decisões racionais. Embora pareça algo fácil de ser feito, tomar decisões racionais é uma atitude que temos dificuldade em assumir. E esse é o tema central deste capítulo. Se somos incapazes de apresentar argumentos racionais para nossa equipe, não conseguiremos fazer com que ela aceite nossas orientações, e os resultados almejados não serão alcançados.

POR QUE É DIFÍCIL TOMAR DECISÕES RACIONAIS? 67

Robert Dodge sabia o que estava fazendo quando, em vez de fugir do violento incêndio que avançava em sua direção, a 180 metros por minuto com chamas de até 9 metros de altura,[8] abriu corajosamente uma clareira e lançou-se nela. Mas por não ter comunicado o que pretendia com aquilo aos demais membros do esquadrão, eles devem ter duvidado de que Dodge sabia o que estava fazendo quando este os chamou para se juntarem a ele. Por uma falha de comunicação, ele não conseguiu convencer sua equipe. Não explicou o que estava fazendo e a finalidade daquela ação. Nem mesmo o segundo chefe da equipe, aquele que deveria estar mais entrosado com o pensamento de seu líder, se convenceu. Mandou tudo para o inferno e fugiu, produzindo ainda mais confusão na equipe.

Quando conhecemos o final da história e sabemos que a clareira feita pelo comandante era, afinal, um autêntico salva-vidas, ficamos tentados a considerar que os que estavam despreparados para enfrentar o perigo eram aqueles que morreram queimados. Façamos um exercício de empatia. Vamos nos imaginar na situação que foi ali criada em meio a um verdadeiro inferno que estava se manifestando. Seu chefe, que poucos minutos antes fazia tranquilamente uma refeição do lado do guarda-florestal, diz para você descer uma ravina para chegar até um rio, e depois, do nada, grita para você jogar seus apetrechos de bombeiro no chão e voltar, subir correndo morro acima. Essa ordem, por si só, já era chocante. Jogar fora as ferramentas de combate ao fogo? Mas somos bombeiros! Combatemos o fogo com esses instrumentos![9]

Sua dúvida é ainda maior, pois da sua posição você não consegue ver o fogo se aproximando. Mesmo assim, começa a subir assustado. É quando seu líder começa a incendiar o mato em meio à rota de fuga que você está usando e grita para você entrar naquela área fumegante, sem, mais uma vez, dizer o porquê. Nesse momento, talvez você finalmente vê o fogo subindo como um foguete em sua direção. O segundo comandante não atende ao pedido do

---

8 *Young Men and Fire*, p. 274, citado em *The Collapse of Sensemaking in Organizations: The Mann Gulch Disaster*, por Karl E. Weick.

9 Idem.

líder e foge em desespero. Não é de se admirar que você também decida que o melhor é sair correndo o mais rápido possível dali. Salve-se quem puder!

ERROS DA EMOÇÃO

O maior responsável por nossas decisões erradas é fazermos nossas escolhas de maneira emocional. No exemplo de Mann Gulch, as decisões emocionais não foram uma exclusividade dos bombeiros que não seguiram a orientação de Robert Dodge. O líder pode até ter tomado a decisão racional de fazer uma fogueira para contrapor a violência das chamas do incêndio. No entanto, por arrogância, desespero ou desatenção, não deixou claro para seus comandados o porquê de estar fazendo aquele aceiro, e, portanto, agiu de uma forma emocional que deixou confusos os demais.

Também fica evidente que aquele grupo não havia construído um vínculo consistente entre seus membros e relações de confiança mútua, algo que é função de um líder. Bombeiros estão habituados a viver situações de risco, e mesmo há setenta anos já sabiam muito bem da importância do trabalho conjunto para conseguirem realizar suas tarefas e protegerem uns aos outros. A reação de pânico que tomou todo o grupo mostra de maneira clara que Robert Dodge não conseguiu estabelecer uma genuína colaboração e espírito de equipe em seu time. Nem mesmo o seu segundo comandante entendeu ou confiou em suas ordens. Talvez Dodge considerasse que o simples fato de ser o chefe designado já era suficiente para que suas ordens fossem seguidas, mesmo quando os outros não fossem informados da racionalidade delas.

O professor emérito de administração na San Diego State University, Stephen Robbins, em seu bestseller *Decida & conquiste*,[10] enumera algumas razões pelas quais os seres humanos têm dificuldade de decidir de maneira racional. O autor afirma que, para sermos racionais, devemos entender inteiramente o problema que está diante de nós. "Problemas costumam ser

---

10 Stephen Robbins. *Decida & conquiste — O guia definitivo para tomada de decisão*. Saraiva, 2016.

complexos, com considerável ambiguidade quanto ao que é causa e o que é efeito. O resultado é que acabamos focalizando o problema errado ou mesmo ignorando ou negando que há, de fato, um problema." Também nem sempre temos habilidade em identificar critérios e organizar alternativas com objetividade, escreve Robbins, além de nossas preferências pessoais e crenças nos impedirem de examinar todas as opções possíveis. Outro obstáculo à racionalidade apontado pelo autor é que nem sempre, por falta de tempo ou por não dispor de recursos suficientes, um líder obtém informações completas sobre o desafio ao qual ele tem de responder. Isso prejudica a capacidade dos líderes de decidir racionalmente.[11]

Não trataremos aqui dos atributos, das posturas e dos recursos que um líder deve ter e desenvolver. O que nos importa é mostrar o efeito deletério que o excessivo desequilíbrio entre atitudes emocionais e racionais provoca sobre a efetividade das decisões difíceis que precisamos tomar. A verdade é que nunca conseguiremos ser 100% racionais. Somos animais emocionais. O que é importante é termos consciência, quando vamos decidir sobre algo relevante, da quantidade de emoção que está envolvida nesse processo de decisão e buscarmos reequilibrar a balança com atitudes racionais.

Talvez não seja possível exigir que bombeiros, diante de um incêndio ameaçador, respirem fundo e esperem as emoções passarem e prorroguem para o dia seguinte a decisão que devem tomar. Seu mecanismo de escolha exige rapidez, mas por isso mesmo, até mais do que acontece em outras esferas profissionais, quanto mais racionais forem suas análises das situações de risco, mais efetividade eles terão ao agir.

Em sua já citada obra, Stephen Robbins traz um impactante exemplo de como tendemos a nos deixar tomar pelas emoções, mesmo quando fatos e estatísticas contradizem de maneira racional os argumentos que nos levam a reagir de maneira subjetiva diante de determinado evento. Robbins analisa a reação

---

11 Idem.

das pessoas diante do atentado terrorista de 2001 contra as torres gêmeas do World Trade Center em Nova York.[12]

De acordo com o autor, milhares de pessoas cancelaram suas viagens aéreas depois daquele assustador ataque, uma reação que as estatísticas mostram não ter fundamento racional. "É 5.882 vezes mais provável que você morra em razão de um erro médico do que em um ataque terrorista", escreve ele. "Na verdade, é 12 vezes mais provável que você morra de asfixia acidental na cama do que de um ataque terrorista", afirma. E Stephen Robbins conclui: "Cálculos demonstram que, para um voo de avião ser mais perigoso do que percorrer de carro a distância a ele equivalente, terroristas teriam de sequestrar 50 aviões a jato por ano e matar todos os passageiros a bordo."[13]

Mesmo que as estatísticas tentem nos tranquilizar, não somos capazes de escapar inteiramente das decisões emocionais, por conta de aspectos ancestrais que nos moldam. O que são esses aspectos ancestrais? Eles podem ser resumidos no medo da morte. Diferentemente das outras espécies, sabemos o que significa a morte e temos consciência de que, mais cedo ou mais tarde, morreremos. Além de nosso instinto primitivo de autopreservação, temos um sentimento que é quase tão forte quanto ele, que é o medo da proscrição.

MEDO NAS CAVERNAS

Talvez seja esse o nosso pesadelo mais sombrio: tememos ficar sós, ser abandonados por nossos semelhantes à nossa própria sorte. Exemplifico esses sentimentos negativos remetendo aos homens primitivos, caçadores-coletores. Morando nas

---

12 Às 8h45 da manhã do dia 11 de setembro de 2001, uma terça-feira, um Boeing 767 pilotado por terroristas foi lançado contra a Torre Norte do World Trade Center, em Nova York. Um segundo Boeing 767, também conduzido por terroristas, se chocaria, 18 minutos depois, com a Torre Sul do WTC. Um total de 2.763 pessoas, incluindo os ocupantes dos dois aviões, bombeiros e policiais que socorreram o local, morreram nesse ataque terrorista. <https://www.history.com/topics/21st-century/9-11-attacks >.

13 Stephen Robbins. *Decida & conquiste — O guia definitivo para tomada de decisão.* Saraiva, 2016.

POR QUE É DIFÍCIL TOMAR DECISÕES RACIONAIS?

savanas ou se escondendo em cavernas, nossos antepassados certamente temiam se tornar um estorvo para o grupo no qual viviam, caso se ferissem, ficassem doentes ou velhos. Impossibilitados de caçar, cuidar das crianças ou manter a comunidade segura, haveria sempre o perigo de serem abandonados pela própria comunidade e, sem a proteção do grupo, se tornarem presas de animais selvagens ou de tribos inimigas. Não reagiríamos a ameaças como essas com racionalidade. Talvez estejam aí as raízes históricas de nosso comportamento emocional.

Essa insegurança ancestral ainda nos aflige nos tempos atuais. Como se fazia na Idade da Pedra, olhamos para fora de nós e vemos, sentados à nossa mesa diante dos computadores, perigos e ameaças externos. Tememos não ter nossas ideias aceitas, ser desvalorizados no nosso trabalho, não ter nossa relevância reconhecida, ou que nossos valores pessoais sejam rejeitados ou desprezados pelos outros. Isso nos deixaria isolados, alijados dos grupos, em uma angustiada solidão, tal e qual deveriam sentir os membros proscritos nas tribos de caçadores.

É provável que hoje o medo físico esteja menos presente em nossa mente do que há 100 mil anos. Agora ele dá espaço para essa tensa atenção que prestamos no que está à nossa volta. Ficamos aflitos com a possibilidade de sermos vistos como inadequados pela comunidade em que estamos inseridos. Mesmo um poderoso CEO que tome decisões importantes sempre levará em conta, mesmo de maneira discreta, como sua performance é vista pelos acionistas, pela comunidade, por sua família, até pelo cunhado.

Esse desconforto, o medo e a insegurança são sensações puramente emocionais. Como costumam estar conosco grande parte do tempo, sempre estamos propensos a decidir de maneira emotiva ao sermos colocados diante de algum desafio. E, como já falei, deliberar com emoção é a principal causa de tomarmos decisões cujas consequências não desejamos, e acabamos por chamar de decisões incorretas.

Deixar de lado o racional pode provocar a perda do bom senso e da capacidade de decidir corretamente, até mesmo para pessoas experientes. Um caso recente, ocorrido na organização em que trabalho, mostrou isso de maneira gritante. Produzimos freezers para a área da saúde. São equipamentos mais complexos, e caros, do que refrigeradores ou freezers comuns, divido à alta tecnologia embarcada. Os contratos que assinamos com nossos clientes, por razões legítimas, têm cláusulas especiais, entre elas, multas e outras penalidades caso a entrega seja feita depois do prazo acordado em contrato.

CAMINHÃO DE EMOÇÕES

Por essa razão, temos de contar com uma logística eficiente, confiável, cujos contratos que mantemos com nossas transportadoras também espelhem o rigor com a qualidade da entrega dos equipamentos em vários quesitos. No entanto, uma de nossas contratadas passou a atrasar as encomendas devido a fatores alheios ao nosso conhecimento. A situação se deteriorou a tal ponto, que decidimos não mais permitir a entrada da transportadora para coleta em nossa empresa até que fosse regularizada a situação e fizéssemos valer as cláusulas contratuais.

No entanto, um de nossos clientes fez a compra de alguns de nossos produtos no regime de frete FOB,[14] ou seja, é o próprio cliente quem se encarrega de escolher a transportadora e pagar o frete e o seguro da carga a ser transportada. Coincidentemente, o cliente escolheu exatamente a transportadora com a qual havíamos deixado o contrato em suspenso até a regularização da situação. Ao ver o caminhão com a logomarca dessa transportadora entrando em nossas dependências para fazer a coleta, um de nossos gestores reagiu com um rigor excessivo. "Não vai coletar, essa empresa não pode estar aqui em hipótese alguma", disse.

"Mas é uma compra FOB", tentaram argumentar. "Não somos nós os responsáveis pela contratação dessa coleta, foi o cliente que escolheu a transportadora." O gestor, ainda tomado pela emoção e se lembrando dos danos que aquela transportadora havia causado à nossa imagem, não abria mão. Ele sabia muito bem o que era um frete FOB e que, portanto, a responsabilidade sobre o produto e os prazos de

---

14 FOB, na sigla em inglês, significa *Free On Board*, algo como "livre a bordo", em uma tradução literal. Diferencia-se do frete CIF — *Cost, Insurance and Freight* , "custo, seguro e frete", em português, no qual o transporte e o seguro são pagos pela empresa fabricante do produto. <https://www.intelipost.com.br/blog/entenda-as-diferencas-entre-os-fretes-cif-e-fob/>.

entrega eram do cliente. Também tinha conhecimento de que nós não poderíamos vetar a operação. No final das contas, o que ela estava fazendo era impedindo a entrega de um produto que havíamos vendido.

Na mente do gestor, ressurgiam as discussões, as multas, o prejuízo financeiro e de imagem que aquela transportadora nos havia causado, e a aversão que tomara à empresa não o deixava raciocinar. Finalmente, tudo foi resolvido. O produto foi embarcado, e não houve nenhuma repercussão mais grave, além do embaraço do gestor de ter ficado fora de si. O positivo é que o episódio se transformou em um bom exemplo para este capítulo de como a emoção nos induz a decisões incorretas em nosso cotidiano.

Talvez alguém possa pensar que decidir com emoção traz algumas vantagens. Por exemplo, se estamos indignados com algo, esse forte sentimento pode nos dar coragem para enfrentar obstáculos e desafiar circunstâncias que normalmente nos intimidariam e impediriam que tomássemos providências. Se a emoção apenas nos deixasse mais confiantes, não haveria qualquer problema em deixar de lado a racionalidade. Mas não é isso o que acontece. As emoções, sejam elas positivas ou negativas, distorcem o que vemos, não nos deixam enxergar a realidade. Em um antigo sucesso, a cantora Elis Regina ensinava que "as aparências enganam, aos que odeiam e aos que amam".[15] Mesmo tratada assim, de modo poético, essa é uma verdade inegável. Decisões tomadas levando em conta percepções infundadas ou mal refletidas tendem a nunca resultar em boas decisões.

Em momentos de pressão, costumamos reagir de modo semelhante ao dos animais. Nosso batimento cardíaco aumenta, o corpo fica rígido, sentimos um aperto no estômago, ficamos arrepiados, nos tornamos tensos, nervosos e paramos de ouvir o que os outros dizem. E isso costuma acontecer em segundos, mesmo se estivermos relaxados e com a mente tranquila momentos antes. É o instinto animal de preservação tomando conta de nós. Os pensamentos tornam-se confusos, vão e voltam, oscilando entre o modo de defesa e o de ataque. Algumas vezes, até cogitamos um embate físico ou gritar insultos. Nosso

---

15 "As aparências enganam", composição de Sérgio Natureza e Tunai, gravada por Elis Regina no álbum *Essa Mulher*, WEA, 1979.

emocional toma conta da situação, e toda racionalidade, cortesia e contenção desaparecem, como se nunca houvessem existido.

Temos sempre de buscar a racionalidade, principalmente em nossas resoluções profissionais. Elas têm o potencial para afetar a vida e o bem-estar de outras pessoas, e isso não é algo banal. Conseguiremos em algum momento ser 100% racionais? É muito provável que não, pois a racionalidade total não faz parte da nossa natureza. Mas é necessário procurarmos ao menos um caminho que nos deixe o mais próximos possível da razão. Essa procura nunca cessará e é um movimento que deveremos sempre procurar executar no dia a dia dos negócios.

A ARTE DO AUTOCONHECIMENTO

Uma boa dose de emoção sempre estará presente quando nos depararmos com alguma decisão difícil. Para manter o emocional em níveis aceitáveis, devemos desenvolver a arte de nos autoconhecermos. Precisamos conhecer a nós mesmos cada vez mais. Esse exercício nos fará identificar, diante de alguma situação desafiadora, quais emoções surgem em nossa mente e, assim, reconhecê-las e não ignorá-las, e com isso, poderemos tratá-las de imediato, "tirá-las de cima da nossa mesa", no momento que precisarmos decidir. Tendo sempre esse cuidado de parar, respirar e examinar nossas motivações e inclinações, seremos capazes também de enxergar essa influência emocional nos processos decisórios de outros. Sim, isso mesmo, não só em nós, mas também nos outros.

É claro, como nas empresas costumam existir hierarquias, é preciso ter a habilidade para "chamar a atenção", por exemplo, de seu chefe alertando-o de que ele está se deixando envolver por motivos emocionais. É algo que exige sabedoria e cautela. Nem todos os chefes aceitam com a mente aberta que subordinados comentem suas ações. Mas talvez haja espaço em sua organização para tal intervenção. "Espere um minuto, vamos pensar um pouco melhor sobre esse assunto, vamos esperar a poeira baixar, ter um pouco mais de calma, vamos pensar melhor. Quem sabe existe uma outra solução!", você poderia dizer.

Aprender a lidar com as emoções nos fará errar menos. É necessário ativar nosso raciocínio em uma velocidade maior, sempre em um modelo racional.

POR QUE É DIFÍCIL TOMAR DECISÕES RACIONAIS?

Mesmo quando as circunstâncias exigem uma resposta mais rápida, ainda assim, não precisamos tratar o desafio de uma maneira irracional. Aliás, ao contrário, situações que precisam de decisões rápidas costumam ser mais críticas do que aquelas nas quais temos tempo de refletir, e nesses momentos, uma decisão incorreta pode provocar um belo estrago.

Aquele caso do gestor da organização em que trabalho tentando impedir um caminhão contratado por nosso cliente de entrar na empresa é um exemplo disso. Poderíamos ter causado prejuízo ao cliente, tê-lo perdido, ter sido processados, pagar multas por conta daquela reação emocional. O próprio gestor certamente perderia seu emprego caso algo mais grave acontecesse. E toda essa sucessão de eventos negativos teria início pelo simples fato de alguém ter permitido que a raiva, o medo e outras emoções negativas tomassem conta de sua percepção. Podemos observar que o pensamento racional é bloqueado, e daí podem surgir os estragos. O antídoto para essas adversidades, como já afirmei, tem sua base no autoconhecimento.

Conhecer a nós mesmos com maior profundidade, entendendo como as emoções agem dentro de nós, também nos dá a oportunidade de saber distinguir entre preocupar-se e ocupar-se de um problema que nos desafie. Quando nos preocupamos com alguma coisa, estamos ocupando nossa mente com algo que não é real, mas com um problema e seus consequentes desdobramentos, não existentes ou existentes apenas em nossa mente. Já ao nos ocuparmos de alguma questão, lidaremos com fatos objetivos, reais, o aqui e agora, que de fato existem e, por essa razão, podem ser transformados pela nossa ação.

PREOCUPADO COM O CONTRATO

Um fato ocorrido comigo mostra como essa dicotomia do "preocupar-se" e do "ocupar-se" é algo que aparece de maneira frequente em nossa vida. Eu era o proprietário de um escritório que estava alugado para uma pequena empresa. Eram pessoas simpáticas e corretas, e nossa relação transcorria de maneira agradável. Certo dia, um dos sócios me ligou e disse que a empresa estava com problemas financeiros. Queriam sair do imóvel antes de terminar o contrato.

Eles me perguntaram se eu concordaria com isso. Respondi que sim, poderiam sair antes, não haveria problema. Mas imediatamente comecei a me preocupar com aquela situação.

"Puxa vida, como será que está o imóvel? Será que eles não fizeram a manutenção de forma correta e diligente? Será que eles pagarão a multa contratual?"

Fiquei por um tempo me angustiando com essas preocupações até o momento em que falei para mim mesmo: "Para com isso, eles avisaram que vão sair, tem o contrato, a multa, está tudo previsto e não há por que me preocupar agora." Mas repetidamente os pensamentos negativos voltavam. "E se o imóvel estiver todo danificado, como vou fazer para responsabilizá-los? Vou brigar com os caras? Como vou fazer para obrigá-los a consertar tudo e a pagar a multa contratual?"

Novamente, repetia para mim mesmo que eu estava reagindo com exagero, de maneira completamente emocional, e me tranquilizava mais uma vez. No contrato de locação, estava estipulada a multa proporcional ao tempo que faltava e a determinação de o imóvel ser devolvido no estado em que foi entregue aos locatários, ou seja, tudo estava assegurado. Mas minha mente, quando trabalhava no modo emocional "preocupação", dizia que muita gente já enfrentou a experiência ruim de ter imóveis destruídos pelos inquilinos. Mesmo sabendo que a maioria dos inquilinos cumpria os contratos sem questionamentos, a minha cabeça se agarrava à ideia de que o pior é que aconteceria.

Por sua vez, o lado racional me avisava: "Você está com o foco em algo que não existe, não é real. Espere até o dia da devolução do imóvel para agir com certeza, decidindo a partir de algo que exista de fato. Se o imóvel estiver em mau estado e a multa não for paga, você deverá agir da maneira que essa situação exige. Se estiver tudo de acordo com o esperado, não haverá problema algum."

Após a racionalização dessa questão e a clareza de que deveria esperar pela real situação para agir, fiquei calmo e sereno. Foi com esse estado mental que saltava do emocional para o racional que, finalmente, fui vistoriar o escritório, depois que a empresa o devolveu. No final, o escritório estava em perfeito estado. Tudo funcionando, pintado, quase melhor do que quando eu o havia alugado aos meus antigos inquilinos.

Acredito que, a essa altura, tenha ficado claro que não é algo simples separar nossos impulsos emocionais de nossa capacidade de usar estritamente a razão quando avaliamos escolhas e tomamos decisões difíceis. Devemos nos ocupar, e não nos preocupar. Devemos buscar mais a razão, em vez da emoção, nos processos de escolhas e tomada de decisão.

Toda decisão difícil apresenta riscos. Porém, ao priorizarmos o caminho da razão e da reflexão, conseguiremos, com certeza, minimizar o impacto das emoções e aumentar muito as chances de nossas decisões resultarem em consequências positivas para nossa carreira, empresa, colaboradores e clientes.

No próximo capítulo, faremos uma discussão sobre o quanto somos verdadeiramente livres para decidir. Falaremos sobre até que ponto controlamos as decisões que tomamos. Eu disse controlamos? Será que controlamos alguma coisa?

4

Você é livre
e responsável
para decidir?

A cena, de tão violenta, é quase inverossímil, como se fosse o momento culminante de algum filme-catástrofe. Mas é real. Nos primeiros segundos, vê-se a imagem panorâmica da barragem da Mina do Córrego do Feijão. Coberta por um gramado verde-claro e tendo atrás um pequeno morro sobre o qual há uma mata verde-escura e fechada, a paisagem é quase bucólica. Estamos nas dependências da mineradora Vale S.A., em Brumadinho. Os 86 metros de altura da barragem[1] — a mesma de um prédio de 30 andares — tornam modestos, na área abaixo, um pedaço de mata e as construções no estilo industrial avermelhadas pelo minério de ferro ali extraído. Se olharmos mais de perto, veremos, ainda mais abaixo, no limite do enquadramento, uma rua, também com o solo vermelho de minério. Por ela caminham algumas pessoas. Um veículo, uma pequena caminhonete, está parado no meio da via.

E de repente, o impensável acontece. A base da imensa barragem começa a inchar de uma maneira impensável para uma estrutura daquele tamanho. Esse movimento dura pouco. Logo, o inchaço transforma-se em uma explosão e em uma gigantesca onda, que corre a mais de 80 quilômetros por hora.[2] Toda a barragem vem abaixo, levantando colunas de lama vermelha e poeira a dezenas de metros de altura. O estrondo da explosão deve ter sido forte,

---

1 <https://g1.globo.com/economia/noticia/2019/01/28/entenda-como-funciona-a-barragem-da-vale-que-se-rompeu-em-brumadinho.ghtml>.

2 <https://noticias.r7.com/minas-gerais/velocidade-de-lama-da-barragem-da-vale-chegou-a-80-kmh-diz-bombeiro-01022019>.

pois as pessoas que estavam na rua começam a correr desesperadas. A caminhonete arranca e tenta virar em uma via à direita, na direção contrária à da avalanche. Não conseguem escapar. Apenas 18 segundos depois que a barragem se rompeu, colunas gigantescas de lama atingem aquelas pessoas e a caminhonete, seguindo em frente, indiferente, provocando mais mortes e destruição.

A imagem, registrada no dia do acidente, 25 de janeiro de 2019, uma sexta-feira, por uma câmera instalada no alto de um guindaste, foi exibida repetidas vezes pelos telejornais.[3] Mostrava a maior tragédia do gênero já ocorrida no Brasil. Ao se romper, a barragem lançou, sem nenhum aviso, 14 milhões de toneladas de lama e rejeitos de minério de ferro[4] sobre as dependências da empresa e bairros da cidade de Brumadinho.

A avalanche esmagou o que havia no caminho: árvores, vagões de minério, casas, carros, caminhões, tratores, ônibus, escritórios e o refeitório da empresa, no qual, às 12h40 — a hora do acidente —, centenas de funcionários almoçavam.[5] A lama invadiu o Córrego do Feijão, seguiu até o Rio Paraopeba, que abastece de água potável a região, e chegou até o Rio São Francisco.[6] No total, 270 pessoas morreram, soterradas pela lama ou pelos escombros de imóveis que desabaram, entre eles uma pousada.[7] Em janeiro de 2020, um ano depois da tragédia, 11 vítimas continuavam desaparecidas[8].

---

3 <https://www.youtube.com/watch?v=xyhaCbVtR9Q>.

4 <https://www.oeco.org.br/reportagens/estudo-mostra-que-rejeitos-da-barragem-de-brumadinho-mataram-o-rio-paraopeba/>.

5 <https://www.gazetadopovo.com.br/politica/republica/tudo-que-se-sabe-ate-agora-sobre-o-rompimento-da-barragem-em-brumadinho-8q7hqp0fdbtjimyfcmi65u18s/>.

6 <https://g1.globo.com/pe/pernambuco/noticia/2019/03/29/rejeitos-de-brumadinho-chegaram-ao-rio-sao-francisco-diz-fundacao-joaquim-nabuco.ghtml>.

7 <https://vejasp.abril.com.br/cidades/pousada-soterrada-lama-brumadinho/>.

8 <https://exame.abril.com.br/brasil/tragedia-de-brumadinho-completa-um-ano-com-atos--pelas-vitimas/>.

RISCO CONHECIDO

Poucos acontecimentos podem ser mais chocantes do que uma tragédia como essa. Mas quase tão desconcertante quanto isso foram as crescentes evidências surgidas nos meses seguintes de que a direção da empresa estava informada do risco iminente de desastre e pouco ou nada fez para tentar impedi-lo. Um relatório produzido por uma comissão independente de investigação, contratada pela própria Vale, chegou à conclusão, em fevereiro de 2020, de que a empresa sabia da fragilidade da barragem desde 2003. Outros dois levantamentos, realizados em 2016 e 2017, também apontaram a instabilidade da obra. Mesmo assim, afirma o relatório, a Vale nada fez para diminuir os riscos.[9] Segundo publicou o jornal *Folha de São Paulo*, em 21 de fevereiro de 2020, "a comissão apurou que houve resistência da área geotécnica da companhia para aceitar esses resultados".[10]

Três semanas após o acidente, oito funcionários da Vale, entre gerentes e técnicos, foram presos em Belo Horizonte. Em depoimento à polícia, alguns deles repetiram que diretores da empresa já haviam sido alertados, em um evento interno, sobre o risco de colapso da barragem.[11] Esse conhecimento da situação pelos executivos foi confirmado por um engenheiro da empresa em Brasília, no Senado Federal, em abril de 2019, em depoimento diante de uma Comissão Parlamentar de Inquérito (CPI) aberta para apurar a tragédia.[12] Outra CPI, desta vez da Assembleia Legislativa de Minas Gerais, ouviu funcionários

---

9 <https://www1.folha.uol.com.br/cotidiano/2020/02/vale-sabia-de-riscos-em-brumadinho-desde-2003-diz-comissao-de-investigacao.shtml>.

10 Idem.

11 <https://oglobo.globo.com/brasil/vale-diretores-sabiam-de-riscos-de-rompimento-em-brumadinho-afirmam-funcionarios-23484176>.

12 <https://www1.folha.uol.com.br/cotidiano/2019/04/engenheiro-da-vale-diz-que-diretoria-da-empresa-sabia-de-riscos-da-barragem-de-brumadinho.shtml>.

terceirizados pela Vale e também indicou que as falhas na barragem eram de conhecimento da empresa.[13]

Após investigações, o Ministério Público de Minas Gerais apresentou à justiça, em 13 de fevereiro de 2020, denúncia contra dezesseis pessoas por homicídio doloso duplamente qualificado, além de crimes ambientais pela poluição causada contra a fauna e a flora.[14] Entre os réus estavam o ex-diretor-presidente da Vale, Fabio Schvartsman, além de diretores, gerentes, engenheiros, geólogos e consultores da organização e também da Tüv-Süd, empresa alemã contratada para inspecionar a estrutura da barragem e garantir sua estabilidade.

Como tudo isto pôde acontecer? Diretores, gerentes e técnicos sabem que há instabilidade no sistema de barragens de uma mina, que ela pode romper a qualquer momento, e, pior ainda, têm conhecimento de que no caminho que seria percorrido pela avalanche colossal de lama haveria pessoas, restaurantes, escritórios, uma cidade, animais, florestas, rios. Mesmo assim, "empurram a questão com a barriga", recusando-se a tomar as decisões preventivas necessárias.

FALTA DE LIBERDADE

É bem provável que os funcionários da Vale condenados pela justiça por conta desse desastre não sejam psicopatas, indiferentes à dor alheia. O que certamente os impediu de tomar providências diante das evidências foi a falta de liberdade em tomar decisões. Em tese, muitos deles poderiam ter o poder de decidir fazer obras de reforço, mudar o restaurante de lugar, talvez até mesmo fechar a mina e mandar todos os funcionários para casa até que o problema fosse resolvido e os riscos de perda de vidas e danos materiais fossem eliminados. Mas, no dia a dia dos negócios, há fortes pressões para

---

13 <https://www.almg.gov.br/acompanhe/noticias/arquivos/2019/07/15_cpi_oitiva_terceirizados.html>.

14 <https://www1.folha.uol.com.br/cotidiano/2020/02/ex-presidente-da-vale-e-mais--15-viram-reus-por-rompimento-de-brumadinho.shtml>.

a entrega de resultados. Os conselhos de administração representados pelos acionistas estão sempre exigindo dos executivos faturamento e lucros cada vez mais elevados, assim como, neste caso, o mercado de ações, por meio de seus analistas, são fortes agentes de pressão por resultados, nem sempre sustentáveis. Parar a operação de uma organização ou fazer investimentos pesados de segurança em uma obra pode ter impacto direto, no curto prazo, sobre o resultado da empresa e sobre seu valor de mercado, além de diminuir ou eliminar os bônus dos diretores da empresa. Não é uma decisão simples de ser tomada. São muitos, e poderosos, os interesses envolvidos. Não se revelou publicamente se os executivos da Vale estavam sob tal pressão, mas é grande a possibilidade de que isso tenha acontecido na empresa, como acontece na maioria das companhias. "Falam que pode haver um acidente? Mas a possibilidade parece remotíssima, vamos decidir sobre isso mais à frente, precisamos mostrar resultados." Talvez uma afirmação como essa tenha sido feita em alguma reunião da diretoria na qual a questão do estado precário da barragem tenha sido levantada.

Mais adiante neste livro, falaremos com maior profundidade sobre as questões que envolvem a tomada de decisões sob pressão. Neste capítulo, tratamos dos limites que se impõem à liberdade de os colaboradores decidirem e o quanto somos capazes de nos responsabilizarmos pelas consequências de nossas decisões. Essas reflexões envolvem a questão da *accountability*, conceito que foi difundido entre nós principalmente pelo autor, consultor e palestrante João Cordeiro.

Em entrevista ao site Questão de Coaching,[15] Cordeiro, autor do livro *Accountability — A evolução da responsabilidade pessoal*,[16] explicou sua visão de *accountability* como sendo "uma virtude moral que se refere a tomar responsabilidades para si e gerar respostas com resultado". E continuou: "Não nascemos com essa virtude e, portanto, precisamos treiná-la até que se torne hábito."

---

15 <https://www.questaodecoaching.com.br/2017/08/28/entrevista-joao-cordeiro-accountability/>.

16 João Cordeiro. *Accountability — A evolução da responsabilidade pessoal*. Évora, 2013.

ISSO É COMIGO

A definição em português de alguém que é *accountable* é a de uma pessoa que tem a obrigação de submeter, explicar ou justificar suas ações a outros, colocar-se como responsável por elas e estar sempre disposta a responder pelos seus atos.[17] Para mim, o significado de *accountability* é aquela virtude que se expressa com estas três palavras: "Isso é comigo."

No dia a dia, ser *accountable* é ter uma atitude que vai além de suas responsabilidades formais na empresa. É você, por exemplo, quando está andando pelo corredor e vê um papel no chão, abaixar-se, pegá-lo e colocá-lo no lixo. Você não tem a obrigação de fazer isso, pois há pessoas encarregadas da limpeza na empresa. Mas se você é uma pessoa *accountable*, não importa se é diretor ou CEO da empresa, você também se sente responsável pelo bem-estar dos outros. Por isso, não deixará aquele papel ali, o que tornaria o ambiente desagradável e até potencialmente perigoso.

Atitudes banais como essa o colocam em outro patamar de envolvimento e responsabilidade com o que o cerca, além de servir como um treino constante para nos tornarmos *accountables* em um sentido mais elevado, gerando valor, produzindo resultados e evitando riscos, sendo, enfim, proativo e responsável. A relação entre *accountability* e a tomada de decisões é direta. Quando você decide, chama a responsabilidade de algo para si.

Se alguém não é *accountable*, ou seja, não se dispõe a se colocar como responsável pela consequência de seus atos, essa pessoa dificilmente será capaz de tomar boas decisões. O exemplo da Vale, sobre o qual falamos, mostra isso de maneira clara. Por terem protelado suas decisões, como foi mostrado pelos vários testemunhos, os dirigentes da empresa não se colocaram como responsáveis ou sujeitos a justificar sua postura diante dos *stakeholders* — os empregados, a comunidade e os acionistas —, negligenciando as possíveis consequências do rompimento da barragem ou simplesmente, como fizeram, escondendo os riscos "debaixo do tapete".

---

17 <https://www.dictionary.com/browse/accountable>.

Procrastinar, empurrar a decisão para os outros, esforçar-se para se eximir da responsabilidade sobre as consequências são atitudes típicas dos não *accountables*. Estes costumam colocar a culpa no outro quando algo em que ele está envolvido dá errado. Eles apontam culpados, no lugar de se responsabilizarem. Da mesma maneira, se um profissional não *accountable* está em um cargo no qual se espera que ele tome decisões, ele também empurrará a decisão para outros, os quais muitas vezes não têm a responsabilidade, ou a competência, de tomar decisões críticas ou difíceis.

Não *accountables* têm a tendência de tomar decisões emocionais, pois agem, ou mais provavelmente deixam de agir, impulsionados exatamente pelo medo de decidir, pelo temor às consequências de uma eventual má decisão e por não quererem ser responsabilizados. Vamos lembrar que quem se furta a tomar uma decisão importante já decidiu. Líderes assim podem, eventualmente, decidir com algum acerto, mas isso não é muito provável. Suas decisões correm um risco muito maior de serem equivocadas do que aconteceria se seu processo de decisão passasse pela razão, pelo auxílio da reflexão e da proatividade.

Volto a um comentário do autor João Cordeiro, que diz que o ser humano, quando nasce, não é *accountable*. É uma afirmação instigante, pois nos remete à necessidade de estarmos sempre atentos às nossas próprias posturas e dispostos a aprender novas formas de decidir. Acredito que nascemos com a tendência de não querermos ser responsabilizados pelo que quer que seja, essa é a nossa natureza primordial, e nos tornarmos *accountables* é algo a ser trabalhado ao longo de nossa existência.

Desenvolver essa habilidade proporcionará resultados excepcionais para nossa vida e para o desempenho das corporações com as quais nos envolvemos. Agindo assim, formaremos um time que prezará pela *accountability*. Produziremos resultados mais satisfatórios e eficientes. O clima organizacional será de maior confiança, já que todos nós teremos o mesmo tipo de comportamento diante de questões cruciais e decisões difíceis. Isso produzirá um efeito cascata para toda a empresa, que se tornará mais proativa e capaz de responder com mais efetividade e rapidez às situações de incertezas que sempre surgirão diante de nós.

QUESTÃO DE GOVERNANÇA

Um time como esse estaria mais bem aparelhado para enfrentar as pressões que os líderes executivos costumam sofrer. A título de exemplo, uma delas, como foi comentado, pode ser exercida pelo conselho de administração. Ainda que sejam responsáveis pela estratégia de longo prazo da empresa e normalmente tenham remuneração fixa, alguns de seus membros podem ter participação nos resultados, inclusive, acumulando função executiva. Também, os controladores ou acionistas minoritários, que por acordo de acionistas têm o direito de indicar conselheiros que os representem, podem sofrer pressões que desaguam sobre os executivos e pesam diretamente em suas remunerações variáveis. Isso pode levar o corpo executivo a fazer escolhas e tomar decisões com viés imediatista, com visão de curto prazo, não sustentáveis, como valorizar as ações da empresa e buscar resultados financeiros cada vez maiores, "esquecendo-se", convenientemente, de fatores fundamentais para a sustentabilidade do negócio e das partes interessadas. Porém, deveriam estar muito atentos aos valores corporativos e morais da sociedade e sempre emanar e defender condutas éticas. Mas nem sempre é assim, daí eu ter grafado "esquecendo-se" entre aspas. Deixar de lado o exercício da ética, o exercício da boa convivência, pode ser uma simples negligência oportunista. Por isso reforço ser tão importante termos domínio sobre nós mesmos, domínio sobre nossos atos e, portanto, sermos *"accountables"*.

CONFLITO DE INTERESSE

Essa pressão pode ser avassaladora e, como já vimos muitas vezes, colocar em risco empregos de dirigentes empresariais. Pelas razões levantadas aqui, conselhos de administração, altos executivos ou gestores que de algum modo têm suas posições e seus bônus garantidos e ligados diretamente aos resultados financeiros podem fazer jogo duro, mirando cegamente esse indicador de resultado, esquecendo-se de outros que também geram valor ao acionista. Considero isso um equívoco, pois é uma fonte de conflito de interesses. Quando isso acontece, o papel social da empresa, que é o de gerar riqueza para a sociedade, riqueza sustentável, é ultrapassado pelos interesses individuais, e invariavelmente surgem as decisões corta-caminho: "Não vamos fazer isso agora. Primeiro façamos resultados a qualquer custo, depois cuidamos disso ou daquilo." No caso da Vale, viu-se para onde cortar caminhos pode nos levar.

Decidir com responsabilidade e independência, a despeito das pressões internas que possam surgir na organização, passa pela construção de uma autonomia legítima, que não depende de poder delegado ou da posição que se ocupa em um organograma. Nós conseguiremos construir essa autonomia a partir, em primeiro lugar, do autoconhecimento. Quais são seus valores? Eles estão em harmonia com os valores corporativos? Para nos conhecermos melhor, temos de saber responder a essas questões.

Quando você toma decisões baseado em seus valores, respeitando seu propósito, você mostra coerência entre o que pensa e sente, bem como o que externa para as outras pessoas e a maneira como age. Os colegas e comandados percebem facilmente se essa sua maneira de agir está em harmonia com o que você diz serem seus valores. No seu papel de gestor, se você mostra esse alinhamento entre a maneira como age na sua vida e suas decisões na empresa, despertará a confiança dos demais e dará legitimidade aos seus atos, aumentando sua boa reputação.

Dessa maneira, você conquistará poder genuíno e a capacidade de influenciar as pessoas de maneira positiva, fazendo com que elas cumpram suas tarefas da maneira como você deseja. Isso o empoderará. Você passará a se sentir livre, com autonomia para tomar decisões. Mesmo quando errar, por influência de algum fator externo, poderá reajustar sua rota, pois contará com a boa vontade dos outros, que, de novo, o respeitarão pela coerência de suas atitudes e harmonia com os princípios corporativos da organização.

É dessa maneira que nascem os líderes. É um processo: você toma uma decisão com determinado alinhamento, baseado em valores. As pessoas estão o observando. Você toma novamente uma decisão, mais uma vez com perfeito alinhamento com os valores. As pessoas ainda estão observando. Você continua construindo reputação e aumentando a confiança que o time tem em você. Seu poder de influência vai crescendo. Você passa a tomar decisões de uma maneira cada vez mais segura, mais livre, mais autônoma. Seu nível de relacionamento e influência crescem constantemente, e você se torna líder.

IMPORTÂNCIA DO CARÁTER

Os autores norte-americanos Noel M. Tichy e Warren G. Bennis, em seu livro *Decisão! Como líderes vencedores fazem escolhas certeiras*,[18] falam sobre a importância do caráter para um líder de sucesso. "O que significa ter caráter?", perguntam eles. "Significa ter valores. Significa ter um compasso moral que estabelece claros parâmetros quanto ao que uma pessoa irá ou não irá fazer. Em termos de caráter, tudo gira em torno de se diferenciar o certo e o errado e de se ter trabalhado essas questões muito antes do enfrentamento de difíceis decisões pessoais."

Tichy e Bennis produzem mais algumas linhas comentando sobre o engano de medirmos a excelência dos resultados que alcançamos levando em conta exclusivamente objetivos financeiros: "Estamos absolutamente convencidos de que são necessários bons valores para o bom discernimento e uma boa decisão. Os resultados nocivos, mesmo que sejam os resultados pretendidos, nunca podem ser considerados um sucesso, e resoluções imorais nunca podem ser boas." É evidente, portanto, a relevância do caráter para nos permitir decidir com responsabilidade diante de questões difíceis. Isso significa fazermos escolhas de uma maneira refletida, bem posicionada, levando em conta todos os princípios que embasarão a tomada de decisão, avaliando os riscos e as consequências da nossa decisão.

Líderes competentes se responsabilizam pelos eventuais maus resultados que suas decisões possam provocar, mas em consideração aos seus comandados, sempre atribuirão os bons resultados ao trabalho de sua equipe. Há um termo que percorre as organizações para aqueles chefes que, quando erram, tentam culpar a sua equipe de trabalho ou outros empregados. Estes são os que, no lugar de se valerem da *accountability*, usam a muleta da *"desculpability"* para justificar suas más decisões e apontar outras pessoas como responsáveis pelos seus erros. Este é, aliás, o título de outra obra do citado João Cordeiro.[19]

Responsabilizar-se por decisões incorretas, ter firmeza em relação aos princípios que nos norteiam e dividir os bons resultados com a equipe são comportamentos que de alguma forma nos dão liberdade e autonomia de decisão. Se agirmos assim, de maneira equilibrada e coerente em relação aos nossos valores e aos valores da empresa, nos sentiremos empoderados. Isso eu

---

18 Noel M. Tichy e Warren G. Bennis. *Decisão! Como líderes vencedores fazem escolhas certeiras*. Bookman, 2009, p. 82.

19 João Cordeiro. *Desculpability*. Évora, 2015.

posso garantir: pessoas que agem dessa maneira sentirão grande poder interno, o que lhes dará confiança e segurança para tomarem suas próprias decisões sem nunca cogitarem flexibilizar ou abrir mão de seus valores primordiais.

Agir com liberdade e autonomia é algo que se pode aprender. É como adquirir habilidade em um novo idioma. A partir do conhecimento de suas forças, você deve aprofundar cada vez mais, no dia a dia, os princípios que preza. Deve procurar falar, sentir e agir de acordo com eles. Haverá momentos em que dúvidas surgirão, ou pressões para que você aja de maneira que não está de acordo com seu caráter. Continue firme. Você vai decidindo, acertando, errando e se corrigindo. Você se tornará cada vez melhor e se sentirá com mais autonomia e liberdade.

Há quem tenha dúvidas sobre se não perderemos essa liberdade de decidir caso compartilhemos nossas deliberações com nossos pares no ambiente de trabalho. Seria isso, de certa forma, abrir mão do poder de decidir com autonomia? Minha resposta é não, isso não acontece. Buscar informações e consenso na resolução de determinado problema é a melhor atitude para evitar erros em uma decisão. Ouvir experts nas áreas envolvidas nos permitirá avaliar consequências e nos desviar dos riscos. Decisões conjuntas oferecem a vantagem de apresentarem diversas alternativas, vindas dos conhecimentos específicos dos participantes envolvidos.

Mesmo que tenha diante de si diferentes possibilidades de resolver um desafio, isso não comprometerá a liberdade do líder de tomar a decisão que lhe parecer mais adequada. Mas cabe exclusivamente a ele a decisão final. Ainda que ouça muitas outras opiniões, será ele quem se responsabilizará, e será responsabilizado, pelos resultados das escolhas que fizer. No entanto, algo diferente ocorre quando a decisão é tomada por um conselho. Em uma decisão colegiada, todos os membros desse *board* serão responsáveis pelas consequências do que foi deliberado.

ERA DA AUTONOMIA

No entanto, a autonomia de decidir sobre os passos a serem tomados na dimensão profissional não é algo que seja uma prerrogativa apenas de CEOs ou líderes empresariais. Ter essa autonomia está se tornando uma exigência nas novas relações

VOCÊ É LIVRE E RESPONSÁVEL PARA DECIDIR?

91

de trabalho, as quais vêm se transformando rapidamente, empurradas, sobretudo, pelas inovações tecnológicas.

As decisões de carreira, por exemplo, passaram a serem feitas cada vez mais pelos próprios profissionais. Ué, mas não foi sempre assim? Não. Há até pouco tempo, as carreiras profissionais eram moldadas, principalmente, pelas oportunidades e diretrizes que os empregadores colocavam diante dos profissionais. Escolher novas oportunidades, dar guinadas profissionais, migrar para outras áreas eram iniciativas muito mais difíceis do que acontece atualmente.

As coisas já não se dão dessa maneira. As relações com os colaboradores vêm mudando. Há um grande movimento de terceirização. A estabilidade é cada vez mais relativa, e o que vem definindo os contratos entre empresas e empregados são os resultados. Você traz bons resultados, continua com a gente. Não traz bons resultados, está fora. É esse o relacionamento que vem ganhando cada vez mais presença no cenário profissional.

Temos, portanto, de nos ver, cada um, como um negócio, como empreendedores do negócio "EU". Devemos olhar cada vez mais para as pessoas ao nosso redor e tentar saber que valor podemos entregar para elas. Vivemos a era da autonomia. Já passou a época em que pensávamos sermos protegidos pelas empresas. Pessoalmente, acho que isso nunca existiu de fato. E se existiu, que temor provavelmente esse profissional sentia e quanto deixou de ser autêntico para preservar o que acreditava ser confortável e seguro?

Hoje em dia, mais do que nunca, precisamos sair de nossa zona de conforto, de nossa "caverna". Devemos chamar a responsabilidade para nós, ser *accountables*. Isso nos proporcionará a capacidade de tomarmos decisões mais acertadas e críveis, adquirirmos autoconfiança e conquistarmos a confiança de quem nos cerca. Dessa maneira, nos prepararemos para ter, de fato, poder genuíno e para influenciar positivamente quem nos rodeia. Como fazer isso é o assunto que trataremos no próximo capítulo.

5

Decidir bem é decidir com poder

*C*erta vez, em função de minha aproximação com a área da saúde, presenciei um incidente que trouxe sérias repercussões econômicas para uma empresa de logística. Tal fato nos oferece boa oportunidade para refletir sobre a relação existente entre ter poder e decidir de maneira correta, coerente e alinhada a valores, que é o tema deste capítulo. Essa empresa opera no segmento de logística de inúmeros produtos da área da saúde, no transporte e na guarda de medicamentos, soros e vacinas, portanto, de produtos termolábeis.[1]

Como é usual nesse tipo de negócio, havia nas instalações da empresa vários galpões logísticos com câmaras frigoríficas, as quais eram mantidas em diferentes níveis de temperatura. Algumas delas eram apenas refrigeradas, outras mantinham temperaturas negativas, dependendo do medicamento ou amostras armazenadas. Os produtos farmacêuticos, em função de ensaios de estabilidade físico-químicos internacionalmente reconhecidos, exigem graus de temperatura distintos, por isso a necessidade de se ter câmaras com intensidades de resfriamento diferentes.

Certo dia, a empresa recebeu uma carga de vacinas de um laboratório e a armazenou em uma de suas inúmeras câmaras. Passado algum tempo, um colaborador percebeu que um dos lotes de vacinas havia sido colocado na câmara que era mantida em temperatura diferente daquela especificada pelo laboratório cliente da empresa. Isso é um erro grave, gravíssimo. Assim que foi constatado

---

1 Substância que é destruída ou perde suas propriedades em temperaturas baixas. *Dicionário Eletrônico Houaiss.*

o equívoco, houve um momento de pânico, e rapidamente o lote foi transferido para a câmara na qual a temperatura era a correta.

No entanto, a operação se mostrou ineficaz. Pânico geral! Havia ocorrido excursionamento[2] de temperatura — termo técnico, vindo do inglês, que indica quando algum produto termolábil, ao longo da cadeia de frio,[3] fica exposto a temperaturas não recomendadas.

---

2   <https://blog.smartsense.co/6-steps-for-handling-temperature-excursions>.

3   A cadeia de frio envolve equipamentos, pessoas e processos para a preservação das condições de temperatura necessárias para o armazenamento e transporte de imunobiológicos. Qualquer falha nesses requisitos pode resultar em perda potencial do produto manuseado. <http://www.saude.campinas.sp.gov.br/saude/vigilancia/vacinacao/2016/manual_rede_frio_pni_2013.pdf>.

A direção da empresa de logística foi informada sobre o incidente. Todos correram para o local para entender o que havia ocorrido, inclusive a alta gestão da companhia.

O que tornava o fato ainda mais grave economicamente é que o seguro não cobriria a eventual perda das vacinas. As seguradoras não ressarcem prejuízos que possam decorrer de erros no armazenamento de produtos farmacêuticos. Por essa razão, qualquer perda financeira provocada por aquele engano teria de ser ressarcida pela própria empresa proprietária das câmaras frigoríficas.

Depois que as vacinas foram armazenadas no novo local, surgiram duas questões entre os diretores e funcionários. A primeira questão foi uma possibilidade, mais esperança do que baseada em dados reais, de que talvez não houvesse acontecido uma excursão significativa da temperatura, e, portanto, o produto não teria perdido sua eficácia. Será? A segunda questão: devemos ou não contar para o cliente, o laboratório que produziu as vacinas, o que aconteceu?

A empresa se orgulhava de seus valores, que sempre divulgava em sua comunicação interna e para seus clientes. Eles eram seis: transparência; respeito ao meio ambiente; sustentabilidade; foco em geração de valor aos *stakeholders*; espírito de servir; e confiança. Eram valores fortes, amplamente difundidos e praticados.

ESCONDER DEBAIXO DO TAPETE?

Como reagiria algum dos diretores envolvidos caso ele não desse importância real a esses valores? Certamente diria algo assim: "Vamos deixar para lá, pessoal. Tenho certeza de que as vacinas não foram prejudicadas. Não vamos falar para ninguém, isso só vai provocar confusão. Vamos ficar quietos." Aí ele já teria desprezado quase todos os princípios da empresa. Não haveria transparência ao incitar os colegas a esconder o incidente.

O espírito de servir também não seria contemplado. A confiança dos clientes nos serviços inevitavelmente seria perdida, haveria grande possibilidade de eles descobrirem o que havia acontecido quando aquele lote de vacina sem eficácia fosse aplicado em campo, e o foco em gerar valor para os *stakeholders* seria apenas fantasia.

Com essa postura, essa pessoa estaria exercendo seu poder de maneira deletéria, perversa. Além de colocar em risco a vida de outros, certamente atrairia um golpe mortal para a empresa, que poderia até fechar as portas, deixando todo desempregados.

Alguém que tenha poder genuíno nunca agiria dessa maneira. Ao respeitar os valores da empresa, sobretudo o da transparência, e seus próprios princípios morais e éticos, ele imediatamente comunicaria o ocorrido à indústria farmacêutica e solicitaria que examinassem a carga para saber se a diferença de temperatura havia causado danos. Digo com certeza, pois acompanhei de perto esse caso. Os líderes dessa empresa agiram exatamente desse modo. Chamaram a indústria produtora das vacinas, que constatou que o erro de armazenamento, de fato, havia prejudicado o produto.

Resultado: a empresa de logística, em acordo com seu cliente, arcou com os prejuízos pela perda do lote, e a indústria farmacêutica os isentou de maiores danos devido ao atraso no fornecimento daquele lote ao mercado e outros transtornos que uma situação como essa poderia causar, como o descarte de forma irregular daquele medicamento.

AGIR COM TRANSPARÊNCIA

Indenizar o cliente por erro cometido é um baque e tanto no caixa de qualquer empresa. Ninguém fica feliz com isso. Mas alguém com poder genuíno, que é aquele que permite que tomemos decisões respeitando os valores corporativos e também os nossos, pessoais, não agiria de maneira diferente, mesmo sabendo que uma grande perda financeira poderia ser o resultado de ser transparente com o cliente e toda a organização.

Seria inevitável que surgisse alguma consternação entre os integrantes da empresa, mas afirmo que a repercussão foi positiva naquela organização. É claro que todos os colaboradores ficaram sabendo rapidamente do que aconteceu, pois os operadores dos depósitos e armazéns deram conta do ocorrido e de todas as ações, inclusive o eminente mapeamento do processo para detecção das falhas e redesenho do processo, alinhado a treinamento. Eles aprovaram a maneira como as coisas foram encaminhadas. A empresa ainda teve o cuidado de fazer um comunicado oficial contando como a empresa detectou o erro, avisou ao cliente, solicitou que este validasse se a carga havia realmente sido prejudicada e, constatada a perda da eficácia, assumiu o pagamento do prejuízo, e, em função dessa ocorrência, tomou providências para ajustar o processo, o que o tornou mais eficaz.

Quem, entre os empregados, se orgulharia de trabalhar em uma organização que estivesse mentindo, fugindo de sua responsabilidade, colocando a culpa em outros? "Se essa empresa age dessa maneira com os clientes, como se comportará em relação a mim? Certamente me enganará também em algum momento", é o que eles teriam pensado. A transparência, a honestidade e os valores levados em conta pelos líderes, que mostraram ter poder genuíno, trouxeram repercussão bastante positiva entre os funcionários. Eles sempre se orgulharão de pertencer a uma empresa que atua dessa maneira.

Um problema como esse certamente fez com que a empresa mudasse seus processos para garantir que erro de tal envergadura não voltasse a se repetir. Se o incidente for comprovadamente resultado de um erro não intencional de algum funcionário, provavelmente haverá algum aprendizado e a necessidade de treinamento. Portanto, é investigar onde houve a falha, redesenhar procedimentos, retreinar os funcionários e manter-se firme quanto a seus valores. Essa é a maneira sustentável de agir. Isso sempre terá repercussão muito maior entre os stakeholders do que saber que houve demissões e outras medidas punitivas. O resultado disso tudo, em relação ao relacionamento com os clientes, foi o fortalecimento da confiança na empresa, pela maneira proativa com que ela enfrentou essa adversidade. Eu, caso utilizasse os serviços de armazenamento dessa empresa, ficaria feliz em saber que há pessoas com poder genuíno à frente dos negócios e dispostas a aperfeiçoar seu funcionamento e a proceder de maneira aberta e honesta diante de qualquer situação que surgir.

A relação entre ter o poder genuíno e decidir de maneira alinhada e fundamentada em valores, como fizeram os líderes dessa empresa de logística, nos coloca a questão de como um gestor deve fazer para adquirir poder genuíno e estar sempre preparado para tomar decisões conscientes, bem posicionadas aos valores pessoais e corporativos. Em primeiro lugar, o poder não é algo que seja conquistado pela força ou com a ajuda de fatores externos a nós mesmos. Estar em um organograma empresarial em funções de chefia, de liderança, também não é o suficiente para nos proporcionar esse tipo de poder.

A FORÇA DO *TRACK RECORD*

Poder é algo que conquistamos com o conhecimento acumulado, com o nosso *track record*, ou seja, nosso histórico pessoal e profissional. Só você mesmo pode criar seu próprio poder. Quando o empoderamento vem de fora, ou seja, da posição hierárquica corporativa, ele desaparece se você deixar aquele emprego, ou se a organização promover algum remanejamento de cargos, ou se seu "amigo" deixar a empresa etc. Já o poder genuíno, este nunca será perdido. Ele é intrínseco à pessoa e nasce de seus valores, sua postura de vida, seu grau de empatia, da quantidade de ações executadas para o benefício dos outros, e não apenas de si.

Não é algo que venha conosco, do berço, da combinação dos genes de nossos pais. Esse poder, que nos tornará capazes de influenciar pessoas e de ser por elas admirados, é algo que precisa ser construído ao longo de toda nossa vida, por meio de nossos atos. É um aprendizado. O autor norte-americano Jeffrey Pfeffer, em seu livro *Poder — Por que alguns têm?*, relata a trajetória de Ron Meyer como exemplo de alguém que adquiriu grande poder a partir do aprendizado.[4]

Meyer abandonou o colégio aos 15 anos e, dois anos depois, alistou-se na Marinha dos Estados Unidos. Após dar baixa, conseguiu emprego de motorista em uma agência de talentos. Dali, do banco da frente do veículo que dirigia, Ron Meyer ouvia, atento, as conversas dos clientes da empresa, comentando sobre o negócio de entretenimento.

Com o que havia apreendido naquelas "aulas" em trânsito, ele fundou com amigos e a esposa a Creative Artists Agency, uma agência de atores, que o fez se estabelecer como agente poderoso em Hollywood. Com o poder que aprendeu a

---

4   Jeffery Pfeffer. *Poder — Por que alguns têm?*. Best Business, 2013, p. 45.

ter, Ron Meyer se tornaria, a partir de 1995, o presidente e executivo-chefe da Universal Studios, uma das mais poderosas empresas de filmes do mundo.

Jeffrey Pfeffer, acertadamente, definiu o que é poder: "O poder é a energia básica para iniciar e sustentar ações, traduzindo intenção em realidade. Uma qualidade sem a qual os líderes não poderiam liderar", afirma. É o poder que nos permite iniciar e sustentar nossas ações. Ele está, portanto, intimamente ligado à nossa capacidade de decidir.

De novo, o que faz as pessoas conquistarem o poder são as ações que elas tomam ao longo da vida. São as chamadas alavancas individuais do poder. Ações como montar seu networking, adquirir conhecimento, desenvolver boas relações de trabalho... todas essas iniciativas poderão nos habilitar para desenvolver poder e exercê-lo em nosso ambiente de trabalho. Redes de relacionamento criam conexões que nos empoderam. Conhecimento nos dá autoridade e gera respeito dos demais pela nossa capacidade. Ter bons relacionamentos no trabalho também nos faz ser vistos como pessoas confiáveis.

Devemos somar a essas qualidades as habilidades diagnósticas. Estas dizem respeito a saber interpretar e consolidar dados que nos permitam dimensionar o mercado, antecipar transformações e desenhar estratégias futuras. Outra alavanca do poder é ter informações de boa qualidade. Quanto mais exclusivas elas forem, ou seja, se são informações que ninguém ou poucas pessoas têm, mais poder elas nos proporcionarão. No Capítulo 10, falaremos com mais detalhes sobre seleção de boas informações e como usá-las no processo de decisão.

Um exemplo clássico do valor de uma informação exclusiva ocorre no mundo do jornalismo. Para um colunista de um jornal ou autor de um blog, quanto mais informações importantes ele divulgar em primeira mão, mais atrairá leitores e seguidores. São os chamados "furos de reportagem", no jargão jornalístico. Se seguidamente esse profissional traz a público notícias de relevância, seu prestígio aumenta. Com isso, as próprias fontes de notícias — membros do governo, empresários, líderes políticos — passarão a procurá-lo espontaneamente para fornecer a ele notícias de importância. Cria-se, assim, um círculo virtuoso, e o profissional será visto cada vez mais como uma referência pelas pessoas.

Todas essas alavancas são capazes de fazer com que você tenha poder e seja capaz de exercer influência sobre outras pessoas. Mas estou convencido de que aquilo que fará diferença de fato será o seu histórico, o *track record*, a maneira como você se conduziu pessoal e profissionalmente ao longo do tempo. Seu histórico de decisões é o que lhe dará poder genuíno, já que você não dependerá exclusivamente de sua posição no organograma empresarial para fazer a diferença em seu trabalho.

Imagine esse mesmo jornalista, em algum momento de sua carreira, sendo descoberto por produzir suas notícias-furo subornando suas fontes. Ou que recebia algum favorecimento por transmitir alguma notícia com viés de qualquer natureza, provocando que o receptor fosse induzido ou manipulado a tomar alguma atitude equivocada? Claramente, neste exemplo estão sendo colocados em questão valores morais e o exercício ético da profissão de jornalista.

ATITUDES SÃO COMO TATUAGENS

Habilidades diagnósticas, networking... muitas pessoas terão também essas qualidades. Mas um histórico relevante é algo mais difícil de construir. Ele é resultado da observância de bons valores, da manutenção ao longo do tempo de comportamentos alinhados entre o pensar, falar, sentir e agir fundamentados em valores pessoais e corporativos. Seu histórico, portanto, é algo exclusivo, ninguém será capaz de tirá-lo de você. As pessoas o convidarão a assumir posições de trabalho muito mais por admirarem seu histórico do que, por exemplo, pelos seus conhecimentos acadêmicos. Devemos sempre nos lembrar disso. As atitudes que tomamos ficam estampadas em nossa pessoa pública como tatuagens. Todos podem vê-las, com admiração ou repulsa.

A confiança com que seremos vistos pelos nossos pares, chefes ou subordinados também é gerada pelo nosso histórico. Quanto mais consistentes com nossos valores e os valores corporativos nossas decisões forem sendo tomadas, mais empoderados seremos. Não importa se errarmos, isso faz parte do aprender a decidir. O que importa é se somos coerentes em nossas decisões, pois é assim que conquistaremos mais poder. Essa coerência será percebida no meio em que estamos inseridos, aumentando nossa influência sobre os outros, diminuindo alguma resistência que porventura possa haver contra nossas ações e aumentando nossa reputação.

Como consequência de um círculo virtuoso, nossa autoconfiança também aumentará, fazendo com que nos sintamos cada vez mais aceitos e apoiados pelo grupo. Fazer com que esse círculo gire de maneira continuada exige prática constante, ou seja, nunca devemos considerar que, após alcançarmos, por exemplo, posição de alta liderança em uma empresa, possamos deixar de prestar atenção à maneira com que conduzimos nossas decisões. É algo que precisaremos praticar por toda nossa vida corporativa.

Mas como esse poder pessoal se relaciona com o poder formal que nos é dado pelo organograma quando estamos em uma organização? Como já afirmei, esse poder legado é efêmero. Não se sustenta por muito tempo, porque não emana de você. Ele pode ser tomado a qualquer momento. Mesmo já sendo folclore da vida empresarial, a conhecida história de alguém que é tirano no trabalho, grosseiro e desrespeitoso com você e, depois de perder a posição, o procura anos depois pedindo um emprego, é algo que acontece de verdade e com relativa frequência.

Essa reviravolta na sorte daqueles que fundamentam seu poder apenas no dinheiro, na hierarquia ou em laços de favorecimento é o resultado direto de não ter as necessárias qualificações pessoais às quais nos referimos. O poder dado a alguém que não tem um histórico coerente de comportamento baseado em valores não é genuíno e, por isso, é frágil e inconstante. Retire o nome dessa pessoa do organograma, e provavelmente nunca mais ouviremos falar dela.

Por força de sua posição formal, essa pessoa, que não dispõe de poderes genuínos, até conseguirá dar ordens. Seus subordinados não terão como evitar cumprir suas ordens, mas o engajamento das pessoas será sofrível. Elas não acreditarão nesse tipo de liderança e muito provavelmente não colocarão o melhor delas no trabalho.

O mais provável em situações como essa é que os resultados sejam seguidamente fracos. A equipe, sempre que possível, tentará migrar para outros departamentos ou até mesmo deixar a empresa, isso se não começarem a boicotar esse chefe. Mais cedo ou mais tarde, a inconsistência desse líder ficará evidente. Ninguém se entusiasmará em trabalhar com ele.

DECIDIR BEM É DECIDIR COM PODER

103

De novo, o grande trunfo do poder pessoal genuíno, conquistado pelo exercício da moral, da ética, da empatia e do trabalho diligente, é que ele nunca será retirado de você. E se você tem esse poder genuíno e ainda por cima tem uma posição de alta liderança na hierarquia empresarial, terá a combinação perfeita. Ao mesmo tempo, terá enorme responsabilidade pessoal e social. Você será visto como alguém que conquistou aquela posição por sua própria trajetória, pela sua retidão e maneira de conduzir seu trabalho.

TEMPOS FRAGMENTADOS

O verdadeiro poder tem de estar dentro de nós. Com ele, seremos capazes de fazer o que quisermos, sem depender de qualquer estrutura. Essa liberdade que o poder genuíno nos proporciona é especialmente relevante nestes tempos atuais, quando o mundo vem se comportando de modo fragmentado, como decorrência da profunda transformação guiada pelos avanços tecnológicos. Todas as coisas estão mudando com muita velocidade. Sem o poder genuíno, e a maleabilidade que ele nos dá, dificilmente vamos sobreviveremos ao século XXI.

Não preciso explicar aqui que o mundo vem passando por uma das mais profundas transformações de sua história. Todos sabemos disso. Mas talvez não seja tão conhecido o impacto que essas mudanças vêm provocando sobre o modo como o poder é exercido. Em seu livro *O fim do poder*,[5] o escritor venezuelano e editor-chefe da revista *Foreign Policy*, também colunista do jornal *O Estado de S. Paulo*, Moisés Naím trata do impacto dessas transformações no mundo corporativo e político.

> "O poder está se dispersando cada vez mais e os grandes atores tradicionais (governos, exércitos, empresas, sindicatos etc.) estão cada vez mais sendo confrontados com novos e surpreendentes rivais — alguns muito menores em tamanho e recursos. Além disso, aqueles

---

5 Moisés Naím. *O fim do poder*. Leya, 2019.

que controlam o poder deparam-se cada vez com mais restrições do que podem fazer com ele."[6]

Moisés Naím afirma que o poder está se fragmentando e se tornando mais transitório e difícil de ser mantido graças a três "revoluções". Uma delas é a "Revolução do Mais", que fez com que passássemos a ter abundância de quase tudo, comparado com o que tínhamos no passado. O tamanho das populações cresceu, o padrão de vida aumentou, o grau de alfabetização experimentou grande progresso. Além disso, há mais serviços, maior oferta de produtos, mais partidos políticos, mais religiões.

Outra "revolução" apontada por Naím é a da Mobilidade, que fez com que todas as transformações trazidas pela Revolução do Mais se movimentassem pela sociedade em velocidade jamais vista, empurrada pela tecnologia, que tornou os fatos e suas interpretações (verdadeiras ou falsas) acessíveis instantaneamente às pessoas em todos os cantos do planeta e em cada beco da economia. A recente pandemia do coronavírus, que teve início no final de 2019, é uma mostra de como a rapidez da disseminação de dados, de decisões governamentais e de pareceres de especialistas moldou a maneira com que governos e autoridades responderam à pandemia, para o bem ou para o mal, com *fake news* ou sem *fake news*.

ALTO-FALANTES E MANADAS

Talvez a mudança mais profunda percebida por Moisés Naím seja aquela que ele chama de Revolução da Mentalidade. As pessoas mudaram suas expectativas, sua maneira de pensar e de agir. As redes sociais deram um alto-falante para que todas as pessoas que têm um celular em mãos — o que significa praticamente todos os quase 8 bilhões de habitantes da Terra — possam expressar sua indignação, concordância ou ignorância a respeito de qualquer assunto.

---

6 Idem, p. 21.

DECIDIR BEM É DECIDIR COM PODER

É uma força nova e poderosíssima que passou a pautar as iniciativas de governos, empresas, personalidades famosas e cidadãos comuns. Nunca a voz dos cidadãos foi tão influente, e, também, nunca se viu tanto o fenômeno do efeito manada, pelo qual as pessoas tomam atitudes e decisões, muitas vezes graves, apenas porque "todo mundo está fazendo isso", sem questionar a realidade — o seu verdadeiro contexto.

O poder foi, portanto, pulverizado (fragmentado, como argumenta Moisés Naím) e se tornou mais transitório. Certamente ainda há muitos ambientes, empresariais e políticos, nos quais o poder é exercido de maneira autoritária, mas isso vem sendo submetido cada vez a mais pressão por parte da sociedade. Mesmo que grande parte das empresas ainda mantenha estrutura vertical, hierarquizada, a força e a influência que diferentes *stakeholders* hoje têm sobre sua forma de atuação são consideráveis.

Essa Revolução da Mentalidade também está presente no mundo dos negócios. Isso fica evidente ao vermos as pessoas transformando suas formas de trabalhar à procura de melhor qualidade de vida. Nos escritórios ou em *home office*, há a preocupação em incentivar a diversificação das pessoas engajadas nas empresas. Brancos, negros, mais mulheres na administração, culturas mais tolerantes e inclusivas... não se via nada disso há uma, duas décadas.

Os clientes também já não são mais os mesmos. Estão atentos à qualidade do que lhes é oferecido e à prática da ética nas organizações. Se não ficarem satisfeitos, têm o poder, por meio das mídias sociais e de sites de defesa do consumidor, como o Reclame Aqui,[7] de destroçar, no espaço de um ou dois dias, a reputação das organizações. Todas essas transformações ainda deixam perplexa grande parte dos líderes, que, de modo geral, ainda enfrentam dificuldades para se adequar aos novos e exigentes tempos. Anteriormente, caso alguém que exercesse o poder em uma organização cometesse um erro, ele contaria com mais tempo e menos pressão para resolvê-lo. Algumas vezes, nem mesmo seria cobrado pelo seu equívoco, que poderia ser colocado dentro da gaveta do esquecimento.

Hoje, tudo é colocado às claras. Há todo momento vemos, na imprensa e nas redes sociais, algum líder empresarial, mandatário político, ator ou cantor

---

7 <https://www.reclameaqui.com.br/>.

pedindo desculpas publicamente por algo que disse ou fez. Você, agora, precisa ter muito mais cuidado no exercício do poder. As decisões devem ser tomadas de maneira muito mais consciente, com maior reflexão e levando em conta valores sólidos e consistentes e a sua prática, assim como o impacto que o exercício do poder causará em seu entorno, que são as consequências de seu poder de decisão.

O PODER DA CONFIANÇA

Talvez uma das características do poder genuíno que mais se adeque aos novos e agitados tempos seja a confiança. Acredito muito que tal característica, que ganha o coração e a mente das pessoas, será preponderante no século XXI. Com a fragmentação do poder, a descentralização das decisões e o forte peso da opinião pública, quem conquistar a confiança das pessoas poderá se desenvolver melhor pelo seu poder de influenciar.

Em artigo publicado na *Harvard Business Review*,[8] a economista Sandra Sucher e a jornalista Shalene Gupta trazem uma excelente definição do que é confiança. Publicado em outubro de 2019 sob o título de "A crise de confiança", o texto traz a seguinte afirmação: "A confiança (...) é nossa vontade de estar vulnerável às ações de outros, porque acreditamos que eles estão bem-intencionados e se comportarão corretamente. (...) Permitimos que os outros tenham poder sobre nós porque acreditamos que não nos prejudicarão e, na verdade, nos ajudarão. Quando decidimos interagir com uma empresa, acreditamos que ela não nos decepcionará ou abusará de sua relação conosco."

Isso significa que você ou sua empresa, pela confiança conquistada pelo alinhamento de seus atos — sua direção, sua forma de pensar, se comunicar, sentir e agir alinhadamente, ou seja, pelas suas atitudes baseadas em valores — terá o poder de influenciar pessoas para aquilo que deseja. Mas, claro, sempre pensando de forma a gerar valor à organização e à comunidade, trazer benefício ao maior número de pessoas possível, a toda a cadeia de *stakeholders*.

---

8   <https://hbrbr.uol.com.br/a-crise-de-confianca/>.

DECIDIR BEM É DECIDIR COM PODER

Da mesma maneira, Sandra e Shalene explicam que, quando as empresas perdem a confiança das pessoas, estas se decepcionam e se afastam dessas organizações, causando a elas grandes prejuízos. O artigo cita reportagem da revista *The Economist* que estudou alguns escândalos empresariais e quantificou o que a quebra de confiança por parte dos consumidores significou financeiramente. Ao comparar os resultados das empresas envolvidas com outras de porte semelhante que não enfrentaram problemas, a revista chegou a uma conclusão: "em média, as empresas valiam 30% menos do que valeriam se o escândalo não tivesse ocorrido".[9]

Desenvolver poder genuíno é, portanto, uma exigência para que alguém obtenha sucesso no mundo corporativo. Isso é cada vez mais verdadeiro à medida que estamos mergulhando profundamente em uma transformação radical na maneira com que nos comunicamos, exigimos serviços e produtos de qualidade e estamos dispostos a conduzir nosso trabalho. Mas esse poder requer, para aqueles que querem exercê-lo, desenvolver o autoconhecimento e sempre cultivá-lo. Saber quais são os valores imprescindíveis para nós e dos quais jamais abriremos mão. No próximo capítulo, falaremos sobre a importância desse autoconhecimento.

---

9 Idem.

Empoderamento

Rede de relacionamentos

Confiança e influência

Decisões – Atitudes e ação

DOMÍNIO SOBRE SI MESMO

BASES:

Buscar alto grau de autoconhecimento

Praticar valores

- Pessoais e Corporativos
- Alinhamento pleno entre

Pensar
Falar
Sentir
Agir

6

Conhecer a si mesmo para decidir melhor

O filme é antigo, foi lançado em 1971, mas transformou-se em um clássico do cinema e, certamente, alguns entre os leitores deste livro já devem ter roído as unhas e se arrepiado com suas cenas de suspense. Estou falando de *Encurralado*[1], o primeiro grande sucesso de Steven Spielberg, o premiado diretor norte-americano de blockbusters hollywoodianos, como, entre outros, *E.T., Jurassic Park, De Volta para o Futuro*; *Indiana Jones, A Lista de Schindler* e *Transformers*.

Encurralado, que costumava ser exibido pelas TVs brasileiras nas suas sessões da madrugada, deixa o telespectador sem piscar os olhos de tensão ao acompanhar a angustiante perseguição que um enorme caminhão-tanque impõe a David Mann, um pacato vendedor de produtos eletrônicos. A sucessão de acontecimentos se torna ainda mais surreal por ter como um dos envolvidos o simplório personagem principal, já de meia-idade, que dirige um carro comum, com a sua camisa social de mangas longas, cuidadosamente abotoadas, e gravata curta, por uma estrada secundária semideserta que corta o tórrido e seco Mojave, na Califórnia.

---

1 *Encurralado* (*Duel*, no original em inglês) foi originalmente produzido para a rede de TV norte-americana ABC e, dado seu grande sucesso, transposto, em 1982, para a tela dos cinemas, com o acréscimo de algumas cenas. <https://www.nytimes.com/1983/04/15/movies/spielberg-s-duel-four-wheel-combat.html>. O filme pode ser encontrado em sua versão integral e dublada no YouTube: <https://www.youtube.com/watch?v=ZQ6nb-GBDnak>.

CONHECER A SI MESMO PARA DECIDIR MELHOR

Além de toda a agressividade da luta entre os dois motoristas, *Encurralado* nos remete ao drama psicológico vivido por aquele motorista, que, em meio ao terror que experimenta, reflete sobre os valores que reconhece como seus e sobre a necessidade de agir de forma quase oposta diante da situação em que foi envolvido, sem escolha (mas será que ele não teria mesmo escolha?), tema que nos interessa para este capítulo voltado para a importância do autoconhecimento.

O roteiro do filme foi baseado em uma história publicada na revista *Playboy* pelo escritor Richard Matheson, na qual ele narrou a perseguição que havia sofrido, no mundo real, por um motorista de caminhão quando voltava de uma partida de golfe.[2] Na ficção, o pesadelo começa para David Mann — interpretado pelo ator Dennis Weaver — quando ele ultrapassa um caminhão-tanque que seguia lentamente pela estrada expelindo uma densa fumaça pelo escapamento, que provocava tosses em David.

Ao fazer a ultrapassagem, o vendedor não tomou qualquer atitude agressiva em relação ao motorista do caminhão, o que não impede que este comece a persegui-lo, ultrapassando-o com agressividade, por pouco não empurrando o carro de David para fora da estrada. Ainda assim, David não percebe que o caminhoneiro — cujo rosto não aparecerá jamais em todo o filme, tornando o próprio caminhão o protagonista da história — estava decidido a começar uma briga e volta a ultrapassar o veículo. A batalha era iminente, embora David já desse o caso por encerrado, ainda que o motorista do caminhão tivesse buzinado em protesto ao ser deixado para trás. David chega a sorrir com essa reação, não dando a menor importância.

PERDA DE CONTROLE

Mas a perseguição continuaria. Distraído, David liga o rádio e diminui a velocidade, o que permite que o caminhão o ultrapasse novamente, mantendo-se desafiadoramente lento à sua frente, impedindo várias tentativas de ultrapassagem. David começa a sentir medo e se arrisca em uma ultrapassagem perigosa pelo

---

2 Richard Matheson: The Writing of Duel. *Duel Collector's Edition* (DVD). 2004.

acostamento à esquerda. Inicia-se uma guerra. O caminhão cola na traseira do carro, chega a empurrá-lo e, aumentando incrivelmente a velocidade, faz David perder o controle do automóvel e invadir o estacionamento de um restaurante, chocando-se contra uma cerca.

Confuso e com dores no ombro em virtude da batida (nos anos 1970 não havia cintos de segurança ou airbags), David vai até o banheiro do restaurante para se recompor. Ao voltar, nota que o caminhão que o perseguia havia estacionado exatamente ali, à frente do restaurante em que se encontrava. Ao ver aquilo, o vendedor se sente à beira de um ataque de nervos. Senta-se à mesa e tenta refletir sobre as alternativas que teria para se livrar daquela situação.

Em uma frase que considero relevante para o que trataremos aqui, ele pensa: "Mesmo se eu saísse agora, correndo, e voltasse para a estrada, ele me alcançaria. Ele tem um caminhão diesel superpossante, meu carro só chega a 120, 140 quilômetros por hora. Assim que a minha concentração diminuir, vou baixar a velocidade para 90, 100 quilômetros por hora, como é o meu hábito, isso não consigo evitar."

David deixa o restaurante, e a sequência de perseguições continua, tensa e ainda mais violenta. O caminhão repetidamente se choca com a traseira do carro e buzina estridentemente para aterrorizá-lo. Quando David é obrigado a parar em uma passagem de nível, interrompida pela passagem de um longo trem de carga, ele é empurrado pelo motorista do caminhão, tentando fazê-lo se chocar contra os vagões. Ele escapa por pouco. Tudo se torna ainda mais diabólico quando David tenta, em outro restaurante, pedir socorro à polícia. Antes que este possa explicar a situação, o caminhão investe contra a cabine telefônica, destruindo-a. David novamente escapa da morte certa no último segundo.

A assustadora experiência faz com que David comece a viver uma lenta transformação. De volta à estrada, estacionado no acostamento, vê o motorista do caminhão, também parado mais à frente, sinalizando com a mão, convidando-o para que o ultrapasse. A intenção era clara, continuar naquele jogo mortal. David decide, finalmente, que enfrentar a batalha. Ajeita os óculos, aperta os olhos, troca a expressão de medo pela de determinação e volta à estrada. O caminhão sai novamente em seu encalço.

CARA A CARA COM O INIMIGO

Mas o pesadelo ainda pode piorar. Uma mangueira do radiador do automóvel se rompe, e o carro solta uma nuvem de vapor, perdendo velocidade. Arrastando-se a passo de tartaruga, David sai por uma estrada secundária. Trata-se de uma via sem saída, que leva a um descampado à beira de um precipício. O enorme caminhão vem ao seu encalço. Ali, no ponto alto do filme, David toma a decisão de, finalmente, parar de fugir. Vestindo por todo tempo daquela batalha a sua gravata e sua agora suada camisa, a feição daquele motorista se altera ainda mais. Seus gestos se tornam firmes, mais decididos. Ele é agora outra pessoa, uma que não quer mais fugir, mas, sim, enfrentar cara a cara o inimigo.

É a batalha final. O caminhão chega, acelerando, ao descampado. David gira o volante e coloca o carro de frente para o pesado veículo. Encaixando a sua pasta de trabalho sobre o acelerador, o que permite que o veículo ganhe velocidade sem que ele precise estar no comando, David abre a porta do carro e coloca meio corpo para fora. Automóvel e caminhão correm na mesma direção e em sentidos opostos. David salta do carro e rola na poeira. Os dois veículos se chocam com violência. O carro explode. O caminhão-tanque segue em frente, empurrando-o.

As chamas impedem o motorista do caminhão de enxergar o precipício, até que, de repente, o abismo surge adiante. A câmara mostra as pernas e os braços do motorista, que tenta, com urgência, frear o caminhão, mas já não há tempo. O caminhão-tanque rola para dentro do grande buraco, arrastando o automóvel, com um grande barulho de metal se rompendo. Segue-se o silêncio. Tudo está terminado.

Do motorista do caminhão, como aconteceu em todo o drama, não se vê nada. Está morto? Sobreviveu? Não é possível saber. Mas isso parece irrelevante para David, que pula de alegria e chora comemorando aquela tão improvável vitória. Ele, alguém tão pacífico, formal e amedrontado, havia derrotado o monstro de metal sem alma. Talvez sentindo o peso daquela nova personalidade guerreira, até então desconhecida, David senta-se à beira do precipício perplexo e, com os olhos exaustos, observa o sol que se põe no horizonte colocando um fim àquele dia de terror e de descobertas.[3]

O mundo corporativo apresenta desafios bem menos dramáticos do que os enfrentados por David Mann diante daquele caminhoneiro psicopata. Mas com frequência nos vemos diante de situações que exigem que lancemos mão das nossas habilidades, mesmo que desconheçamos que as temos, para poder enfrentá-las. Ou, ao contrário, decidimos que o mais prudente é recuar e esperar por um momento mais propício para agir, ainda que nosso instinto nos faça querer tomar alguma atitude imediata.

A possibilidade de passarmos por desafios e competições alcançando bons resultados está diretamente subordinada ao autoconhecimento, ou seja, sabermos quais são nossas possibilidades e nossos limites, conhecendo nossas forças e fraquezas e, principalmente, percebendo quais são os valores que julgamos ter e os quais queremos manter a qualquer custo.

Conhecer a si mesmo lhe proporciona grande poder. Além de desenvolver a habilidade de conhecer melhor os outros, por meio da observação do comportamento e reações das pessoas, você passa a ser alguém mais consciente de suas capacidades e de seu grau de autonomia, que o livrará de ser manipulado por outros. Uma boa coisa é ser influenciado positivamente por outras pessoas, ser orientado de forma alinhada aos valores corporativos e a seus valores. Porém, é muito importante entender onde está a fronteira entre boa influência, boa inspiração e o que pode ser manipulação. Um processo de autoconhecimento também deixará claro para você quais são seus propósitos e desejos, e com esse conhecimento, você será o senhor de sua história e de seus caminhos.

TUDO MUDA EM 25 MINUTOS

Ter autonomia sobre suas próprias decisões não significa, no entanto, que você terá controle sobre os eventos nos quais estará envolvido. O exemplo que acompanhamos de David Mann mostra isso. Você sai de manhã de casa, vai visitar um

---

3 <https://www.youtube.com/watch?v=zY9J9ICpXew>.

CONHECER A SI MESMO PARA DECIDIR MELHOR

cliente, e uma série de eventos joga você para caminhos desconhecidos, desafiadores e até francamente perigosos.

Uma das autorreflexões de David que têm mais força no filme *Encurralado* é aquela em que ele diz: "Em 20, 25 minutos da sua vida, todas as cordas que mantinham você firme são cortadas, e lá está você, de volta à selva."[4] A verdade é que nós não controlamos as condições externas. Mas se conhecemos nossas possibilidades, ou, algumas vezes, mesmo se não as conhecermos inteiramente, podemos encontrar alternativas e buscar recursos para encarar os mais espinhosos desafios. Talvez o único elemento de nossa vida sobre o qual temos algum controle e responsabilidade direta sejam nossas ações, e se ainda não notaram, lamento dizer, não controlamos as consequências de nossas ações. Incrível, não? Falaremos sobre isso em capítulos adiante.

O autoconhecimento, antes de tudo, permite que identifiquemos nossa essência, nosso propósito de vida. Vamos sair daquela estrada no deserto de Mojave e entrar em um campo profissional. Nele, o autoconhecimento nos permite ter uma revelação clara de nossas habilidades, de nossas reações e das consequências que podem causar, permitindo-nos reforçá-las ou evitá-las. Se não sabemos quais são as habilidades que temos, como poderemos reforçar nossas qualidades, adquirir novas aptidões ou corrigir nossas eventuais falhas? É esse conhecimento que nos leva ao desenvolvimento de maneira continuada.

Moral da história: se você sabe quais são suas capacidades, desenvolverá coragem e atravessará momentos desafiadores com segurança, controlando o medo de fracassar. Carregamos conosco emoções negativas, ancestrais, nascidas de más experiências do passado ou de um processo de educação falho. Ao reconhecermos essas deficiências, podemos procurar informações e nos engajar em experiências para superar esses *gaps*, ao mesmo tempo em que nos relacionamos de maneira mais efetiva com o meio em que estamos inseridos.

Esse processo permitirá identificar e desenvolver valores, tanto aqueles que herdamos geneticamente de nossos ancestrais, de nossos familiares, como aqueles adquiridos em função do meio, algo que não vem conosco do nascimento, mas é aprendido e construído ao longo da vida com o acúmulo

---

4 <https://www.nytimes.com/1983/04/15/movies/spielberg-s-duel-four-wheel-combat.html>.

das experiências pelas quais passamos. Nesse sentido, experienciar em sua plenitude os momentos em que somos desafiados e nos deslocar para além de nossa zona de conforto são excelentes oportunidades para descobrirmos capacidades ocultas em nós mesmos, que nem sabíamos que estavam lá.

Foi o que aconteceu com David Mann, que acreditava ser incapaz de enfrentar "um caminhão diesel superpossante", pela força de seu hábito que o fazia dirigir sempre em uma mesma velocidade. No momento em que esse hábito se mostrou como um risco para sua existência, David trouxe à tona habilidades, como a coragem e a determinação, que o fizeram superar o grande desafio que tinha pela frente.

O autoconhecimento, portanto, sempre nos ajudará a atravessar momentos difíceis, situações críticas, e nos dará a prontidão e o conhecimento necessários para enfrentá-los e superá-los. Conhecer a si mesmo é algo que é alcançado, como o próprio nome sugere, a partir de reflexões sobre os padrões de comportamento que costumamos ter. Quais são nossos impulsos, nossas predileções, repulsas, nossos medos e nossas certezas? Quais são os valores dos quais nunca abriremos mão? Quais são os pontos de nossa conduta dos quais nos orgulhamos, e quais são aqueles que nos incomodam, que queremos esconder e tentamos abandonar sem sucesso?

Ter respostas claras para essas questões não é algo tão óbvio assim. Costumamos lidar com os eventos que surgem diante de nós de maneira automática, sem muito tempo para reflexão. Há ocasiões em que nos surpreendemos com o modo como lidamos bem com alguma situação que parecia tão difícil de enfrentar. Outras vezes, nos arrependemos amargamente de algo que fizemos e nos envergonhamos de nosso comportamento.

SOLIDÃO PLANEJADA

O autoconhecimento é um exercício que exige que façamos muitas perguntas a nós mesmos. Portanto, para que esse conhecimento seja alcançado e se consolide, temos de dedicar mais tempo a nós mesmos. Acredito que isso pode parecer um pouco assustador para alguns. Muitas pessoas têm receio de mergulhar de maneira decisiva em si mesmas. Será que ficarei feliz com o que encontrarei nas profundezas de minha mente? Será que me orgulharei do que sou? São dúvidas que costumamos ter, e quase nunca gostaremos do que descobriremos.

Uma maneira de nos autoconhecermos é buscar uma solidão planejada. É o que chamamos de *solitude*[5], algo bem diverso do significado da palavra solidão. O teólogo alemão Paul Tillich (1886-1965) explicou a diferença entre os dois termos: "*Solidão* exprime o sofrimento de estar sozinho, enquanto *solitude* expressa a glória de estar só."[6] Solidão, portanto, é o sentimento que surge quando você está isolado das pessoas, mas não quer estar sozinho. É algo que você não escolheu e não deseja. Já a solitude é um afastamento que você mesmo busca, um recolhimento voluntário.

Para quem deseja se conhecer em profundidade, o afastamento das atividades do dia a dia e das pessoas com as quais convivemos — algumas delas, inclusive, nos perturbam e fazem surgir sentimentos que consideramos negativos — é uma poderosa ferramenta. Em solitude, depois que nossa mente se torna mais estável, podemos começar a nos perguntar quem somos, do que gostamos, o que admitimos para nós mesmos, quais são os comportamentos que não toleramos de forma alguma. Enfim, começar efetivamente a nos conhecer.

O que me faz mal? Do que eu gosto? Que situações me trazem desconforto? O que me faz me sentir vivo, pleno e realizado? O que me desperta a curiosidade e me estimula? Algumas vezes, você não terá respostas para todas as perguntas que surgirão. As respostas, inclusive, se mostrarão diferentes ao longo do tempo. Em sua essência, esse exercício de autoconhecimento não deixa de ser uma meditação, que tem se mostrado muito poderosa e que ganhado muitos adeptos nos últimos anos.

Há várias formas de meditação, algumas com um cunho religioso, transcendental, outras mais voltadas para questões práticas. Todas elas, no entanto, costumam exigir uma postura física e mental semelhantes. Em um estado meditativo, você procura um lugar calmo, silencioso, no qual as chances de ser interrompido por outras pessoas ou situações é bem pequena. Ali, você deixa a mente se acalmar, tenta não

---

5   <https://www.dicio.com.br/solitude/>.

6   <https://www.metodista.br/revistas/revistas-ims/index.php/COR/article/viewFile/1818/1802>.

dar tanta atenção a todos os pensamentos do dia a dia que o perturbam, fecha os olhos e faz as perguntas necessárias a você mesmo. Tudo isso, perguntas e respostas, deve ser feito em silêncio e com a maior concentração possível.

SILÊNCIOS SIGNIFICATIVOS

Essa é uma experiência transformadora. No início, é preciso alguma perseverança em exercícios como esses. Não estamos acostumados a ter um momento de intimidade com nós mesmos e a nos encontrar com nossa essência. Temos uma mente muito agitada, nervosa, ansiosa. Por isso eu informei, linhas antes, que, nesse encontro com nossa própria pessoa, esses pensamentos que gritam dentro de nós podem ser assustadores. Mas devemos nos considerar afortunados por poder fazer um exercício como esse, longe de pressões. Uma citação que costuma ser imputada ao filósofo e escritor francês Jean-Paul Sartre (1905-1980) diz: "Se você se sente mal quando está só, então você está em má companhia."[7]

Deixando a brincadeira de lado, há várias metodologias disponíveis para promover esses exercícios de autoconhecimento, muitas delas elaboradas especialmente para o mundo dos negócios. Isso porque se conhecer nos permite transitar de maneira mais leve, eficaz e equilibrada pelas esferas corporativas. O autoconhecimento permite também perceber como as pessoas à sua volta agem, sem que você, necessariamente, as julgue, algo que fazemos com constância, gerando conflitos e má vontade.

Aceitar que as pessoas são diferentes de você é, também, um sentimento frequente quando nossa mente se torna mais firme e confiante pelo autoconhecimento. Tal sentimento abre portas e ajuda a nos tornarmos mais empáticos, o que será de grande valia na gestão de pessoas. Dessa maneira, será possível obter o melhor que os outros podem gerar no ambiente corporativo. Será muito mais fácil identificar as qualidades e as limitações das pessoas, e também as nossas.

Há uma questão que costuma surgir quando aprofundamos nosso autoconhecimento e vislumbramos com mais clareza o que de fato gostamos de fazer.

---

7 <https://turntosstoss.livejournal.com/126383.html>.

CONHECER A SI MESMO PARA DECIDIR MELHOR

Se por um lado podemos descobrir que temos interesse por assuntos que dominamos bem e fazem parte das atividades profissionais de determinadas empresas, e direcionamos nossa carreira para conquistar uma oportunidade em uma destas companhias, por outro, o que faz nossos olhos brilharem talvez sejam assuntos que não proporcionem chances de boas carreiras e conquistas maiores — questões que podem fazer parte de valores detectados pelo exercício do autoconhecimento.

Um exemplo dessa segunda possibilidade pode ser que, ao se conhecer melhor, você descubra que gostaria mesmo é de se dedicar à fotografia ou a estudar História em profundidade. Mas em sua vida corporativa, você trabalha como gerente da área de suprimentos de um hospital. Não parece que fotografias e a história do Brasil Colônia tenham espaço em seu escritório, não é mesmo?

É possível que as oportunidades profissionais nos segmentos de fotografia e do estudo da História não sejam tão recompensadoras financeiramente quanto o trabalho na área de suprimentos. Se você tem poucos compromissos, como o sustento da família, filhos, prestações da casa própria e obrigações semelhantes, talvez pedir demissão de seu emprego e partir para conquistar seus sonhos não seja um movimento tão desafiador. Mas, de modo geral, deixar de lado o trabalho que te sustenta não é uma decisão fácil.

Nunca devemos abandonar os sonhos e as atividades que fazem com que nos sintamos felizes e recompensados. Podemos colocar como projeto pessoal sermos capazes de um dia nos engajar apenas em atividades que nos proporcionem prazer e sustento igualmente. Caso essa seja uma possibilidade ainda remota, devemos mantê-la em paralelo ao trabalho que consideramos menos atraente, a atuação nos campos que nos trazem mais significado, e elaborar uma estratégia que os faça, em algum momento, ser a nossa atividade profissional principal. Quem sabe isso é possível! Quem sabe uma série de eventos conspirem a favor! Você só saberá se procurar ter contato com aquilo que lhe confere um propósito.

O que considero de grande relevância é que busquemos sempre desenvolver nossa vida profissional em trabalhos que compartilhem os mesmos valores que nos são essenciais, aqueles valores que ficaram claros para nós no processo de autoconhecimento. Se a fotografia e a História, para continuar no nosso exemplo, se tornarão sua principal fonte de renda, só o tempo dirá. Se isso não acontecer e essas atividades permanecerem apenas como hobbies, não encare isso como uma derrota. Continue a fazer aquilo de que você gosta. Isso tornará sua vida corporativa mais equilibrada, e com esse equilíbrio, há boas chances de você progredir.

TODOS NÓS DERRAPAMOS

Mas esse exercício do autoconhecimento, praticado na solitude, faz com que venham à superfície não apenas revelações a respeito de nossas qualidades e nossos bons desejos. Ele costuma também revelar "o lado negro da força" que eventualmente existe dentro de nós. Todos nós estamos sujeitos a algumas derrapadas, a más decisões. Algumas vezes, sucumbimos ao egoísmo, tomamos atitudes que, se pensássemos duas vezes antes, nunca teriam lugar em nossa vida.

Não devemos, no entanto, nos deixar desanimar por eventuais más atitudes ou pensamentos negativos que possam ter, em algum momento, feito parte de nossa vida. Temos a tendência a prestar mais atenção às coisas ruins que testemunhamos, do que àquelas que são positivas. Em seu livro *A arte de pensar claramente*[8], o escritor suíço Rolf Dobelli confirma isso: "Não há como mudar: o mal é mais forte do que o bem. Reagimos com maior sensibilidade às coisas negativas do que às positivas. Um semblante hostil na rua chama mais rapidamente nossa atenção do que um amigável. Um comportamento ruim permanece por mais tempo em nossa memória do que outro bom."

A reflexão sobre o que de fato queremos escolher como prioridade em nosso repertório de sentimentos, valores e comportamentos pode nos levar, finalmente, a decidir dar um "basta" para o que vivemos em um determinado momento. Podemos estar em uma empresa em que os gestores são coniventes com práticas ilegais ou simplesmente imorais. Ou se estamos em uma posição de liderança, podemos ter, eventualmente, agido de maneira inadequada com os colaboradores de nossa equipe. Em alguns momentos, trabalhamos com um sócio que atuava de maneira irresponsável e pouco clara com os clientes.

---

8 Rolf Dobelli. *A arte de pensar claramente*. 2ª edição. Objetiva, 2013, p. 98.

CONHECER A SI MESMO PARA DECIDIR MELHOR

Não é incomum que nos sintamos pouco confortáveis em ambientes como esses, mas muitas vezes não sabemos como nos livrar dessas situações. Nesses momentos, refletir de maneira profunda sobre seus próprios valores permitirá que você decida de uma maneira firme abandonar esses ambientes tóxicos e procurar outras alternativas que sejam harmônicas com o que você valoriza como hábitos saudáveis para si e para as outras pessoas.

Esse é um processo que surge de maneira quase natural. Você começa a perceber que o que está vivendo não está certo, está fazendo mal a você. Surge, portanto, quase que sem que você se dê conta, o impulso de procurar lugares e pessoas que comunguem com seus valores e propósitos. Isso lhe trará uma vida muito mais plena, mais saudável, com significado. Mas sempre defendo que esse movimento, o de abandonar ambientes tóxicos, deve ser feito de forma muito bem refletida, planejada e com alto grau de responsabilidade.

DECISÕES DE QUALIDADE

Perceber onde estão os pontos claros e as sombras em nossa mente nos permite caminhar com tranquilidade pela nossa vida profissional. Esse conhecimento nos traz segurança e autoconfiança, qualidades fundamentais para entendermos bem nossos interlocutores e nos relacionarmos de forma melhor com eles. Sabendo do que somos feitos, teremos maiores possibilidades de interagir de maneira franca com nossas equipes, nossos pares, gestores e subordinados.

E, no final de todas as contas, o autoconhecimento é de fundamental importância nos processos de escolha e de tomada de decisão, em nossa vida, em nossa carreira e no universo dos negócios. Se você não se conhece bem, qual será a qualidade das decisões que tomará? E com qual finalidade, já que você não sabe quais são seus desejos, seus fundamentos ou para onde quer ir?

Não há como tomar decisões inteligentes, conscientes e bem posicionadas sem entender com profundidade do que você é feito e quais são os valores que norteiam sua vida. Esse é um conhecimento e uma experiência para a tomada de boas decisões. Há outras, que serão o assunto do próximo capítulo.

7

Ingredientes para uma boa decisão — a metodologia

Em 1903, o norte-americano Henry Ford fundou a Ford Motor Company, empresa que revolucionaria a história do transporte urbano ao produzir os primeiros carros populares. Até então, automóveis eram vistos como uma excentricidade de milionários, um luxo inacessível para os simples mortais. No início do século passado, ter um deles parecia algo tão improvável para o cidadão comum quanto ser, hoje, o proprietário de um iate ou de um jatinho particular.

Com o Ford T, um veículo que guardava em seu design um parentesco próximo e indisfarçável com uma carruagem, Henry criou um dos maiores fenômenos da história do automobilismo. De 1908, quando foi lançado, até 1927,

quando saiu de linha, os Ford T venderam mais de 15 milhões de unidades. Os automóveis, sempre produzidos na cor preta, estavam presentes em todo o mundo, em uma época em que a palavra globalização não entrara ainda nos dicionários.

Henry Ford, nascido em uma família que tirava seu sustento de uma fazenda modesta, tornou-se bilionário (em valores ajustados) com as vendas de seu Ford T e outros modelos de automóveis que viria a produzir. Mas o que o movia não era apenas ganhar dinheiro. Por várias vezes, ele defendeu publicamente qual era a sua visão do negócio: "Eu irei produzir um carro para o maior número de pessoas, construído com os melhores materiais, pelos melhores profissionais que eu puder contratar, com o projeto mais simples que a moderna engenharia permitir... e ele será tão barato, que qualquer um com um bom salário será capaz de comprar", dizia. Ford estava falando sério. Ele não só tornou o seu modelo T acessível para a classe média norte-americana do início do século passado, como, ao longo dos anos, baixou regularmente o preço do veículo. Em 1908, época de seu lançamento, o carro foi vendido por US$950; no ano seguinte, o preço caiu para US$780, e depois de 2 anos de seu lançamento, qualquer um com US$690 na mão levava um Ford T zero quilômetro para casa. O preço foi descendente até 1925, quando o carro foi comercializado a US$290, um terço do valor do automóvel vendido 17 anos antes. Essa atitude lhe valeu, inclusive, um processo judicial por parte dos sócios minoritários da empresa, os irmãos John e Horace Dodge, que inaugurariam sua própria fábrica de veículos em 1913. Os Dodge se queixavam de que Henry decidira unilateralmente não distribuir dividendos aos acionistas e que sua insistência em baixar o preço dos carros que produzia colocava em risco a lucratividade da empresa e, certamente, o valor da participação acionária deles.

NÃO AOS LUCROS EXTRAORDINÁRIOS

Os dois irmãos, e possivelmente todos os demais que ouviram falar da inusitada decisão de Ford de reduzir os preços dos carros que vendia, não conseguiam entender como um homem de negócios escolhia diminuir a margem de lucro de seus produtos. Isso se tornava ainda mais incompreensível, uma vez que toda a produção da empresa era vendida sem qualquer dificuldade, conforme atestou o jornalista e escritor David L. Lewis em seu livro *The Public Image of Henry Ford: An American Folk Hero and His Company*.

Lewis registra em sua obra mais uma afirmação de Henry Ford, feita em uma entrevista à época para o jornal *Detroit News* explicando seu gesto. Ford explicou ao jornalista que o entrevistou qual era sua visão de negócios: "Eu não acredito que nós temos de ter um lucro extraordinário com os nossos carros", afirmou. "Um lucro razoável é algo correto, mas não algo muito exagerado. Por isso, a minha política é forçar o preço do automóvel para baixo tão depressa quanto a produção possa permitir e transferir os benefícios para os consumidores e empregados." Ao final do processo judicial, a corte deu ganho de causa para os irmãos Dodge, condenando Henry Ford a distribuir os dividendos da empresa. Coube a cada um dos irmãos US$2 milhões, o que hoje seria uma montanha de dinheiro. Em 1919, quando a briga judicial foi encerrada, era uma quantia que poderia ser equivalente ao PIB de um pequeno país. Não precisamos nos preocupar, pois as ações que Ford detinha lhe garantiram seis vezes mais: US$12 milhões. Ele decidira reter os lucros para investir em uma nova fábrica de automóveis, que seria inaugurada pouco tempo depois. Após a querela na justiça, Henry Ford passou a comprar todas as ações que estavam nas mãos de terceiros e se tornou, com sua família, único proprietário da organização.

Quando ouvimos a fantástica história de Henry Ford, uma dúvida costuma vir à nossa mente. Ele estava sendo sincero quando afirmou que sua política era "forçar o preço do automóvel para baixo tão depressa quanto a produção possa permitir e transferir os benefícios para os consumidores e empregados"? Ou tudo não passou de uma jogada de marketing? Teria seu pensamento total alinhamento com o que falava e com o modo como agia?

Só o próprio Ford poderia esclarecer essa dúvida. Mas por que deveríamos duvidar da sua sinceridade? Ele não foi a única, nem será a última pessoa que toma decisões levando em conta o impacto positivo que elas poderiam causar na vida dos outros. Empreendedores visionários, como foi Henry Ford, costumam enxergar seu negócio mais como um agente capaz de mudar os rumos da sociedade para melhor do que como uma mera forma de ganhar dinheiro.

Mas não penso que devemos usar a palavra "generosidade" quando nos deparamos com personagens que olham além de seus próprios desejos e ganhos quando tomam decisões. Se considerarmos essa atitude como "bondade", não entenderemos o que de fato significa alguém tomar decisões pensando além de seus próprios interesses e tendo como meta deixar um legado, fornecer um bem que possa ser usufruído por outros.

ACERTAR OU ERRAR

Boas decisões são, forçosamente, aquelas que transformam a vida dos demais para melhor, além da nossa própria vida. Elas engajam pelo seu propósito, e quando deliberamos por algo que beneficia muitas pessoas, também nós, ou a organização em que trabalhamos, acabamos sendo beneficiados. Boas decisões são tomadas quando somos fiéis aos nossos princípios, quando agimos segundo nossos valores, sem flexibilizá-los. Veja que a decisão, seja ela boa ou má, terá seu julgamento segundo seus valores, e não segundo meus valores ou dos outros.

Agindo desse modo, segundo nossos valores, e buscando o maior número de beneficiários possível, criaremos um círculo virtuoso, no qual os resultados acabam retornando para os que produziram algo de útil para a sociedade, para o meio em que vivemos. Para deixar claro, nunca direi a ninguém se esta ou aquela decisão é boa ou má, pelo simples fato de cada pessoa carregar consigo seus valores, e não os meus. É disso que trata a metodologia que veremos neste capítulo. O errar ou acertar está ligado a valores, não nos esquecendo dos valores morais que norteiam a sociedade na qual vivemos.

INSTINTO ANIMAL

Mas talvez o que produz decisões benéficas para muitas pessoas esteja muito mais no que é subtraído do que é somado ao processo de decisão. Em outras palavras, para produzirmos boas decisões, o que se deve tirar da frente é o nosso próprio ego, aquele impulso de satisfazermos aos nossos interesses mais primitivos, deixando de lado o bem comum. Costumo dizer, e não acho que estou exagerando, que, quando decidimos com foco exclusivo em nossos próprios desejos, no aqui e agora, porque não sabemos como será o dia de amanhã, estamos agindo fundamentalmente com o instinto animal, o que é um retrocesso para nossa civilização.

Aquele ímpeto de pegarmos o melhor lugar, comer o maior pedaço, furar a fila, encher nosso carrinho com todos os produtos da prateleira em uma pandemia, por exemplo, esquecendo que outros podem precisar mais do que nós, nos impormos pela nossa posição de poder, indiferentes à necessidade e à vontade dos outros, são gestos inspirados por essa mentalidade primitiva do ego inflacionado.

Não é assim que fazem os animais? Eles agem por instinto, com o qual consideram seus interesses mais importantes do que de todos os outros animais. Pegam os melhores pedaços de alimento (da caça) para si, passando à frente até mesmo dos irmãos ou da mãe. Mas os animais têm algo de muito diferente de nós. Ou não? (pergunto como "provocação"). São desprovidos de consciência, do livre-arbítrio e não têm noção da finitude, de que um dia morrerão. O que fazem é por puro instinto de sobrevivência, satisfação da fome e preservação da espécie.

Diferente do que acontece no mundo animal, em nossa sociedade, essas atitudes predatórias e baseadas no ego podem até dar a ilusão de estarem produzindo bons e imediatos resultados, mas elas não constroem valores duradouros, não fazem a sociedade melhorar, não trazem respeito ou prestígio para as pessoas e empresas. Na medida em que formos capazes de nos afastarmos dos maus conselhos que nosso ego inflacionado costuma nos dar, passaremos a nos relacionar de maneira mais harmoniosa com quem está a nossa volta.

Constatei por experiência própria como são verdadeiras essas palavras, especialmente após minha carreira profissional me alçar para posições em que convivia, no meu dia a dia, de maneira bem próxima, com pessoas que eram investidas de grande poder de decisão. Eram integrantes de altos comandos empresariais, presidentes de conselho, enfim, gente que tinha sob sua responsabilidade decidir sobre temas difíceis e com grande impacto junto aos *stakeholders*.

Eu me surpreendi com as dificuldades que esses líderes enfrentavam para tomar uma decisão quando estavam diante de alguma questão complexa. O incômodo em fazer escolhas fazia com que eles procrastinassem suas deliberações, tentassem empurrar para os outros a responsabilidade e, quando eventualmente decidiam de fato, arrependiam-se do que haviam determinado ao verem os maus resultados do que haviam decidido. Comecei a perceber que, obviamente, havia questões que as pessoas não estavam levando em consideração. Muitas delas, inclusive, acabavam decidindo pelo que outros agentes estavam deliberando, agindo de forma manipuladora, levando a decisões interessadas. Elas não estavam fazendo as devidas reflexões antes de tomar suas decisões — o que é grave, não importa o tamanho da empresa e o grau de impacto sobre o meio.

UM MÉTODO DESENVOLVIDO SEGUNDO VALORES

Observar esse comportamento me trouxe um desejo enorme de mudar esse cenário: eu me empenharia para estruturar um processo de tomada de decisão. E seria um método que pudesse ser útil tanto para as pessoas quanto para as empresas, dado que empresas são feitas de pessoas. O objetivo seria ajudá-las a decidir melhor. O ponto central desse processo, conforme eu imaginava, seria que as pessoas tomassem decisões seguindo seus valores, que é a única forma possível de nos sentirmos satisfeitos e realizados quando deliberamos sobre algo e sermos capazes de lidar bem com os resultados alcançados.

O lapso da decisão talvez seja o único momento de nossa vida em que de fato controlamos alguma coisa. No milésimo de segundo seguinte à decisão tomada, estaremos à mercê do acidental, do imprevisível, do imponderável. Isso não é louco? Portanto, a partir daí, se torna muito importante monitorarmos os resultados da decisão que tomamos, bem como corrigir os rumos conforme novos cenários e contextos vão se descortinando à nossa frente. Daí também, não nos esqueçamos da importância de nos conhecermos muito bem, conhecermos quais são nossos valores, tomarmos nossas decisões baseadas em valores pessoais e sermos fiéis a eles em todos os instantes que se sucedem.

É claro que, quando comecei a pensar em desenvolver tal proposta, ainda não estava clara a importância desses valores; a diferença entre decidir a partir de uma base forte ou uma base fraca; as três perguntas fundamentais que devemos nos fazer diante de uma decisão difícil ainda não existiam; e outros pontos que hoje compõem a minha metodologia, a qual desenvolverei neste capítulo. A construção desse método se daria de maneira gradual, estudada em processo de aprendizagem.

Comecei, portanto, a rascunhar algumas ideias. Conversava com algumas pessoas, principalmente com mentores com alto grau de sensibilidade e estudiosos da psicologia. Recebia sugestões, indicações de livros. Um deles me recomendou que eu fundamentasse minha proposta na visão de alguns filósofos e pensadores. Fiz isso, o que trouxe suporte à construção do modelo.

De Platão (427-347 a.C), filósofo da Grécia Antiga, tomei emprestado o primeiro dos seus quatro preceitos, que é "pense mais", que, em seu desdobramento, propõe o primado da razão sobre a emoção. Tal conceito embasa o enunciado de meu método, que enfatiza a necessidade de minimizarmos o máximo possível o peso de nossas emoções durante o processo decisório e refletirmos sobre as decisões a tomar, levando em conta principalmente argumentos racionais e que nos dizem respeito. Dizia Platão: "A vida não refletida não vale a pena ser vivida." Da mesma forma, para isolar as emoções e buscar o pensamento limpo, Platão enunciava o princípio socrático, "conhece-te a ti mesmo", como já tratamos no capítulo anterior, elemento de importância fundamental para decidirmos bem — segundo nossos valores.

Outra contribuição veio da leitura do médico e psicanalista austríaco Sigmund Freud (1856-1939). Freud propôs que a personalidade humana era composta por três elementos-chave: o Id, o Ego e o Superego. Entre esses três componentes, caberia ao Ego controlar os gestos primitivos do Id (do homem animal), mas ainda com a função de alimentar os desejos deste, ao mesmo tempo em que teria seus excessos freados pelo Superego. Neste último, estariam os valores incutidos em nós pelos nossos ancestrais, pelos nossos pais e pela sociedade.

Mas nosso Ego está permanentemente olhando para nosso "eu" e procurando trazer o que acredita ser o melhor para nós mesmos, não raramente atropelando os direitos e os desejos dos demais. Nesse sentido, a contribuição que o entendimento de Sigmund Freud trouxe para o método está na minha afirmação de que não devemos permitir que nosso Ego prevaleça sobre a análise das decisões que tomaremos e, usando a mesma nomenclatura que Freud usou, devemos procurar "sublimar" para decidirmos melhor, nos desenvolvermos, ou seja, restringir a satisfação imediata para alcançarmos melhores resultados, mais duradouros, legítimos e, consequentemente, sólidos em nossa vida.

PRAGMATISMO E CONSEQUÊNCIAS

O filósofo e psicólogo norte-americano William James (1842-1910), chamado "Pai da Psicologia Americana", e o também filósofo e matemático norte-americano Charles Sanders Peirce (1839-1914), apresentaram o termo "pragmatismo" ao mundo. Essa corrente de ideias afirma que qualquer doutrina só terá valor caso alcance bons resultados práticos. De maneira bem resumida, Charles Sanders Peirce propunha que, quando alguém precisasse decidir sobre algo, mas temesse não ter todos os dados necessários para tomar tal resolução, deveria decidir mesmo assim, deliberando mesmo sem ter todas as informações que julgasse necessárias. Agindo dessa maneira, essa pessoa desenvolveria sua capacidade de decisão, aprimorando-a dia após dia, acreditava Peirce.

Williams James agregou suas ponderações à proposta de Charles Sanders Peirce afirmando que, caso a pessoa não contasse com todas as informações para tomar a sua decisão, deveria, então, focar nas consequências daquilo que escolheria como caminho para a resolução da questão em pauta — mire nas consequências! Se as consequências fossem consideradas confortáveis, ela deveria seguir em frente e decidir, como propunha Sanders Peirce. Portanto, os dois filósofos norte-americanos, contemporâneos e amigos, contribuíram para meu método quando enfatizo que devemos sempre estar atentos às consequências de nossas decisões, aos seus riscos.

Agreguei, ainda, os conceitos de ética do filósofo prussiano Immanuel Kant (1724-1804) ao meu modelo. Em minhas apresentações, uso uma frase que resume a filosofia Kantiana: "Se você tem motivos para não contar o que você fez ou que está prestes a fazer, não faça, pois os mesmos motivos que você tem para não contar são os motivos que tem para não fazer."

A leitura de obras que tratam especificamente dos processos de decisão também me inspirou na estruturação de meu modelo de tomada de decisões. Uma delas é o livro *Rápido e devagar*, do autor israelense Daniel Kahneman. De acordo com o autor, que citei anteriormente no Capítulo 2, decidimos baseados em dois sistemas. Um deles diz respeito àquelas decisões que tomamos sem perceber, as decisões fáceis do dia a dia, como escolher a roupa que vestiremos ou em que cadeira nos sentaremos em um cinema. O outro sistema diz respeito a decisões mais complexas, para as quais pensamos em quais seriam suas consequências.

Ao concluir a estrutura de meu método de tomada de decisões, coloquei o "bloco na rua", ou seja, fiz apresentações do que eu estava criando para amigos, alguns familiares, grupos fechados, para mentores e contatos profissionais, até chegar às palestras públicas para diferentes audiências, desde médias e grandes empresas a escolas, universidades e associações de classe empresariais. Passei algum tempo aprimorando o método, e a partir de cada conversa que eu mantinha, ajustava os passos, os objetivos e a fundamentação teórica do modelo. No final de 2017, esse método já estava com seu aspecto atual. Quando comecei a dar aulas na Fundação Dom Cabral, a proposta já se tornara estável, com a configuração que apresento neste capítulo.

Minha motivação foi criar uma metodologia que possibilitasse às pessoas tomar decisões de uma maneira consciente e bem posicionada. Agindo assim, mesmo que aquilo que for decidido se mostrar como uma escolha equivocada mais à frente — pois não há método que garanta, com certeza, que sempre faremos escolhas acertadas (lembremos sempre do acidental, imprevisível, imponderável) —, sempre será possível aprender com o erro, o que é excelente para o processo de escolha e para a tomada de decisão. Erros nos ensinam a sermos mais resilientes.

Desde o início, ficou claro para mim que a metodologia que desenvolvi se aplicaria às decisões difíceis. No início deste livro, fiz a distinção entre o que considero decisões fáceis e difíceis e apresentei uma tabela para a fácil memorização. Apenas relembrando: decisões fáceis são aquelas cujo impacto, seja negativo ou positivo, é pequeno e seus efeitos se dão no curto prazo e, portanto, são de fácil identificação. Normalmente, há pouca liberdade de escolha, o que significa dizer que não existe uma gama significativa de alternativas. São as deliberações que fazemos no dia a dia, como se almoçaremos no restaurante da esquina ou no outro que fica a dois quarteirões de distância, **mas precisamos nos alimentar**. Ninguém se estenderá examinando seus próprios valores ou pensará na dinâmica da decisão quando for escolher, de manhã, entre a camisa branca ou a azul para ir trabalhar, **mas precisamos nos vestir**.

As decisões difíceis têm outras características. São mais complexas, em geral apresentam múltiplas possibilidades de escolha, seus efeitos se dão no longo prazo e provocam grandes impactos, sejam positivos ou negativos, em nossa vida e na vida de outros indivíduos, bem como no meio ambiente. Devido à característica de seus efeitos se darem no longo prazo, elas são propensas a despertar emoções, como a angústia e o medo de tomar a decisão errada ou de os resultados serem diferentes do que se deseja.

É nessas decisões que podemos cometer o equívoco do "corta-caminho", o desvio de nossos princípios, cujas consequências podem ser nefastas. No entanto, essas decisões difíceis trazem benefício que escolhas corriqueiras não fornecem. Elas oferecem a oportunidade para que as pessoas se desenvolvam exatamente pelo seu grau de dificuldade, complexidade e de risco que carregam. Sem contar que decisões difíceis nos fazem aprender a decidir cada vez melhor. Não só pelos erros e acertos, mas também pela necessidade de negociar com múltiplos *players* e, como consequência, compor interesses, negociar posições e aprender a avançar, recuar, enfim, participar do "grande jogo da vida"!

ESQUEMA DO PROCESSO DE TOMADA DE DECISÃO SEGUNDO A METODOLOGIA

Desejo aqui apresentar o esquema completo do modelo de tomada de decisão, para aquelas pessoas que são mais propensas a enxergar primeiro o todo, para depois irmos aos detalhes. O objetivo aqui é ser o mais didático possível.

Faremos várias perguntas, buscaremos as respostas e trataremos de tudo que está desenvolvido neste modelo esquemático.

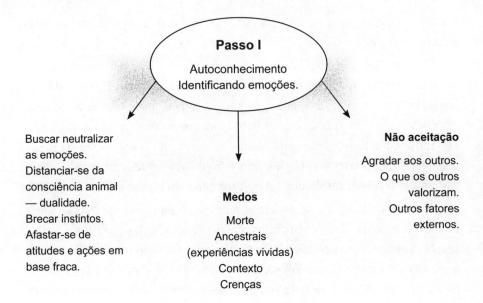

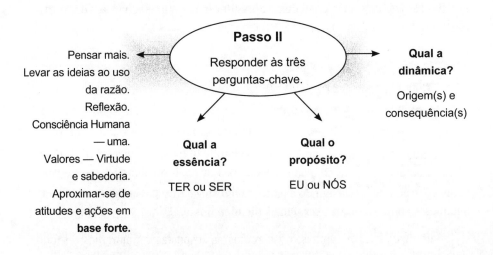

BASE FRACA E BASE FORTE

No meu entendimento, esse processo de decidir deve começar com uma reflexão sobre as motivações, os sentimentos e as intenções que nos movimentam quando estamos prestes a decidir alguma questão complexa. No meu método, identifico dois tipos de antecedentes para essas escolhas, que chamo de base fraca e base forte.

O que seria uma decisão feita sob base fraca? É aquela que sustenta decisões que têm como objetivo atender unicamente a interesses pessoais e desprezam as necessidades e os desejos das outras pessoas, da organização para a qual a pessoa trabalha ou da comunidade sobre a qual a empresa projeta impactos.

Quando me refiro a desprezar, é esse mesmo o termo que deve ser empregado aqui. Por exemplo, quando um executivo pensa em receber sua comissão, seu bônus, sua remuneração e seus benefícios, desprezando a capacidade real da empresa em pagá-los pelos seus lucros, pela capacidade de investimento e de honrar suas obrigações em dia, enfim, atender aos seus *stakeholders*, dentro das expectativas a que a empresa se propôs, provavelmente suas decisões serão guiadas por raciocínio de curto prazo, imediatista e, portanto, com um viés emocional/animal. Será que não seria mais adequado buscar uma solução de maior amplitude que lhe trará resultados melhores no futuro? Ao contrário, a base forte apoia decisões que tenham efeitos benéficos sobre todos os *stakeholders* envolvidos: a família, os colegas, a companhia, o meio ambiente, a sociedade.

Aprofundaremos um pouco mais nosso entendimento de como se desdobram as decisões tomadas nas bases forte e fraca.

Se você está diante de uma situação complexa e é a pessoa encarregada de tomar uma decisão para solucionar esse desafio, e, em virtude dos valores nos quais você acredita, está agindo a partir de uma base forte, essa ação é executada a partir dos três elementos a seguir. A essência da sua forma de decidir estará completamente alinhada à natureza da sua maneira de ser, ou seja, alinhada aos seus valores, o modo como você se conduz na vida. O propósito na base forte é sempre uma decisão tomada para atender ao "nós", isto é, um conjunto abrangente de pessoas, a toda uma comunidade, e não apenas a você, ao "eu", egoísta. E, o terceiro elemento, a dinâmica de uma decisão tomada nessa base fará com que você se sinta confortável, desde seus primeiros passos, a partir da origem do processo, até as consequências da decisão que você tomou ou está para tomar. Os resultados de uma decisão tomada levando em conta esses princípios se estenderão no longo prazo, impactando um número grande de stakeholders, e como a orientação se dá por valores da consciência humana, virtudes e sabedoria, provavelmente seus efeitos serão benéficos e sustentáveis. Esses elementos também estão presentes quando nos apoiamos em base fraca para decidirmos algo, mas terão características opostas àquelas que estão presentes na base forte. Nela, a essência não é o seu modo de ser, mas a sua vontade de ter, ganhar, levar vantagem. O propósito nunca estará voltado a trazer benefícios para aqueles que estão ao seu redor, mas apenas a beneficiar o "eu", aos seus interesses.

A **dinâmica** da decisão em base fraca — entre sua origem e suas consequências — provavelmente será tumultuada, provocará conflitos com as pessoas que estão a sua volta, e mesmo que o resultado final traga ganhos para você, as consequências das decisões tomadas em base fraca sempre serão desconfortáveis.

Em primeiro lugar, elas poderão trazer efeitos não desejados a muitas partes envolvidas, e provavelmente será uma decisão não sustentável no longo prazo. Elas poderão deixá-lo isolado, sem prestígio, ou até mesmo terminar em sua demissão ou prisão, ou efeitos ainda muito piores. Ao contrário das decisões feitas na base forte, essas resoluções trarão benefícios imediatos, da consciência animal, que se baseia na dualidade entre medo e desejo ou dor e prazer. Quer satisfazer seu animal de estimação? Dê-lhe um pedaço da comida de que ele mais gosta; estará dando prazer a

INGREDIENTES PARA UMA BOA DECISÃO — A METODOLOGIA

ele. Quer que ele pare de fazer algo errado? Dê um grito; ele ficará com medo e deixará de fazer seja lá o que estiver fazendo.

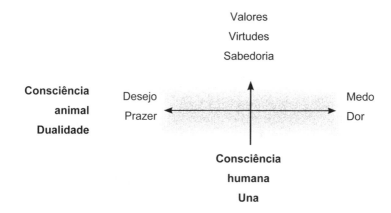

Grife e guarde em sua memória estas três palavras: **essência**, **propósito** e **dinâmica**. Elas serão de grande relevância para outra etapa fundamental neste método que desenvolvi para a tomada de decisões e nos ajudará a nos equilibrarmos melhor entre os eixos da consciência animal, que têm mão dupla — medo/desejo ou dor/prazer —, e a consciência humana, que é **una**, baseada em valores, virtudes e sabedoria.

O esquema a seguir mostra os elementos envolvidos na base fraca e na base forte que apoiam as decisões.

Todas as vezes em que apresentei esses dois conceitos — base forte e base fraca — às pessoas, nunca vi alguém se levantar e dizer que preferia agir a partir de uma base fraca, e não de uma base forte. Não costumamos pensar em nós mesmos como pessoas autocentradas, alguém que fura filas, puxa as brasas para sua própria sardinha, atropela o desejo dos outros para impor os seus. Não nos vemos tomando atitudes dessa maneira tão negativa.

O que nos leva frequentemente a nos apoiar em base fraca é nos deixar levar por impulsos emocionais no momento de decidir. Quando eles se impõem sobre os argumentos racionais, em 99% das vezes, serão nossos interesses pessoais que prevalecerão. E nem mesmo nos daremos conta do que está acontecendo. Como evitar isso? Qual o mecanismo mental que nos permitirá tomarmos decisões que, no final, proporcionem coisas boas para os outros e para nós mesmos?

A resposta é nos convencermos de que, quando ajustamos nossas escolhas para decidirmos de maneira a gerar bons resultados para o maior número de pessoas, não estamos fazendo uma benemerência ou filantropia. Agir dessa maneira, longe de ser caridade, é a única escolha possível para uma organização sobreviver e ter sustentabilidade em seus negócios.

Uma empresa que dá lucro é algo bom para todo o mundo, mesmo para quem nem sequer sabe da existência daquela organização. Isso porque a riqueza gerada fará com que as pessoas tenham empregos, recebam dinheiro pelo seu trabalho e comprem produtos de todos os tipos, permitindo que as empresas que os fornecem também prosperem.

Os recursos que circularão na sociedade voltarão para aquela primeira organização, pois haverá mais clientes com possibilidade de adquirir seus produtos. Os impostos pagos por toda essa atividade econômica aumentarão, possibilitando a criação de bens e serviços públicos que tornarão o dia a dia das pessoas, das empresas e da sociedade muito melhor. Essa é a força da tomada de decisões sob base forte.

O PODER DO MEDO

Mas voltemos um pouco. As pessoas não escolhem tomar decisões individualistas por serem más e egoístas em sua essência, mas sim porque são tomadas por emoções. O que as tornaria tão emocionais assim? Por que se apoiam em base fraca que pode fazer ruir seus resultados profissionais e trazer resultados tão nocivos para elas mesmas?

INGREDIENTES PARA UMA BOA DECISÃO — A METODOLOGIA

Se refletissem um pouco mais, no lugar de agirem por impulso, focadas no resultado imediato, talvez conseguissem entender que os resultados de suas decisões provavelmente não seriam duradouros e nem favoráveis para elas e todos os envolvidos.

Há o temor de perder seja lá o que for, de dar errado, sem nunca ter começado ou sem termos feito uma análise criteriosa das opções, medo de faltar algo amanhã, e assim, queremos tudo que pudermos ter agora. Há o medo de sermos demitidos, de morrer. Se conseguirmos identificar nossos medos, veremos que quase nenhum deles resiste a uma análise racional. Portanto, identifique os fantasmas que o assombram e os neutralize. Lembre-se das alternativas que fazem seus olhos brilhar e jogue fora aquelas que te causam desconforto, que não estão alinhadas com seus valores, que o induzem a procrastinar suas decisões.

Medo é pura emoção. E, como já insistimos aqui, decisões que têm como base a emoção nos induzem a erros, nos fazem querer defender nosso "eu", nosso ego, nossos interesses de situações que acreditamos que nos são hostis e ameaçam nossa "sobrevivência". Medos são irracionais e nos remetem àqueles profundos temores ancestrais de ser atacados por feras, abandonados no deserto pela nossa tribo, não ser aceitos, morrer de fome. Nesses momentos, sentimo-nos acuados por tais ameaças imaginárias e temos o impulso de reagir com agressividade e egoísmo, defendendo o que é "meu", pouco nos importando com o que é dos "outros".

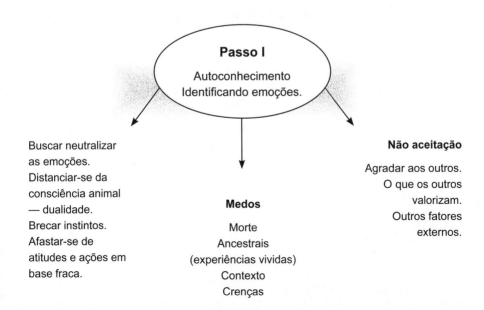

O primeiro passo de meu método, portanto, será o de procurar identificar e isolar da forma mais completa possível os medos que podem estar nos cercando no momento em que iniciamos um processo de decisão. Devemos nos posicionar de maneira consciente para a tomada de decisão, trazer nossa mente para o mundo das ideias, da razão, do raciocínio e deixar de lado as emoções. Estas últimas sempre nos levarão para as coisas que são externas a nós e para longe de nossos valores. Seremos engolidos pelo efeito boiada e agiremos de acordo com o que fazem e dizem os outros, deixando de lado aquilo em que realmente acreditamos e que nos faz especiais como seres humanos que somos.

ESSÊNCIA, PROPÓSITO E DINÂMICA

Tendo reconhecido e isolado as emoções que turvam nosso "pensar mais" de Platão, passamos para o segundo momento deste método de decisão. Devemos nos fazer três perguntas-chave, cujas respostas serão nossos guias no desenrolar do processo decisório. E aqui devemos resgatar aquelas três palavras que solicitei que fossem guardadas na memória: **essência**, **propósito** e **dinâmica**. Dependendo da maneira como responderemos a essas questões em nossa atuação prática, a possibilidade de alcançarmos resultados favoráveis para nós e para os outros será maior ou menor.

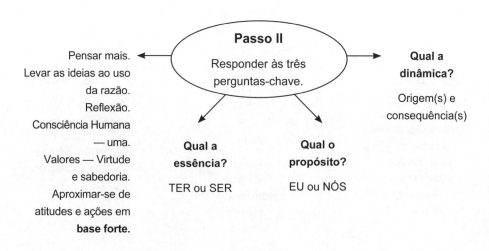

INGREDIENTES PARA UMA BOA DECISÃO — A METODOLOGIA

São estas **as três perguntas-chave**:

1. **Qual é a essência da decisão que estou prestes a tomar?** Eu a tomarei levando em conta o "ser", ou apenas o "querer" ter alguma coisa?

2. **Qual é o propósito dessa decisão?** Que eu ganhe alguma coisa, ou que a comunidade também seja beneficiada?

3. **Qual é a dinâmica dessa decisão?** Quais são as origens das alternativas que tenho, quais são os passos anteriores a serem dados para que a decisão aconteça e quais serão as consequências, uma vez tomada a decisão? As etapas envolvidas me deixam confortável? As origens das alternativas e suas consequências me deixam confortável?

Essas três perguntas têm o mérito de fazer com que deixemos de lado a emoção para começarmos a tentar construir argumentos baseados em nossa essência, em nossos valores, nossas virtudes e com sabedoria para a tomada de uma decisão. Na verdade, só o fato de interrompermos nossa urgência em decidir sobre algo e reservarmos um tempo para nos fazer esses questionamentos já mostra que estamos buscando isolar a emoção e tentando raciocinar com dados verdadeiros — daquilo que é nosso. Caso algum leitor mais atento se pergunte "Mas que droga! Só posso então usar essa metodologia quando tiver tempo?", a reposta é não, mas trataremos desse ponto com clareza no Capítulo 9. Por enquanto, continuemos tendo em mente que, para "pensar mais" e de forma mais racional, precisamos de tempo. Isso facilita a absorção da metodologia.

A ESSÊNCIA — "TER" OU "SER"

A primeira pergunta busca fazer com que identifiquemos a essência que nos movimenta para a tomada de decisão. Devemos responder a essa questão examinando com clareza nossas convicções, nosso propósito de vida. Assim ela se desdobra, por exemplo, nas seguintes perguntas que devemos fazer a nós mesmos: quem eu sou realmente? Do que eu gosto? O que me faz sentido? O que faz meus olhos brilharem? O que faço sem medir esforços? Onde vejo a beleza? De fato, eu me preocupo com o bem-estar dos demais? Eu ouço as outras pessoas e as trato com consideração? Conduzo-me pessoal e profissionalmente com ética? Cumpro as leis do meu país? Meus valores estão alinhados com boa parte ou a maioria dos valores da organização em que trabalho? Procuro, com minhas ações, trazer valor para a empresa e para seus *stakeholders*? Ao respondermos a essas questões, fazemos um *checklist*, relembrando para nós mesmos quais são nossos valores, quem de fato somos.

De acordo com esses valores, examinaremos as alternativas que surgem diante de nós no momento em que precisamos decidir. Essas possibilidades estão alinhadas com meus princípios? Elas me farão sentir confortável com os resultados que surgirão? Sim! Então devemos seguir em frente. Mas se elas se opuserem a esses valores, devemos deixá-las de lado e pensar em outras soluções, em novas alternativas.

Agindo assim, deixaremos de lado o pensamento obsessivo de sempre ter coisas e superaremos o erro de fixar nossa atenção no imediatismo do aqui e agora ou naquilo a que os outros atribuem valor. Isso porque o forte desejo de ter algo costuma nos fazer querer buscar atalhos, cortar caminhos, perdendo o controle sobre os riscos existentes. Portanto, lembre-se das alternativas que fazem seus olhos brilharem e deixe de lado aquelas que te causam desconforto, que não estão alinhadas aos seus valores.

Um rápido exemplo: diante da escolha de um carro, você busca um veículo que atenda às suas necessidades reais, que lhe seja bonito e agradável, útil, "cabe no seu bolso", enfim, lhe confere real sentido, ou você o está comprando para "TER" prestígio, baseando-se em que os outros atribuirão de valor àquele bem?

Em algumas ocasiões, haverá mais de uma escolha sobre a mesa. É o momento de examinarmos quais entre elas têm mais aderência aos seus valores e quais farão você ter maior conforto ao tomar a decisão. Alternativas que o inspiram não necessariamente serão as escolhas que lhe trarão melhor resultado. Outras perguntas devem ser feitas para maior alinhamento de sua essência e atitude, a decisão que está para ser tomada. Vamos a elas.

O PROPÓSITO — "EU" OU "NÓS"

A determinação em tomar uma decisão que possa trazer benefícios para o maior número de pessoas é uma boa resposta para a segunda pergunta que formulo em minha metodologia. É claro, alguém pode responder à questão "Qual é o propósito dessa decisão?" afirmando que seu objetivo é trazer a maior quantidade de proveito para si mesmo ou para sua empresa. Mas minha metodologia não tem como objetivo apenas esclarecer intenções, sejam elas quais forem, mas servir como ferramenta para que possamos decidir bem, de maneira justa, com ética e de um modo que faça deste mundo um lugar melhor.

Aqui se trata, portanto, de escolher as alternativas que apresentem benefícios para o maior número de pessoas. Significa escolher entre o "eu" e o "nós". Se a decisão estiver centrada em atender aos nossos interesses pessoais, ou apenas de grupos aos quais pertencemos, em detrimento dos outros integrantes da organização, de partes relacionadas, da sociedade, ou, ainda, se nossas ações estiverem voltadas para os desejos exclusivos de nossa família e de nossos amigos, teremos uma escolha assentada em base fraca. Ao contrário, se o que se busca é o benefício para o maior número possível de pessoas que estão inseridas no contexto, essa será uma decisão em base forte.

A DINÂMICA — "ORIGEM E CONSEQUÊNCIA"

A terceira questão se refere à dinâmica do processo de decisão, ou seja, a avaliação de todos os movimentos que se estendem da origem até as consequências externas das escolhas possíveis e da decisão que está para ser tomada. O que se quer saber aqui é se nós nos sentiríamos confortáveis com todas as etapas desse processo. Em todos eles, nossos valores estarão presentes? Se não estiverem, e isso faz você se sentir desconfortável, não tome a decisão. Refaça o processo.

Talvez o incômodo que essa dinâmica esteja provocando seja algo pontual. Você pode estar se sentindo bem com a origem, mas talvez eventualmente as possíveis consequências não lhe agradem. Essa é uma das vantagens de examinar essa dinâmica, pois sempre é possível perceber qual das etapas não está em harmonia com seus valores e corrigir o rumo.

Mais ainda: observar a dinâmica de um processo de decisão permite, inclusive, avaliarmos se o objetivo que queremos atingir pode eventualmente trazer resultado ruim. Se estivermos, por exemplo, pensando em abrir uma sociedade com outra pessoa, ao aplicarmos esse método, seremos capazes de ver de maneira muito mais clara os eventuais obstáculos que poderão surgir no caminho.

Podemos imaginar que estamos pensando em abrir um pequeno restaurante e amigos comuns nos apresentam a alguém que tem o mesmo projeto. Nós nos sentamos com essa pessoa e começamos a fase de conhecimento. Ficamos deliciados ao descobrir que nossos valores são os mesmos, estamos os dois motivados e de acordo que queremos, com nosso projeto, beneficiar muitas pessoas. Ou seja, a essa altura, parece que a sociedade será um sucesso e seremos felizes no novo negócio.

Estou quase fechando um acordo com meu potencial sócio, quando examino as origens do processo de decisão. E essas origens incluem observar o perfil e o *background* daquele com quem estou pensando em iniciar um empreendimento. Puxa, ele é bem mais jovem do que eu, ainda tem um chão para percorrer, eu percebo. Quanto a mim, já estou estável em minha vida, filhos criados, um casamento sólido, algum patrimônio já constituído. Meu potencial sócio acabou de se separar, está morando com os pais, tem um filho pequeno.

Ou seja, estamos em momentos muito diferentes da vida. Talvez ele não tenha dinheiro, o que não seria um problema, pois eu poderia bancar essa parte e ajustaríamos as participações. Mas será que ele não está muito aflito para resolver questões materiais? E se essa ansiedade o fizer tomar decisões erradas, inadequadas e até desonestas? Isso iria frontalmente contra meus valores. A partir dessa análise, passo a me sentir desconfortável com a possibilidade de tomar uma decisão que, caso as consequências que estou intuindo se confirmem, será desastrosa. Mas talvez, mesmo que nada de mau aconteça, a ideia de que sempre estarei com o espírito armado diante dessa situação já é razão suficiente para desistir do negócio, ou terei de buscar mais informações e fazer outros ajustes para meu conforto e convicções, e se isso não for aceito pela outra parte, deverei desistir mesmo.

INTUIÇÃO E DEDUÇÃO

Esse exercício de olhar lá na frente, que cito neste exemplo, é uma boa razão para trazermos outra questão de relevância para o método de decisão. Estou falando da importância de distinguirmos intuição de dedução, dois processos cognitivos que costumam ser confundidos. A correta compreensão desses dois termos tem importância para a condução do método que estou apresentando.

Quando digo que alguém decidiu algo levando em conta a sua intuição, estou falando de uma pessoa que, em seu processo de decisão, está voltada para o uso da razão, e não da emoção. A intuição tem uma ligação direta com o mundo de nossas ideias e nossos pensamentos, aspirações e desígnios. Ela tem foco no que é novo, algo que não foi experimentado ou descoberto, pressupõe inovação, disrupção. A intuição está voltada, portanto, para o futuro. Disse Einstein: "Não existe nenhum caminho lógico para a descoberta das leis do Universo — o único caminho é a intuição."

Já a dedução tem forte influência da emoção. Ela costuma permanecer presa ao passado, a experiências já vividas. Um exemplo típico é o daquela história que contamos no primeiro capítulo deste livro sobre um empreendedor que abre um café em um shopping e o negócio não dá certo, obrigando-o a fechar a loja com um grande prejuízo. Algum tempo depois, um amigo o convida para investir em um novo café, e ele se recusa dizendo que "café é um negócio que nunca dá certo". Esse empreendedor deduziu que um café nunca será um bom negócio por ter passado por uma experiência ruim. Uma reação emocional, fruto do sofrimento vivido anteriormente. Não há nenhuma evidência de que cafés serão sempre um fracasso. Há centenas de exemplos de cafés que prosperaram.

Caso esse empreendedor usasse a razão e os argumentos lógicos, poderia examinar quais foram os erros cometidos no negócio e entender de que maneira poderia ter evitado os problemas que inviabilizaram economicamente seu café. A partir de suas conclusões, saberia como evitar as decisões erradas do passado e conduziria o novo negócio de maneira mais assertiva. Ao final, poderia concluir que um café em um shopping pode ser um excelente empreendimento, ou seja, deduzir que cafés são "sempre" um mau negócio é emotivo. Ao contrário, se algum negócio deu certo no passado, pode ser um grande equívoco acreditar que dará certo hoje ou no futuro. Portanto, experiências do passado não devem ser confundidas com intuição, mas, sim, devem ser chamadas pelo seu nome próprio, ou seja, tratam-se de deduções.

Um esquema do modelo de posicionamento consciente para tomada de decisão está na ilustração a seguir.

Em um processo de decisão, como já foi dito, as emoções sempre nos levam para escolhas arriscadas, que podem trazer maus resultados para os envolvidos. Além disso, elas têm a propriedade de nos induzir ao medo e, consequentemente, a decidir levando em conta apenas nossos interesses. Ao passo que uma visão racional, intuitiva, fará com que entendamos que boas decisões são aquelas que avaliam cuidadosamente os impactos que poderão causar em seu entorno e contemplam os propósitos de vários personagens, e não apenas os de uma pessoa.

INGREDIENTES PARA UMA BOA DECISÃO — A METODOLOGIA

Este método é voltado para decisões difíceis. Ao contrário das escolhas fáceis, decisões que são mais complexas costumam despertar emoções, como a angústia de se tomar a decisão errada, o medo de os resultados serem diferentes do que se desejava, e outros pesadelos. Mas essas decisões difíceis trazem benefício que as escolhas corriqueiras não podem fornecer. Elas oferecem a oportunidade para que as pessoas aprendam a decidir, tenham atitude, levem a vida para a frente e se desenvolvam.

PARA REFLETIRMOS

Sempre somos convidados a tomar decisões que nos levam a posições que parecem ser melhores do que as que temos hoje. Mas essas posições são para nós? Fazem sentido para nós? Elas estão alinhadas aos nossos anseios, nossas aspirações e lacunas que viemos ocupar neste mundo? Se sim, por que não buscamos o caminho que nos leve a ter atitudes alinhadas à consciência humana, e não animal? Essa metodologia vale para pessoas interessadas em construir suas carreiras, assim como para gestores, executivos, conselhos de administração e familiar. Esse modelo apresentado aqui tem em sua metodologia a busca pela orientação alicerçada à consciência humana com relação a valores, virtudes e sabedoria. Ao mesmo tempo, nos disciplina em relação a pensar, falar, sentir e agir — tomar atitudes alinhadas aos nossos valores e ao meio em que estamos inseridos. Sem esquecer de que inúmeras ferramentas podem ser acopladas ao modelo como de análise de risco, para o caso de avaliar as consequências. Para o caso da origem das alternativas, podemos pensar em ferramentas de levantamento de dados ou até usar a Pirâmide de Maslow,[1] para identificação e escolha de um sócio, como no exemplo que trouxe neste capítulo da abertura de um pequeno restaurante. Colocar em prática o modelo aqui explicado nos tornará capazes de tomar decisões de maneira mais bem posicionada

---

1 Criada pelo psicólogo Abraham Harold Maslow (1908-1970), a Pirâmide da Hierarquia das Necessidades defende a tese de que as necessidades dos seres humanos precisam ser atendidas de maneira hierárquica. Dessa maneira, na base da "pirâmide" estariam as necessidades básicas, como alimentação e outras necessidades físicas, seguidas, em grau de importância, pelas necessidades de segurança; amor e relacionamentos; autoestima e realizações. <https://www.sbcoaching.com.br/blog/piramide-de-maslow/>.

e consciente. No próximo capítulo, veremos como a metodologia pode ser aplicada no dia a dia para permitir que as decisões tragam a nós, e aos que estão em nossa área de influência, aos melhores resultados possíveis.

8

Como a metodologia funciona na vida real

No mundo em que vivemos, não é raro que o interesse por ganhos imediatos, a ganância, motivada por incertezas, angústias, ansiedade, e o consequente medo nos induzam a tomar decisões que, em um curto espaço de tempo, podem se mostrar inadequadas e nocivas. Um método que nos auxilie a fazer escolhas, como apresentei no capítulo anterior, pode surgir diante de nós com o mesmo frescor que um oásis produziria a quem estivesse atravessando um deserto tórrido e hostil, com animais escondidos sob a areia nos aguardando em perigosas emboscadas. Isso não seria diferente do sentimento de se alcançar terra firme após a travessia de um pântano habitado por feras submersas à espreita.

Essas imagens, admito, um tanto fantasiosas, não soam como um exagero para aqueles que já se viram diante de uma decisão difícil, agravada pela pressão dos acionistas, a urgência do tempo e a agressividade combinada da conjuntura econômica, política, da concorrência feroz e, é claro, daqueles agentes que insistem em ganhar terreno de forma antiética ou imoral. Posso assegurar que, em momentos assim, dispor de uma metodologia que nos ajuda a refletir com serenidade sobre o que está em jogo traz à lembrança os valores nos quais acreditamos, o que nos deixará confortáveis com as possíveis consequências que surgirão das decisões tomadas. Tal sensação pode ser comparada à segurança de encontrarmos um abrigo confortável e silencioso capaz de nos proteger da nervosa, e muitas vezes ameaçadora, algazarra do mundo à nossa volta e, em especial, do mundo corporativo.

Sim, eu disse algazarra. Uma alegoria apropriada para representar o comportamento de muitos daqueles que detêm algum tipo de poder e o usam, não

COMO A METODOLOGIA FUNCIONA NA VIDA REAL

para atender à consciência humana, mas para satisfazer ao próprio ego: ao "TER", ao "EU". Sem dúvida, nessas circunstâncias, estão atendendo à consciência animal, completamente motivada e dominada pela dualidade entre medo ou desejo, dor ou prazer, o que, em resumo, significa ser dominado pelo que é externo ao homem.

Ou seja, o homem que se deixa levar pelas emoções ao longo da vida e da carreira será um ser manipulável! Isso mesmo! Será um homem que acredita ter poder, mas não o tem, não terá aquele poder sobre si mesmo. Mas terá o poder ilegítimo, aquele que lhe é atribuído pelos outros e pode sumir "num piscar de olhos".

Acredito que com um exemplo concreto de desafios que são comuns na esfera corporativa, podemos deixar mais claras as vantagens de tomarmos decisões com base em um método, como o que foi apresentado, o qual prioriza a reflexão sobre as motivações, os valores e as consequências dessas ações.

BICIBRAX S.A.

Assim, imaginemos uma empresa que está correndo o risco de perder mercado na disputa de preços com os concorrentes. Trata-se de um exemplo simples, é claro, mas ele facilita a compreensão e, sem dúvida, pode ser levado a exemplos empresariais extremamente complexos, como alguns com os quais já convivi e com outros que vimos neste livro, e, ainda, outros que veremos na Parte IV, adiante.

Essa empresa é a Bicibrax S.A., uma fabricante de bicicletas que escolheu como nicho de mercado o segmento dos modelos convencionais, deixando para outros players a categoria de bicicletas premium. Mas nos últimos dois anos, a Bicibrax vem sendo assediada perigosamente por outras concorrentes, que estão oferecendo, a preços mais baixos, bicicletas com qualidade e componentes semelhantes ao modelo mais vendido da empresa, a *BICY 4YOU*.

Mesmo não atuando no segmento de modelos mais sofisticados de bicicletas, a Bicibrax tem foco na qualidade dos produtos. Além disso, a tradição no mercado, dada sua longevidade, é outro fator que garante confiança e boa reputação junto aos consumidores. Seu prestígio também é assegurado pelos valores praticados pela empresa: inovação, colaboração entre os empregados e destes com os fornecedores e clientes, cuidado com o meio ambiente, segurança e bem--estar dos colaboradores, clientes e a busca pela excelência nos produtos e processos produtivos. Por ter um departamento de marketing eficiente, a Bicibrax conseguiu agregar essas boas qualidades à percepção dos consumidores, ou seja, entregam bicicletas de excelente qualidade a um preço justo.

POUCA FIDELIDADE

Mas, apesar de todas essas boas qualidades serem vistas com simpatia pelo mercado, os clientes não andam muito fiéis. Muitos têm preferido os produtos dos concorrentes, que oferecem preços melhores, ainda que deixem a desejar no quesito qualidade. Embora a empresa tenha uma boa posição de caixa, que representa aproximadamente 25% do faturamento anual, há um clima de apreensão crescente entre os gestores e os acionistas.

Esse caixa sólido e a fatia de mercado foram conquistados e mantidos pela redução de custos e até mesmo de preços. Mas os acionistas se perguntam: será que esses cortes poderão se estender indefinidamente? Provavelmente não. "Até quando suportaríamos essas reduções se o mercado não cresce há um bom tempo, há novos entrantes e, portanto, temos a barreira do aumento da escala para compensar as reduções de margens?", pensa Roberto, o CEO da Bicibrax, percebendo que a prática não se sustentaria por muito mais tempo. É chegada a hora, portanto, de tomar decisões que mudem o negócio de uma maneira mais profunda e consistente. A empresa precisa se decidir por medidas que visem a manutenção ou o aumento da fatia de mercado, antes que a situação possa se deteriorar e não haver mais espaço para ajustes paliativos, como vem acontecendo nos últimos dois anos.

Roberto estava mergulhado nessas reflexões há alguns meses. Reunira-se com outros gestores, conversara com conhecidos e até mesmo lera alguns livros que eles haviam recomendado. No final desse processo, havia desenhado quatro alternativas ao desafio que a empresa enfrentava. Agora ele relia o documento que havia preparado, ensaiando mentalmente sua apresentação ao *board* da

COMO A METODOLOGIA FUNCIONA NA VIDA REAL

153

empresa. A reunião aconteceria dali a trinta minutos. O que suas propostas pretendiam mostrar eram formas de manter ou aumentar a participação da Bicibrax no mercado de bicicletas. E isso deveria ser feito sem prejuízo à rentabilidade da organização.

Roberto estava confiante, e foi com a voz calma que leu em voz alta para si mesmo as alternativas que havia construído:

- ▶ Manter a participação de mercado baixando os custos, prática que já vinha sendo adotada há alguns anos.

- ▶ Posicionar a marca Bicibrax como Premium, por meio de campanhas agressivas de marketing e alterações cosméticas, como adesivos e novas cores, na *BICY 4YOU*, produto líder de vendas, aumentando a margem, e além de renomear o produto para *BICY 4YOU Plus*.

- ▶ Desenvolver um novo produto, agregando novas tecnologias inexistentes no mercado interno, o que possibilitaria uma entrega de alto valor agregado aos clientes, a cobrança de um preço diferenciado e margens de comercialização melhores, e com esse produto, também posicionar a Bicibrax como marca Premium.

- ▶ Comprar outros players de mercado de produtos *low cost*, aproveitando a forte posição de caixa da empresa e o acesso a linhas de crédito de bancos de fomento, que a Bicibrax poderia tomar, dada sua posição financeira favorável.

Talvez Roberto ainda não tenha conhecido a metodologia que sugiro para a tomada de decisões, mas começou seu processo de uma maneira que está afinada com o que ela propõe, ou seja, antes de avançar na elaboração de qualquer alternativa, o CEO trouxe para a razão o desafio que tinha diante de si. Não deixa de ser um mérito, diante da facilidade com que nós costumamos entrar em "modo" ansiedade, pânico e passar a escolher alternativas emocionais no lugar das racionais, como aquisições a qualquer preço, fusões executadas a "toque de caixa" sem se atentar aos seus perigos culturais, de passivos ocultos, falta de identidade entre linha de produtos ou falta de complementariedade, apenas para citar algumas possibilidades.

É de grande relevância trazer essa racionalidade para a mesa de decisões. E a análise racional mostrava que a o desafio da Bicibrax era reverter a queda na sua margem e no volume de vendas. Também se somava a esse desafio o fato de que a empresa, por atuar no segmento convencional de bicicletas, tinha pouco espaço de manobra e corria o risco de cair na armadilha de perseguir constantemente a redução de custos, o que poderia impactar a qualidade do produto.

Insisto nisso porque, assim como acontece com as pessoas, empresas não estão isentas de serem contaminadas por "certezas" emocionais. Talvez decidam mudar sua linha sem pesquisar com cuidado a aceitação do mercado apenas para seguir alguma moda surgida recentemente, ou apostar todas suas fichas em uma campanha publicitária que se mostre inadequada ou insípida ou, por que não dizer, "enganosa". Organizações são feitas de pessoas, e pessoas têm comportamentos irracionais. Precisamos estar atentos a isso e buscar a neutralização da irracionalidade nas empresas. O que estou dizendo não tem base? Relembremos os casos da Vale e da Boeing, apenas para citar casos ilustrados recentemente neste livro.

TRÊS PERGUNTAS

Na minha metodologia, proponho que, para aumentarmos as chances de tomarmos boas decisões, antes mesmo de iniciarmos a busca pelas alternativas que colocaremos sobre a mesa, nos façamos três perguntas. Isso foi dito no capítulo anterior, mas relembro a seguir quais são tais questões:

1. Qual é a **essência** da decisão que estou prestes a tomar? Eu a tomarei levando em conta o "SER", ou apenas o "querer", TER?

2. Qual é o **propósito** dessa decisão? Que eu ganhe alguma coisa, ou que a comunidade, os *stakeholders*, seja também beneficiada?

3. Qual é a **dinâmica** dessa decisão? Quais são as reais motivações que me levam a buscar as escolhas e a tomar uma decisão em função do que se apresenta a minha frente? Qual a origem das possibilidades (alternativas) que tenho para essa tomada de decisão? Por fim, quais podem ser as consequências das possíveis escolhas que tenho? As respostas entre a origem e as consequências das possíveis escolhas me deixam confortável?

Se Roberto fizesse a si mesmo a primeira pergunta, sobre a essência do que estava prestes a decidir, e refletisse se o que ele buscava estava mais inclinado para o lado do "ser" ou do "ter", talvez não houvesse elaborado, afinal, as quatro alternativas que apresentaria ao *board* da empresa: A sugestão de (i) "manter a participação no mercado baixando os custos" parecia contradizer uma das características do "ser" da empresa (valores), que é ter como um de seus valores a inovação e a qualidade de seus produtos. Baixar preços e custos, como dissemos anteriormente, pode comprometer a qualidade e tirar o oxigênio para a pesquisa e desenvolvimento de novos produtos e a essência da inovação da Bicibrax.

E foi exatamente isso que ele ouviu na reunião com *boards*, que finalmente começara. Não há nada de inovador em baixar os custos, cortar despesas ou demitir pessoas para manter margem e o *market share*. Ao contrário, isso costuma ser o comportamento padrão de empresas que se conduzem de maneira convencional. Uma ação dessa qualidade estaria muito mais focada em "TER" um faturamento determinado e manter inalterada sua presença no mercado do que em fazer jus à natureza inovadora da Bicibrax. Aliás, empresas baseadas única e exclusivamente em *low cost* correm sério risco de "se perderem" no meio do caminho na tentativa de manter sua posição, ou seja, acabam dizendo que entregam aquilo que jamais conseguirão entregar de forma sustentável.

Na verdade, seguindo as opções do CEO, ao ouvirem Roberto propor (ii) a aquisição de empresas *low cost*, levantaram dúvidas sobre o quão apropriada essa alternativa seria sob o ponto de vista estritamente financeiro e cultural. Fusões ou aquisições costumam ser momentos desafiadores na vida de qualquer organização, não só pelos custos que esses movimentos impõem, como também pela complexa transferência de cultura do comprador para a empresa adquirida, da controladora para a controlada. Acredito que muitos de vocês já ouviram a velha máxima de que fusão sempre "cheira" a confusão.

O CEO sugeriu que seria possível ajustar essas companhias menores ao modelo de negócios da Bicibrax, mas essa proposta despertou certo ceticismo entre aqueles que a analisaram. Os próprios estudos pedidos por Roberto à sua equipe, que também continham análises de custos bem estruturadas, avaliando as empresas candidatas a serem adquiridas, mostraram a necessidade de investimentos altos para fazer frente a treinamentos, pelas diferenças de cultura entre as organizações, demissões pela sobreposição de funções, bem como reposicionamento da marca. Além, é claro, da descontinuidade de inúmeros modelos que provocariam canibalismo entre aqueles produzidos pelas duas empresas, o que poderia levar à ociosidade de máquinas e espaços físicos, tanto fabris como administrativos, algo que mereceria mais estudos em profundidade.

Tal avaliação mostrou uma perspectiva frustrante. A aquisição desses concorrentes seria extremamente custosa, e não se poderia afirmar se ela traria bons resultados, tanto pelas inúmeras incertezas quanto ao sucesso das negociações, como também com relação às dúvidas sobre se tais empresas teriam capacidade de desenvolver uma relação sinérgica entre os diferentes modelos de negócios e os valores da Bicibrax. Além disso, empresas que comercializam prioritariamente produtos que tenham baixo custo dificilmente têm interesse ou recursos para investir em inovação e na busca da excelência, como já reforçamos, um dos valores-chave da Bicibrax.

Dessa maneira, o *board*, caso fosse colocada diante dele a primeira pergunta proposta pela metodologia, "Qual é a essência da decisão que estou prestes a tomar?", acabaria por concluir que essas duas propostas trazidas pelo CEO não eram aderentes aos valores empresariais. No entanto, nem tudo estava perdido. Havia outras duas alternativas para enfrentar o desafio da diminuição na participação de mercado: (iii) posicionar a marca como Premium, por meio de campanhas agressivas de marketing e alterações cosméticas ao produto, buscando aumento da margem de comercialização, e (iv) desenvolver um novo produto inovador, o que aumentaria o valor agregado ao produto e suas margens, e essas alternativas pareciam estar em harmonia com a maneira com que a Bicibrax se enxergava.

De novo, por ter em sua estrutura um corpo técnico de qualidade, a empresa poderia desenvolver, com chances de sucesso, um novo modelo de bicicleta, o que aumentaria o valor entregue ao cliente, elevaria as margens de lucro e confirmaria junto ao mercado sua vocação para a inovação. Além disso, a Bicibrax dispunha de recursos em caixa para assegurar a pesquisa e desenvolvimento de um novo produto.

Se é verdade que desenvolver novos produtos é algo caro, quando uma empresa traz essa veia inovadora, esse investimento se torna mais baixo, muitas vezes marginal. Afinal, a organização já tem um corpo de especialistas disponíveis e outras facilidades cujo custo já está incorporado ao DNA e aos resultados da empresa e vem sendo amortizado ao longo do tempo. Investir em inovação em uma organização com tal perfil costuma ser, na ponta do lápis, menos dispendioso do que promover a aquisição de uma outra empresa. Interessante pensar nisso.

BENEFICIAR O MAIOR NÚMERO DE PESSOAS POSSÍVEL

Seria, então, o momento, de acordo com o que preconiza a metodologia que desenvolvi para tomada de decisões, de o *board* avaliar as duas alternativas restantes sob a luz da segunda pergunta: "Qual é o propósito dessa decisão? Que a empresa ganhe alguma coisa ou que o maior número possível de *stakeholders* também seja beneficiado?" E essa era uma reflexão que encantava sobretudo o presidente do *board*.

"Não queremos beneficiar, verdadeiramente, o maior número de pessoas que possamos atingir?", ele perguntou ao CEO. Tanto Roberto quanto os demais membros da mesa concordaram: "Sim, é isso que queremos." Homem experiente e com um compromisso firme com os valores da empresa, o presidente do *board* apresentou uma proposta que, de certa forma, sintetizava em uma só as duas alternativas que ainda estavam sobre a mesa.

"Vamos fazer um mix entre as duas últimas possibilidades de escolha apresentadas", disse ele. "Desenvolvemos uma nova bicicleta, na qual não faremos apenas alterações cosméticas, mas sim, um produto com características inéditas e viável de ser produzido e comercializado em escala." E desenvolveu, ali, o esboço da proposta. O produto standard, talvez até com novas cores e adesivos, conforme a ideia *BICY 4YOU Plus* sugerida pelo CEO, poderia receber de maneira incremental inovações que o tornariam um produto Premium. Freios a disco, quadros de alumínio, selins especiais, opções de rodas, pneus e câmbios diferenciados. Componentes como esses poderiam ser acrescentados, agregados ao modelo standard na quantidade e velocidade desejadas pelo cliente, e tal possibilidade seria comercializada com um preço final que agregaria valor ao produto, para o cliente, bem como à Bicibrax.

Essa modalidade escalável da nova bicicleta seria amplamente divulgada por campanhas agressivas de marketing. O mote seria o de que todos poderiam ter a bicicleta dos sonhos, um modelo Premium, ao alcance do próprio bolso. "Isso fará com que possamos atingir o maior número de pessoas com uma solução inovadora, marca registrada da Bicibrax", completou o presidente do *board*.

A ideia agradou a todos os presentes na reunião. O próprio CEO, que por força do cargo acompanhava de perto a evolução do mercado de bicicletas, também tinha o que agregar à lista de inovações possíveis. "Que tal produzirmos uma bicicleta elétrica, carregável a pedaladas ou na tomada de qualquer residência, com câmbio elétrico sequencial e IoT[1] embarcada?" A versão mais vendida da empresa, a *BICY 4YOU*, era oferecida apenas com o câmbio sequencial mecânico.

O novo modelo poderia oferecer upgrades, à escolha do usuário, em módulos ou combos. Partindo de uma bicicleta convencional, que poderia ser convertida para elétrica, bem como câmbio elétrico, por exemplo. Roberto se entusiasmava: "As opções podem ser ainda mais amplas, com vários upgrades para bicicleta elétrica, por exemplo, módulo central com velocímetro, amperímetro, sensores e alarmes ligados ao celular do usuário, programa de fidelização do cliente, planos especiais de pagamento..." O diretor do *board* assentiu: "Sim, Roberto, perfeito! E

---

1 IoT, sigla em inglês para *Internet of Things*, ou Internet das Coisas, é a crescente tendência de conectar à internet objetos com capacidade de sensoriamento, processamento e comunicação, possibilitando a comunicação entre usuários e esses dispositivos. Bruno P. Santos *et al. Internet das Coisas: da teoria à prática*. Departamento de Ciência da Computação, Universidade Federal de Minas Gerais (UFMG). <https://homepages.dcc.ufmg.br/~mmvieira/cc/papers/internet-das-coisas.pdf>.

acabamos de destruir a antiga Bicibrax e construir a Bicibrax do futuro! Isso é inovação, isso é disrupção, essa é a nossa cara, a nossa essência!"

ORIGEM E CONSEQUÊNCIAS

Havia, ainda, outras considerações a serem feitas na reunião, que correspondem ao que proponho na terceira pergunta de minha metodologia: "Qual é a origem e quais são as consequências dessa escolha?", ou seja, é um momento em que será definida a maneira como se dará a dinâmica dessa decisão. Quais são as origens que nos impuseram a buscar as escolhas elencadas? Quais delas (escolhas) estudamos e por quais optamos e decidimos? A partir de quais delas partimos para a ação? Em seguida, quais consequências virão das alternativas que escolhemos e decidimos seguir? As etapas percorridas farão com que nos sintamos confortáveis?

Como origem da decisão, todos estavam de acordo, após os debates e, sobretudo, a fala do presidente do *board* de que o que havia sido decidido partira, claro, da necessidade de recuperar mercado e margem, mas levando em conta os valores e as virtudes fundamentais da empresa.

No lugar de se aprofundar na redução dos custos, o que estava no foco da empresa era lançar um produto inovador, vendido a preço de maior valor agregado para o cliente, trazendo margem superior, e, ao mesmo tempo, com a possibilidade de beneficiar um espectro mais abrangente de consumidores, de acordo com o poder aquisitivo de cada cliente. A Bicibrax teria a capacidade de oferecer o produto certo para "cada bolso" de seus clientes e lhes permitiria escalar as soluções da bicicleta adquirida por meio de upgrades.

Tudo isso era inovador e dava à Bicibrax a certeza de ter posicionado bem sua decisão com base em seus valores, assim como ter escolhido com alto grau de consciência a atitude que a levaria à frente dos demais *players*, já que inovar é uma exigência para se manter relevante em um mundo como o atual, em constante transformação. Os concorrentes, com suas soluções de curto prazo e lucros imediatos, ficariam para trás.

E quanto às consequências dessa decisão? Estas seriam antecipadas e medidas a partir das ações a serem iniciadas após a reunião. Entre os riscos que poderiam surgir estavam os custos e as despesas ainda não inteiramente conhecidos, como desenvolvimento e pesquisa, eventuais contratações que precisassem ser feitas, o valor dos contratos com novos fornecedores, gastos com a campanha de marketing, testes-pilotos; disponibilidade do capital necessário, testes de sensibilidade das modelagens financeiras, cumprir com os deadlines agressivos etc.

Todos os riscos deveriam ser mapeados para que fossem, ao longo do processo de implantação do projeto, devidamente monitorados e corrigidos, quando necessário, pela mudança de situações externas, não passíveis de nosso controle. As consequências antecipadas, que podem ser entendidas pelo mapeamento de risco, são importantes indicadores de avaliação, se a decisão tomada deixa o *board* e executivos confortáveis em seguir com a iniciativa.

Na mesma reunião, foi ainda escolhido um novo nome para o projeto. *BICY 4YOU Plus*, sugestão trazida pelo CEO, não parecia ter o apelo necessário para batizar uma ação de potencial tão interessante quanto o que o *board* da empresa esperava alcançar. Decidiu-se, então, que o novo projeto e quem sabe o modelo de bicicleta (dependeria de um estudo de marketing) recebesse uma denominação que remetesse mais à tecnologia e à inovação. O nome escolhido foi *BICITECH 4YOU*.

Agora é um bom momento para esclarecermos uma possível dúvida. Essa metodologia também se mostra eficiente quando se aplica a escolhas feitas por pessoas? Quando tratamos de questões individuais, há uma carga maior de subjetividades e fatores emocionais que tornam as decisões mais complexas. A metodologia funciona também nessa dimensão mais pessoal? Um exemplo pode nos ajudar a verificar essa possibilidade.

DO MARKETING AO RESTAURANTE

Antônio está infeliz com sua carreira atual.

Empregado como gerente de marketing e próximo dos 40 anos de idade, ele enfrenta um período da vida em que costumamos questionar e nos vemos em dúvida a respeito de vários aspectos da existência. Nessa época, costumam surgir dúvidas quanto à profissão escolhida, é o momento das crises no casamento, também é quando costumamos nos entregar a inquietantes angústias difusas, como a razão de estarmos neste mundo, qual é nosso papel na sociedade, e outros questionamentos semelhantes. Antônio está exatamente atravessando por uma fase assim.

Apesar de ser querido pelos gestores de sua empresa, receber um bom salário mensal, ter uma esposa que também trabalha e é boa companheira e um filho a quem ama sem reservas, ele sente um certo vazio interior. As dúvidas "existenciais", como ele as chama, são mantidas em fogo baixo e não chegam a paralisá-lo ou deprimi-lo, mas o maior desconforto que sente é em relação a sua profissão.

Antônio perdeu a crença e a conexão com o trabalho de marketing. Está em crise com a profissão, e ir ao trabalho todos os dias vem lhe parecendo cada vez mais difícil. A perspectiva de progredir na organização em que está empregado passou a não o atrair mais, e ele teme que muito em breve sua performance comece a cair e sua falta de entusiasmo pelo trabalho passe a ser notada pelos colegas e chefes diretos, com consequências que poderão ser desagradáveis e macular sua carreira e prejudicar os negócios da empresa, fato que não gostaria que acontecesse.

Uma das raras coisas que vem estimulando Antônio e na qual ele sonha em dedicar toda sua energia e seu talento é a gastronomia. Quando recebe os amigos para um jantar em casa, quando vai a lojas exclusivas nas quais se encontra com fornecedores que têm e entendem dos ingredientes que ele mais preza, Antônio se sente muito feliz. O que verdadeiramente o entusiasma, no entanto, vai além de produzir ou saborear um bom prato. O que não sai de sua cabeça já há bastante tempo é o desejo de ter seu próprio restaurante.

Antônio vem conversando com profissionais da área e já fez vários cursos, inclusive de gestão de bares e restaurantes. Compra livros sobre o assunto e já assistiu a praticamente todos os programas sobre o tema. Ele não vê a hora de encerrar sua carreira no marketing e passar a pensar em ingredientes, cardápios, panelas e temperos.

Mas há uma distância entre sua realidade e o sonho. Antônio tem uma família. Ainda precisa arcar com as prestações do apartamento que comprou. Há despesas com o carro, escola do filho, plano de saúde. Ele, a esposa e o filho estão habituados a um estilo de vida o qual ele não poderá decidir, sozinho, abandonar. Simplesmente pedir demissão e usar a reserva da família para investir em um restaurante está fora de cogitação.

A ESSÊNCIA DA DECISÃO

De que maneira a metodologia poderia ajudar Antônio a fazer uma transição de uma carreira em que é reconhecido, mas com a qual não se identifica mais, para outra, na qual suas habilidades não foram ainda testadas? Como foi feito no processo de decisão quanto o que fazer diante das dificuldades de mercado vividas pela Bicibrax, a primeira questão a ser levantada é descobrir a essência da decisão a ser tomada.

Antônio entende que com seu novo trabalho poderá beneficiar seus clientes com uma experiência gastronômica significativa e que está determinado a proporcionar a seus empregados e fornecedores um relacionamento justo que também lhes dê a oportunidade de progredir, ou seja, ele tem valores sólidos e se guia por princípios éticos positivos.

COMO A METODOLOGIA FUNCIONA NA VIDA REAL

À essência da decisão que pretende tomar, também podemos incluir medos e dúvidas quanto ao futuro, e a principal delas é a de que se deve ou não abandonar o atual emprego, que garante a sobrevivência e o estilo de vida de sua família. Ele fica entre o "TER" e o "SER". Medos são comuns diante de decisões difíceis e estão na origem das escolhas que fazemos. Antônio deve enfrentá-los fazendo perguntas. Os receios que ele tem são verdadeiros, fazem sentido? Medo, como já dissemos, é pura emoção. E sabemos o quanto decisões contaminadas pela emoção podem se mostrar ineficazes e até desastrosas.

Ao dissecar a essência que o move a tomar essa decisão, Antônio também terá a oportunidade de verificar o fundamento da escolha que deseja fazer. OK, ele pretende seguir uma carreira na gastronomia, isso está bem entendido. Mas hoje vemos inúmeros artigos na imprensa, sites, séries e reportagens sobre gastronomia. É um dos mais fortes temas sobre o qual se produz conteúdo. A gastronomia está na moda. Será que ele se deixou influenciar com o exagerado glamour com o qual essa profissão costuma ser mostrada?

Na TV e nas mídias sociais, costumamos ver apenas o ângulo radiante dessa indústria. É tão charmoso ser um chef ou o dono de um restaurante! Quantas emoções tentadoras, não é mesmo? Talvez Antônio devesse mergulhar um pouco mais nesse negócio, verificar seus meandros. A gastronomia é um negócio como outro qualquer. Há dificuldades, fracassos, cansaço, dívidas, noites mal dormidas e, provavelmente, nada de fins de semana. Uma análise cuidadosa de todas as implicações que manter um restaurante capaz de atrair uma clientela suficientemente numerosa pode trazer o poder de mostrar se a decisão desse candidato a chef não está inspirada mais pela emoção do que por valores e pela razão.

Apoiando-se em argumentos racionais, Antônio poderá ainda refletir com base nos valores pessoais que precisam estar presentes em um negócio como esse. Restaurantes são frequentados por pessoas, todo tipo de pessoas. Há aquelas que se sentarão à mesa com boa vontade e com o coração e as papilas gustativas abertas para novas experiências. Mas também estarão ali aqueles mal-humorados, exigentes, gente que estará disposta a denegrir sua imagem caso se sintam mal atendidas.

É preciso, portanto, gostar de gente, de se relacionar, ter paciência, habilidades sociais, não levar problemas para casa. Será que Antônio conseguiria lidar com críticas justas e injustas e clientes insatisfeitos? Caso ele não tenha essas qualidades, não será aconselhável procurar um sócio? A ideia de uma sociedade também é boa para dividir o tempo e o investimento necessários para deixar o negócio funcional. Em quais condições uma sociedade seria considerada uma boa escolha?

PROPÓSITO DA DECISÃO

Atender ao "EU" ou ao "NÓS"? Essa pergunta deve ser respondida de forma muito clara para o caso desse empreendimento. Quase se confunde com a essência, pois ela trará a clareza sobre se Antônio está buscando o benefício do maior número de pessoas possível ao enveredar por esse caminho ainda desconhecido. Daí devemos refletir muito a respeito, pois, se estamos buscando algo para nosso conforto apenas, ou para "se livrar" da carreira atual e, então, "o que eu tiver em mente para fazer me serve", na realidade, a pergunta que devemos nos fazer é: "Esta alternativa ou escolha serve aos outros?" "A quem beneficiarei, além de mim, com o caminho escolhido?" Enfim, essa escolha beneficia mesmo a um maior número de pessoas?

DINÂMICA DA DECISÃO

Se ao examinar todas essas questões, tendo mapeado bem o que poderia ser emocional, ainda assim nosso gerente de marketing estiver disposto a ir para a beira do fogão, ele deverá planejar com cuidado como se dará a dinâmica dessa decisão. Quais serão os primeiros passos para tornar seu projeto algo real? Já foi dito que uma saída abrupta do emprego atual não está em cogitação. Como fazer então? Talvez reduzir o trabalho para meia jornada? Sair do regime CLT, como empregado, com carteira assinada, e transformar-se em uma pessoa jurídica? Sua esposa e o restante da família poderiam ajudar no empreendimento? Ou considerarão tudo isso uma loucura e se recusarão a dar qualquer apoio? Será necessário um empréstimo bancário? Familiares poderão dar ajuda financeira, sem cobrar juros?

As consequências da decisão, ensina o meu modelo, também devem ser analisadas. Qual é o prazo para o empreendimento chegar ao seu *breakeven*?[2] Se isso não acontecer no momento fixado, o que será feito? Até que ponto Antônio estará disposto a investir? Em que momento disparará o *stop loss*?[3] De que maneira o sucesso do empreendimento, ou seu eventual fracasso, poderá afetá--lo, aos seus sócios e à sua família?

Por falar em sócio, a metodologia também ensina que devemos, ao olhar para sócios, verificar se esses parceiros, ou parceiro, que estão sendo mapeados têm valores alinhados aos nossos. As mesmas perguntas devem ser feitas por Antônio ao analisar a sociedade antes de se escolher por ela. Entendo, inclusive, que a Pirâmide de Maslow pode ser aplicada para entender se os sócios estão no mesmo momento e grau de evolução do Antônio. Não se deve esquecer dos cônjuges, que exercem enorme influência nas relações societárias e, em alguns casos, até participam decisivamente do negócio.

Isso precisa ser levado em conta e com muito cuidado. Neste ponto, vale uma análise criteriosa por si só entre as origens e as consequências da escolha por sócios, ou seja, uma análise profunda da dinâmica dessa decisão, em que Antonio deverá exercer total domínio do uso da razão. Ou basta ter um sócio só porque ele é seu amigo? Emocional, não?

Talvez depois de passar por toda essa análise, das reais motivações até as prováveis consequências, Antônio chegue à conclusão de que o mundo em que ele vive não é tão ruim assim. Uma carreira na gastronomia pode trazer tantas

---

2 *Breakeven point* é o ponto de equilíbrio de uma empresa, quando o total de receitas é igual ao total dos gastos, e, a partir deste ponto, a empresa tem chances de começar a apresentar lucro. <https://endeavor.org.br/financas/breakeven/>.

3 Em português, parar perdas, é um recurso corrente em investimentos financeiros que permite ao acionista determinar, junto aos seus corretores, qual é o limite máximo de perda que ele pretende assumir. Por extensão, o termo é usado para determinar até que ponto alguém insistirá em uma operação financeira diante de eventuais perdas econômicas geradas por ela. <https://blog.rico.com.vc/stop-loss#:~:text=Stop%20loss%20(parar%20 perda%20em,investir%20no%20mercado%20de%20a%C3%A7%C3%B5es.>.

dificuldades, dúvidas e desafios quanto aquelas que ele enfrenta no cargo de gerente de marketing.

Não há nenhum problema se ele, ao usar minha metodologia, chegar à conclusão de que o melhor é ficar onde está e tentar redescobrir novos significados e sentidos no seu trabalho. Ou permanecer no seu trabalho e, em paralelo, buscar entender se realmente ele nasceu para a gastronomia. Tomar a decisão de avaliar oportunidades e checar os próprios desejos com a realidade é um importantíssimo processo de decisão, mesmo quando os instrumentos que proponho para proporcionar uma reflexão detalhada eventualmente possam recomendar que o melhor é esperar que condições favoráveis, tanto internas quanto externas, amadureçam.

Não estou recomendando que, ao longo desse processo, Antônio fique quieto e esqueça seus anseios, mas, sim, que fique atento para oportunidades que possam abrir caminhos para experimentar algo novo, seja o restaurante ou não, em diferentes condições que surgirem e que possam fazer sentido. O fato de você não ter trilhado o caminho imaginado não significa que outras tantas trilhas, muitas vezes mais interessantes, não lhe surgirão pela frente.

Considero como um dos pontos fortes da minha metodologia a possibilidade que ela proporciona de acelerar o processo de decisão, na medida em que reduz dúvidas quanto às alternativas que se apresentam indicando quais entre elas devem ser eliminadas por não se alinharem com nossos valores. Outra possibilidade que ela traz é a de entender e de diminuir o peso dos argumentos emocionais no momento da decisão. Essas características trazem a possibilidade de decidirmos de forma bem posicionada com relação aos nossos valores e com absoluta consciência. Também apresenta oportunidade de decidirmos com grandes chances de acerto, monitorando o processo à medida que avança, mesmo quando estamos submetidos às pressões de tempo e de entrega de resultados. A maneira como a metodologia nos ajuda nessas situações de pressão e de necessidade de velocidade na decisão que precisa ser tomada será tratada no próximo capítulo.

9

Um método para aliviar pressões

No ano 2000, fui convidado para assumir o cargo de diretor financeiro em uma empresa de terceirização de processos multinacional. O convite partiu do CEO que havia acabado de assumir a operação no Brasil. Minha missão era a de "apagar um incêndio". O negócio brasileiro não ia bem. A empresa não conseguia gerar caixa e muito menos lucro e necessitava, de maneira crônica, de aportes de capital da sede nos Estados Unidos.

Os gestores norte-americanos haviam trocado o antigo CEO e exigiam que a operação brasileira passasse a andar com as "próprias pernas". Para isso, era necessária uma restruturação geral, que abrangia profundos ajustes dos custos diretos e indiretos da operação. Era necessário, portanto, uma ação imediata buscando a reversão da situação em curto espaço de tempo, e nos foi solicitado ao menos uma situação de equilíbrio de caixa. Estava claro que a porta do cofre havia sido fechada, não seriam transferidos novos recursos para o Brasil. Eles queriam resultados, e rápido.

Tudo isso tinha cheiro, gosto e cor de um ultimato, mas eu entendia que era um pedido absolutamente legítimo, pois já haviam investido suficientemente na operação. O negócio havia sido criado há algum tempo, mas quando foi adquirido pela empresa norte-americana, muitos clientes antigos descontinuaram seus contratos, o que impactou negativamente o faturamento. Esse fato, aliado a métricas de qualidade norte-americanas que tornavam os custos da operação mais altos, levava o Brasil a apresentar resultados sofríveis.

Logo no início, me coube a incômoda missão de fazer cortes de despesas e de pessoas, para tentarmos gerar algum lucro. Reestruturei a operação, fiz várias mudanças, demitimos pessoas, mas ainda não foi o suficiente. Após sessenta dias, voltaram a pressão e novos pedidos para mais cortes. Esse movimento se repetiria ainda algumas vezes.

DETECTANDO A ORIGEM DO PROBLEMA

Como ressaltei anteriormente, a matriz norte-americana tinha algumas métricas de qualidade e insistia para que as seguíssemos. Mas verifiquei que as métricas impostas pela gestão norte-americana não permitiam que a "conta da operação fechasse", pois os custos e as leis trabalhistas no Brasil inviabilizavam completamente o atendimento das métricas e, ao mesmo tempo, a criação de uma operação lucrativa, e não havia escala que superasse tal descompasso.

Não era possível, como era sugerido, trabalhar, por exemplo, com um supervisor para cada dez agentes e um gerente por operação. Após explicar esses efeitos aos EUA e aprovar mudanças na base das operações, passamos a ter um supervisor responsável por até trinta agentes e, com isso, cortamos o número de supervisores. O gerente, que deveria trabalhar com trinta agentes, assumiu a coordenação de aproximadamente duzentos agentes, o que também permitiu a adequação do time de gerentes.

Foi dessa maneira que custos de produção e despesas foram sendo reduzidos, e de modo sustentável, para a operação, gerando, finalmente, lucro. Mas você deve estar se perguntando: e a qualidade, como ficou a qualidade das operações nessa situação? Foi aí que entrou a inovação. Aprimoramos os sistemas de controle do *back office* da operação, do chamado *Command Center*. Colocamos experts nessa área, que dariam apoio aos gerentes e aos supervisores, o que significava a total obediência aos contratos que havíamos assinado com nossos clientes com relação, por exemplo, ao tempo médio de atendimento, uso de atendimento eletrônico, dentre outros quesitos.

Paralelo a isso, fomos desenvolvendo softwares e criando processos que apoiavam agentes, supervisores e gerentes no acompanhamento dos atendimentos. Nossos clientes não sentiram qualquer diferença por parte dos usuários dos serviços cujos processos nos foram terceirizados, e quando havia alguma reclamação por parte do cliente, percebíamos que as métricas previstas em contratos eram irreais para que se prestasse um bom atendimento, o que nos motivava a discutir com o cliente novas bases de atendimento, alterá-las contratualmente, ajustar os preços e "organizar a casa". Enfim, foi sensacional termos de enfrentar problemas estruturais e agir para nos tornarmos mais eficientes. Isso nos deu a possibilidade de também nos tornarmos mais competitivos e ganhar escala, fator de fundamental importância nesse tipo de operação.

O CFO, o diretor financeiro da multinacional, veio até o Brasil e me disse: "Uranio, precisamos de mais." O "mais" significava aprofundar os cortes. Era um grande estresse, uma forte pressão, mas era preciso reduzir ainda mais os gastos. Já estávamos cortando até o osso. Foram feitas demissões em todos os quadros da empresa. "Eu quero um lucro antes do imposto de renda de, no mínimo, 15%", continuava o CFO. "Quero cortar a gordura da empresa." Eu não via onde estava algum excesso de despesas que pudesse ser cortado, mas solicitava-se mais economia de gastos.

Um belo dia, esse CFO me pediu a lista de funcionários com seus salários correspondentes. Ele a leu e, dentre inúmeros cortes que sugeriu, apontou para o nome da nossa *controller* — a profissional que tinha como função o controle e o planejamento financeiro da empresa. Como eu poderia cortá-la? Na situação que estávamos vivendo, ela era uma peça-chave nos ajustes, nas análises e nas modelagens.

"Não, você não vai cortá-la de forma alguma", eu reagi. "Mas olhe aqui, ela custa um bom dinheiro por mês para a empresa", ele disse, e concluiu: "Tudo bem, se você não quer desligá-la, consiga então essa redução equivalente de algum outro lugar."

UMA LINHA TÊNUE ENTRE RAZÃO E EMOÇÃO

Fiz uma defesa racional pela permanência da *controller* que, eventualmente, chamou à emoção o meu interlocutor. Eu não insistia para que ela ficasse por qualquer motivo pessoal, mas, sim, pelo fato de que essa colaboradora era capaz de uma carga de trabalho enorme, era muito competente e trazia bastante valor para a empresa. Caso ela fosse desligada, talvez toda a recuperação da operação passasse a ficar sob risco, pois ela também exercia uma função de monitoramento financeiro das operações, de fundamental importância para os movimentos que vínhamos fazendo.

Esses argumentos, ainda que absolutamente racionais do meu ponto de vista, talvez tenham despertado algum tipo de medo ao CFO, que também precisava apresentar resultados sem colocar a operação em risco. Ele me ouviu, e chegamos a um bom termo. Consegui atender ao que era pedido: cortei alguns contratos com terceirizados e internalizamos algumas obrigações que foram incorporadas às funções de alguns colaboradores. O emprego da *controller* estava salvo, assim como a confiança que estabelecemos com relação a todo trabalho executado de redução de custos e despesas para colocar a empresa dentro da expectativa de resultados que a matriz exigia. Mesmo tendo atingido o resultado esperado, não se pode negar que houve alguma emoção presente na maneira com que lidei com a questão. Acredito, no entanto, que a dose com que ela surgiu não comprometeu os princípios que norteiam o modelo de decisão que, por várias vezes pude confirmar, é eficiente quando estamos diante de situações de pressão.

Isso acontece porque esse modelo nos orienta a buscar argumentos racionais quando refletimos sobre alguma escolha a ser feita. Na situação descrita, ainda que muitas emoções estivessem no ar, pela pressão que estávamos vivendo, houve racionalidade nos argumentos usados, o que nos fez, tanto o CFO da matriz (que obviamente também estava pressionado pela missão que recebera) como a mim, buscar outras saídas para o negócio. O modelo, portanto, como dito anteriormente, busca o melhor posicionamento da decisão entre o lado emocional e o racional, além de orientar as pessoas a pensar mais, com mais assertividade, antes de tomar decisões difíceis. Aplicar esse modelo nos ajuda a ordenar as informações disponíveis e, a partir daí, tomar a decisão mais racional possível.

Portanto, vale o reforço, de que o modelo sempre nos alerta que emoções estão presentes, mas seu grande trunfo está em nos ajudar a posicionar bem nossas escolhas e decisões, assim como tomá-las de forma consciente devido às perguntas que ele nos impõe.

Até hoje, nas horas difíceis, como forma de acalmar situações de pressão e buscar a reflexão, digo aos meus colaboradores: CALMA! RESPIRA! Muitas vezes, puxo o ar com força para induzi-los a fazer o mesmo. Quem me conhece e está lendo estas linhas sabe que falo assim e deve estar rindo agora.

Como já alertei várias vezes neste livro, a metodologia que proponho é adequada para decisões difíceis, que são aquelas deliberações para as quais pode haver uma multiplicidade de escolhas e as consequências são incertas e estão no longo prazo.

Costumamos considerar que tomar decisões difíceis pressionados pelo tempo é algo que deixa pouco espaço para considerações racionais. Se estamos com pressa, é muito mais provável, acreditamos, que nossa reação sempre seja emocional, tomada no calor da hora e inspirada pelos nossos instintos mais básicos. Será? Pois digo que isso não é verdade e não nos deve servir de "muleta" para decisões irracionais.

Um exemplo corriqueiro mostra isso. Jogadores de tênis, por exemplo, devem tomar decisões em uma fração de segundo. O propósito de um jogo de tênis é você usar uma raquete para lançar a bola no campo do adversário em uma posição e velocidade em que o jogador rival não consiga rebatê-la de volta para o seu campo. Se você, no entanto, lança a bola com raiva, é provável que a jogue para fora da quadra, perdendo o ponto, ou diretamente sobre o adversário, facilitando a sua devolução. Caso você fique intimidado pela fama do outro jogador ou pelos gritos dos que assistem ao jogo, talvez lance bolas fáceis para o outro lado da quadra ou com uma trajetória curta que acertará a rede, dando pontos para o adversário.

Enfim, se você deixar suas emoções prevalecerem, perderá a concentração e não conseguirá atuar de maneira racional. Suas jogadas perderão a precisão, e você perderá a partida. Aliás, a história mostra que jogadores de tênis e emoção não andam juntos. Os que chegam ao top 100 da ATP,[1] em geral, são verdadeiros "blocos de gelo humano". Sabem manter a calma e sempre são muito focados naquilo que precisam fazer.

MAS PRECISAMOS SER UM "BLOCO DE GELO HUMANO" PARA DECIDIR BEM?

Voltando para a experiência pela qual passei na *empresa de terceirização de processos*, na qual a pressão parecia semelhante à de ver o campeão espanhol Rafael Nadal[2] no último game do set decisivo[3] preparando-se para sacar contra você. Mas no final do jogo, as decisões que tomamos geraram o lucro desejado pela matriz norte-americana. O negócio prosperaria de maneira inquestionável. Eu não sou um "bloco de gelo", e quando fui convidado para me juntar à organização, éramos 200 colaboradores. Ao deixar a empresa, 6 anos depois, o número de colaboradores havia crescido 10 vezes, chegando a mais de 2 mil funcionários. Havíamos vencido a partida!

Todas aquelas demissões, que lamentavelmente fomos obrigados a fazer em um primeiro momento, foram decisões enormemente difíceis, mas colocaram a empresa no caminho do crescimento, salvaram muitos outros empregos e beneficiaram a um grande número de pessoas. O processo trouxe sofrimento? Sim, não há dúvida. É fácil? Não, é muito difícil e doloroso. Mas a recuperação do negócio gerou benefícios diretos e indiretos para um número muito maior de pessoas, garantindo que o papel social do empreendimento fosse alcançado.

---

1   Associação dos Tenistas Profissionais, entidade criada em 1972 e que promove os principais campeonatos de tênis do mundo. <https://www.atptour.com/en/corporate/about>.

2   <https://www.atptour.com/en/players/rafael-nadal/n409/overview>.

3   <https://www.itftennis.com/media/2512/2020-rules-of-tennis-spanish.pdf>.

ORGANIZAÇÕES SÃO BENÉFICAS

Há pessoas que têm dificuldade em concordar com o que acabo de escrever. Ainda é forte a opinião entre nós de que as empresas se movimentam com o desejo exclusivo de trazer dinheiro para um pequeno grupo de acionistas e que oprimem seus colaboradores, indiferentes às aspirações das pessoas que as rodeiam. Considero esse raciocínio um equívoco, que não resiste nem mesmo a uma análise superficial da realidade. Caso uma organização não produza benefícios para outros *stakeholders*, ela jamais prosperará.

Quem compraria produtos ou serviços que não oferecessem qualquer valor em troca do dinheiro pago? Por que alguém adquiriria algo inútil? Naquele contexto em que atuei, a essência de meu trabalho era recolocar aquele *callcenter* em um caminho em que ele fosse capaz de exercer seu papel social em sua plenitude, produzindo coisas úteis para os clientes, os colaboradores, os parceiros e a sociedade.

O propósito de qualquer decisão, quando é tomada sob uma base forte, sempre será o de beneficiar o maior número de pessoas, ao contrário do que acontece na base fraca, na qual o propósito é beneficiar o "EU", ou seja, interesses individuais ou de pequenos grupos. De novo, nossa ação no *callcenter* tinha por objetivo recuperar o negócio, que se mostrava insustentável, para que ele voltasse a produzir riquezas para todos os que estivessem nele envolvidos e à comunidade — enfim, os *stakeholders*.

A metodologia propõe, ainda, que examinemos a dinâmica das ações que serão desenvolvidas no processo de decisão. Caso nos sintamos confortáveis com as etapas da decisão, desde sua origem até suas consequências, isso é sintoma de que elas serão tomadas levando em conta os valores que prezamos. A origem era uma empresa que caminhava para o encerramento de suas atividades no Brasil, por ser incapaz de gerar lucro. Porém, tinha potencialidades que poderiam se transformar em benefícios reais, mesmo que em um primeiro momento isso exigisse a tomada de decisões duras e desagradáveis, como aconteceu. A consequência, como já me referi, foi conseguir com que a organização crescesse dez vezes, multiplicando os ganhos para todos os *stakeholders*.

UM MÉTODO PARA ALIVIAR PRESSÕES

175

No período de seis anos em que trabalhei nessa organização, os fatos não se sucederam de uma maneira linear, caminhando sempre em direção ao crescimento dos negócios e ao sucesso. Nenhuma surpresa nisso, pois os eventos de nossa vida, tanto pessoais quanto profissionais, não acontecem de uma maneira retilínea, seguindo o roteiro de nossos desejos. Nunca devemos nos esquecer de que não temos controle sobre quase nada, e devemos praticar a humildade de reconhecer essa limitação em nossa vida.

Aliás, você sabe por que coloco o "quase" no que diz respeito ao controle da vida? Porque temos uma única oportunidade de ter algum real controle sobre nossa vida: no átimo de segundo em que ativamos nosso livre-arbítrio, escolhemos um caminho e tomamos uma atitude, uma decisão. Depois, voltamos à mercê do incerto, do fortuito, do imponderável, do acidental e, a partir daí, cabe a nós monitorar a navegação e corrigir o leme de acordo com que a vida vai nos trazendo para ser vivido.

Já pensou nisso? Então pense! Vale a atenção, portanto, sobre o quanto esse milissegundo pode ser importante em nossa vida. É nele que impediremos que os outros decidam por nós ou que nós mesmos tomemos uma resolução sem a reflexão adequada, desperdiçando a oportunidade de nos conhecermos melhor. Pense também que é nesse tempo, mais curto do que um piscar de olhos, que poderemos nos posicionar de maneira alinhada com nossa essência e nos sentir confortáveis com suas consequências. Pense como a decisão deve ou deveria obedecer a um processo, um método, a uma metodologia. Sustentando uma visão semelhante a essa, os autores norte-americanos Noel M. Tichy e Warren G. Bennis, em seu livro *Decisão! Como líderes vencedores fazem escolhas certeiras*,[4] comparam o processo de decisão ao roteiro de um drama teatral.

"Grande parte da literatura acadêmica e dos conceitos populares sobre tomada de decisão culminam em um único momento, que é quando o líder toma a decisão. (...) A análise desse processo [de decisão] *ou tem sido inexistente, deixando os líderes escolher um curso de ação inconsciente, ou tem se mostrado irrealmente linear. Segundo a nossa experiência, o processo decisório se assemelha de fato mais a uma peça teatral com tramas, personagens e reviravoltas*

---

4   Noel M. Tichy e Warren G. Bennis. *Decisão! Como líderes vencedores fazem escolhas certeiras*. Bookman, 2009.

às vezes inesperadas. O sucesso de um líder depende de quão bem ele administra todo o processo, e não apenas daquele único momento no qual realiza a tomada de decisão."[5]

Como escreveram Tichy e Bennis, é ao longo do processo da tomada de decisão que teremos de nos assegurar de que permaneceremos conectados à nossa essência, aos nossos valores e aos nossos propósitos. Isso é especialmente verdade por sabermos que decisões difíceis produzem consequências no longo prazo. Mas não temos controle total sobre quais serão as consequências das escolhas que fazemos, portanto, sempre será necessário monitorar de perto o impacto do que foi decidido, fazendo os ajustes necessários, caso isso seja imperativo. Só no longo prazo teremos certeza sobre se nossas deliberações foram ou não satisfatórias.

O resultado de nossas decisões parece ser ainda mais imprevisível quando escolhemos o que fazer sob a pressão do tempo, em uma emergência, não é mesmo? Afinal, podemos pensar, não teremos muito tempo para grandes elucubrações e reflexões demoradas. Eu não estou de acordo com essa visão também. Não há como discordar que é melhor termos mais tempo para decidir do que sermos empurrados pela urgência dos prazos curtos demais.

Defendo, no entanto, que poderemos sempre agir de maneira coerente com nossos valores e fazer escolhas que beneficiem a mais pessoas a partir do momento em que nos familiarizarmos com os passos propostos pela metodologia

---

[5] Idem, p. 299.

de decisões. Isso é possível e acontecerá da mesma maneira que somos capazes de adquirir hábitos saudáveis, como passar a ter uma alimentação mais equilibrada ou praticar exercícios físicos com regularidade para nos sentirmos melhor.

DECISÕES MATUTINAS

No início da pandemia provocada pelo coronavírus, em março de 2020, comprovei que é possível tomar decisões difíceis em um curto espaço de tempo. Em apenas uma manhã, decidimos, eu e o CEO da empresa para qual trabalho, importantes medidas para adequar a produção da empresa às restrições sanitárias e à contração do mercado que se seguiu à chegada da doença ao Brasil. Tive o privilégio de poder apresentar minha metodologia ao CEO há alguns anos, e a partir de então, ela passou a fazer parte de nossas deliberações quando havia decisões a serem tomadas.

Na manhã de trabalho à qual me referi, decidimos que deveria ser feito um corte nas despesas com pessoal. Essa atitude, que talvez em outras organizações tenha sido tomada inspirada pelo medo e pelaa insegurança, foi feita por nós após a análise de argumentos racionais e lógicos. Com isso, o corte feito no time de colaboradores foi relativamente pequeno, algo como 7% do total da equipe.

Conseguimos esse baixo impacto sobre o número de empregados desligados por termos decidido reduzir a remuneração de cada diretor da empresa e de alguns gestores com maiores salários, o que depois seria compensado, além de suspender o pagamento de dividendo dos acionistas. O que se buscou com isso foi preservar os talentos da organização, sua inteligência, pois quando a crise fosse superada ou amenizada, estaríamos prontos para retomar nossa produção com a mesma qualidade com que sempre entregamos nossos produtos e serviços. Não diminuímos em nada a intensidade dos projetos de inovação, pelo contrário, aproveitamos o momento para dar mais foco aos novos projetos.

Nenhum funcionário, com exceção dos diretores e gestores citados, sofreu a redução de um centavo sequer em seu salário. A mensagem que queríamos passar para o time era a de que tínhamos todo o interesse em preservar os valores e a maneira de operar a empresa. O recado era: da mesma maneira que havíamos renunciado a uma parte de nossos rendimentos, queríamos poder contar com o esforço deles para superarmos aquele momento crítico que atravessaríamos.

Naquelas semanas, estávamos sob uma pressão aguda. Uma situação absolutamente fora do normal, que é chamada no jargão econômico/financeiro de cisne negro,[6] pedia medidas emergenciais urgentes. Mas mesmo diante de toda a pressão que o fato colocava sobre nossas costas, tomamos decisões que trariam benefícios ao maior número possível de pessoas naquela situação. No lugar de pensarmos apenas em nossos interesses, focamos o que seria benéfico para o maior número de protagonistas possível.

Ainda naquele curto espaço de uma manhã, examinamos nossos valores e decidimos preservá-los, tanto ao garantir o retorno possível para os acionistas, a inteligência inovadora, quanto tornando a organização preparada para a retomada futura das atividades, o que garantiria o sustento e os ganhos para inúmeros *stakeholders*, entre eles nossos colaboradores e suas famílias. Tiramos um pouco de cada um para beneficiar mais pessoas. Pedimos esforço de todos para o benefício de todos. Enfim, olhamos para valores, e não para interesses particulares ou coisas externas à organização.

Foi, portanto, a familiaridade com essa forma de decidir, que leva em conta prioritariamente o seu "SER", e no caso de uma organização, estamos falando de seu propósito, de seus valores, e não apenas do desejo de "TER", e de eventualmente aproveitar uma situação e fazer crescer os lucros da empresa. Como sabemos, isso aconteceu inúmeras vezes ao longo da pandemia de Covid-19 de 2020. O que nos possibilitou tomar deliberações críticas preservando nossa ética e nosso entendimento do que é justo foi nosso olhar focado aos valores corporativos. No entanto, mesmo agindo de maneira ética, poderemos falhar e não alcançar os resultados almejados. Mesmo errando, dificilmente prejudicaremos pessoas ou causaremos mal aos demais com a mesma gravidade que aconteceria caso permitíssemos que interesses imediatos se sobrepusessem aos nossos valores.

---

6 Cisne Negro é um evento que está fora das expectativas comuns, já que nada no passado pode apontar para sua possibilidade, e que é capaz de exercer um impacto tremendo sobre a sociedade humana. Nassim Nicholas Taleb. *A lógica do Cisne Negro — O impacto do altamente improvável — Gerenciando o desconhecido*. Best Business, 2019, p. 16.

Mas tudo isso poderia se dar de uma maneira muito pior caso enfrentásse-mos esses desafios tomados pelo pânico. Não precisamos ter diante de nós um Cisne Negro para nos amedrontar e nos fazer deixar o racional de lado e reagir de maneira emocional. Mesmo situações que poderiam ser consideradas corri-queiras no dia a dia corporativo podem nos induzir a fazer más escolhas, desco-ladas do que acreditamos e que não tenham como objetivo promover relações do tipo ganha-ganha.

Caso nos vejamos diante desse risco, nos tranquilizarmos é o melhor cami-nho para escapar dessa armadilha. Respirar fundo, tomar tempo, fazer uma lei-tura do ambiente, olhar para a realidade, tentar identificar e expurgar a influência das subjetividades. A pressão nos induz a cair na canaleta da emoção. Incertezas geram angústia, seguida do medo, e a ansiedade se instala em função do des-conhecido e da constatação de que pouco sabemos do que nos é reservado no futuro e de que não conseguimos controlar nada. O medo aciona o instinto de preservação, que é do animal, e aí está o problema instalado. As emoções gera-das pelo medo, que na maioria das vezes não é reconhecido pelo homem, indu-zem a decisões que passam a se basear entre o prazer ou dor (recompensa ou castigo) e medo ou desejo — ou seja, criam o homem manipulável, entregue à consciência animal, a emoções.

Precisamos sair desse círculo vicioso, acalmando nossa mente e aliviando, assim, a pressão. Nesse momento, novamente o modelo se torna eficaz ao nos encorajar a isolar as emoções e a orientar nosso pensamento para o real e para o uso da razão. Ao fazermos tal reflexão, nossa mente se acalma e consegue distinguir o verdadeiro do falso, do manipulado, diferenciar o que é externo do que é, de fato, nosso. Seremos capazes, assim, de nos afastar do efeito manada ou rebanho e separar o que é a nossa real essência daquilo que está fora e per-tence aos outros.

PAPEL DIVIDIDO

Muitas vezes, seguimos a manada empurra-dos por medos e sensações de insegurança. Acredito que podemos fazer um pequeno exercício que nos ajudará a identifi-car a qualidade de nossos pensamentos e, assim, agir de maneira racional. A receita é simples: pegamos um papel e traçamos uma linha dividindo-o ao meio, tendo, dessa maneira, dois campos distintos. No lado esquerdo, estará o campo da razão, e no direito, o campo da emoção.

Comece refletindo sobre os pensamentos que o vêm angustiando ou provocando desconforto. É bem provável que quase todos eles estejam baseados em emoções, e não em argumentos lógicos. Caso eles se revelem, de fato, emocionais, liste-os no lado direito da folha. Em seguida, para cada um desses itens, escreva um argumento racional correspondente, que irá se contrapor àquele mal-estar provocado pela reação emocional. Um mal-estar que quase sempre se expressa como medo, dúvida ou raiva.

Esse papel dividido em dois campos pode ser entendido como o próprio modelo de decisão, no qual separar razão (lado esquerdo do papel) e emoção (lado direito do papel) é uma de suas propostas fundamentais. Um exemplo simples de como essa reflexão poderá colocar as coisas em seus devidos lugares pode ser o de você se imaginar como o proprietário de uma empresa de móveis planejados. Sua empresa

passou a enfrentar grandes dificuldades com as regras de distanciamento social imposta pelo enfrentamento ao coronavírus. Por estarem em isolamento, sem poder receber pessoas em casa, os clientes suspenderam as encomendas. Você entra em pânico e decide que fechará a empresa, venderá as máquinas, demitirá as pessoas e, se mesmo assim as dificuldades persistirem, se mudará com a família para a casa da sogra.

Todos que ouvirem sua história concordarão que você está mesmo em dificuldades, que a situação é grave. Até falarão de outras pessoas que, por muito menos, faliram, perderam suas empresas, devolveram o apartamento financiado. Mas antes de fazer qualquer gesto por impulso, você pode colocar no papel todas suas aflições, olhar para elas e se fazer perguntas. Por que estou em pânico? Estou de fato correndo risco de vida? Morrerei porque as vendas foram zeradas? Minha família vai para debaixo da ponte? Passaremos fome? Terei mesmo que aguentar minha sogra o dia inteiro? Desculpem-me, nada pessoal contra sogras.

A possibilidade de a resposta para todas essas perguntas ser um "não" é enorme. Essa é exatamente a maneira de questionar o pânico: reconhecer como você está se deixando levar pela opinião dos outros, sem qualquer análise crítica. Exorcizando todos esses fantasmas, você será capaz de vislumbrar possibilidades alternativas. Por exemplo, em sua empresa há máquinas capazes de cortar, refilar, soldar. Não haveria, portanto, uma oportunidade em construir móveis para os hospitais, inclusive de campanha, que estavam sendo aparelhados para receber um maior número de pacientes? A empresa tem uma impressora 3D? Talvez seja possível fabricar viseiras de acrílico para os equipamentos de proteção dos profissionais médicos ou caixas para transporte de alimentos. Todas essas iniciativas, e várias outras possíveis, estariam em harmonia com seus valores, já que o objetivo final seria beneficiar várias pessoas ao produzir bens úteis. Mais do que isso, uma situação como essa pode estar abrindo o caminho para acelerar inovações adormecidas ou nunca refletidas.

Do contrário, podemos escolher a quem culpar. Quantas vezes não me deparei com pessoas transferindo responsabilidade para o mercado, para o cliente, para o externo? Isso é justo? Claro que não! Cabe a nós, como já disse, ter a habilidade e humildade de ouvir, ser fiéis aos nossos valores e servir.

POSTERGAR PARALISA

Vizinho de porta do pânico, o hábito de postergar também tem o potencial de provocar paralisia nos momentos difíceis. O modelo de decisão é igualmente eficiente para tirar da nossa frente a procrastinação, a letargia. Aplicar essa metodologia para escolhas e decisões confere segurança e conforto para quem a utiliza, aliviando a angústia da dúvida e, consequentemente, encurtando o tempo de decisão. Também opera em favor de mostrar que alguma atitude deve ser tomada.

Tive a oportunidade de vivenciar empresas com seus conselhos de administração composto por cinco a doze (já me parece muito) pessoas, em estado letárgico, diante de alternativas, tomando tempo desnecessário em função de vaidades entre sócios ou membros do conselho, incertezas ou mudanças de mercado, insistindo em não deliberar ou tomando corta-caminhos, situações que podem levar a empresa a um estado em que será impossível trazer qualquer benefício aos *stakeholders*, bem como a danos incomensuráveis. Pior, muitos não percebem ou fingem não perceber o dano potencial que estão causando mantendo esse estado das coisas em uma zona de falso conforto insustentável no longo prazo. Uma coisa é dedicar tempo para refletir, outra é procrastinar para "enganar" os medos de decidir, esperando que alguém tome decisões por você. Não decidir é, em si mesmo, uma decisão. Agir assim é renunciar à sua autonomia e independência, tornando-o um joguete na mão dos outros. Não há melhor remédio contra a insegurança e o medo do que ter a coragem de decidir, ainda que seja por não fazer, mas jamais devemos deixar algo "no ar", insisto, jamais.

Há quem tente justificar o questionável hábito de empurrar com a barriga o momento de decidir como uma resposta "natural" à necessidade de desempenhar tarefas chatas e tediosas. Respondo a isso afirmando que procrastinar é negativo em qualquer situação. Há, sem dúvida, tarefas que nos parecem mais interessantes, estimulantes e inspiradoras do que outras que consideramos aborrecidas, queremos evitá-las ou, pior, transferi-las para outras pessoas.

UM MÉTODO PARA ALIVIAR PRESSÕES

Sejamos disciplinados e façamos o que deve ser feito. Tenhamos a virtude de fazer o que nos pertence.

O desafio, que acredito que vale a pena ser enfrentado, é o de tornarmos o que fazemos como profissão algo significativo e útil para as pessoas. Se interiorizarmos essa convicção em nossa mente, mesmo aqueles trabalhos que podem parecer áridos e desagradáveis adquirirão outro sentido. Passaremos a vê-los como parte integrante e necessária de algo maior, que contemple nossos valores e os tornem vivos e cada vez mais fortes.

Tendo certeza do que é valioso para nós, estaremos muito mais aptos a saber, em meio ao grande número de estímulos e informações que estão hoje disponíveis, como usar a razão de maneira disciplinada para fazermos boas escolhas, que é o assunto de nosso próximo capítulo.

10

Informações e alternativas em excesso podem ser perigosas

*E*m 2003, em uma manhã de inverno em Nova York, o médico Sandeep Jauhar havia acabado de chegar ao hospital no qual trabalhava, quando foi procurado por um residente preocupado com o comportamento de um paciente. Era um homem já idoso que havia dado entrada no hospital na noite anterior queixando-se de dores no peito.

Os exames mostravam que o paciente havia sofrido um leve ataque cardíaco e que ele havia sido submetido recentemente a uma angioplastia[1]. Além disso, estava prevista uma nova intervenção cirúrgica, os registros mostravam. Quando disseram àquele idoso que uma nova angioplastia estava indicada, ele se assustou. "Nunca me disseram que seria preciso outra cirurgia", ele explicou, irritado. E para a surpresa dos funcionários, disse que iria embora do hospital.

Jauhar, que contou essa história em um artigo para o jornal *The New York Times*[2], foi até o paciente, apresentou-se e explicou o estado de saúde em que este se encontrava, confirmando que, de fato, outra angioplastia seria necessária. O idoso escutou desconfiado. Queixou-se mais uma vez de que ninguém o

---

1 Angioplastia é uma intervenção cirúrgica que envolve a dilatação mecânica de qualquer vaso sanguíneo estreitado ou obstruído por meio de um cateter balão e, caso seja necessário, um *stent* metálico. Cateteres balões são pequenos balões vazios, que, introduzidos em um vaso sanguíneo, são inflados para expandir a área estreitada. *Stent* é um tubo de malha metálica que age como suporte mecânico para manter o vaso aberto e permitir a circulação sanguínea adequada. >http://www.sobrice.org.br/paciente/procedimentos/angioplastia-e--colocacao-de-stent>.

2 <https://www.nytimes.com/2003/03/04/health/cases-the-right-to-make-a-bad-decision.html>.

INFORMAÇÕES E ALTERNATIVAS EM EXCESSO (...)

havia alertado sobre isso e, apesar dos argumentos do médico, reafirmou que iria embora.

Sandeep Jauhar viria a se transformar em um reconhecido autor de *bestsellers*, um deles publicado no Brasil[3], mas por ser um médico ainda com pouca experiência à época, sentiu-se confuso diante das várias possibilidades de ação que surgiam diante dele naquele momento. Permitir que o idoso fosse embora lhe parecia algo impensável. O que fazer? Ele deveria continuar a argumentar com o irritado paciente? Impedir, à força, que ele fosse embora? Pedir a ajuda de alguém mais experiente? Ou simplesmente deixar o paciente se levantar e partir, já que ele, mesmo parecendo prestes a tomar uma decisão insensata e extremamente perigosa, era o senhor do próprio destino?

Sua escolha foi a da tentativa de convencimento: "Se você for embora, poderá ter um grave ataque cardíaco", Jauhar alertou. O paciente respondeu que correria o risco. O médico fora informado de que o idoso vivia em um abrigo para moradores de rua, mesmo assim tentou pressionar: "Mas para onde você vai?" O paciente se irritou. "Não é da conta de ninguém", respondeu.

Jauhar ainda insistiu por algum tempo, mas nada fazia o teimoso doente mudar de ideia. Decidiu, então, endurecer o jogo e lançou mão de uma segunda opção que tinha diante de si: "Não vou permitir que você deixe o hospital", disse. O paciente ficou furioso. Exigiu que um enfermeiro viesse imediatamente e removesse o acesso intravenoso do seu braço, para que ele pudesse ir embora.

Aquele doente não apresentava nenhum quadro visível de psicose ou confusão mental. Ele conversava com calma e de maneira racional. Sandeep Jauhar se sentia dividido, não queria obrigar o paciente a ficar, contra a vontade dele, no hospital, mas também não conseguia se sentir à vontade em deixá-lo partir. A possibilidade de que pouco tempo depois ele morresse de um enfarte era muito grande, ele pensava consigo mesmo.

"Nesse momento", contou o médico, "fiz o que a maioria dos meus colegas fazem quando se sentem inseguros: chamei um psiquiatra". Bem entendido, o psiquiatra foi convocado para examinar o paciente, e não o médico. Ao final da entrevista com o idoso, o psiquiatra garantiu que, embora não houvesse dúvida de que o idoso estivesse tomando uma má decisão, ele estava em pleno domínio

---

3   Sandeep Jauhar. *Coração: uma história*. Rio de Janeiro: Alta Life, 2019.

de suas faculdades mentais, nem deprimido e nem psicótico. Em resumo, não havia muito mais o que fazer além de aceitar a última das escolhas possíveis para o médico: permitir que o paciente fosse embora sem fazer o tratamento. Foi isso o que acabou acontecendo.

O relato desse caso real, escrito por Sadeep Jauhar há quase vinte anos, terminou de maneira feliz. Alguns dias mais tarde, ele reencontrou aquele idoso em uma das enfermarias do hospital. Eles se cumprimentaram, e o paciente explicou, para um surpreso Jauhar: depois de retornar para o seu abrigo, ele havia refletido melhor sobre toda a situação e decidiu voltar ao hospital mais tarde naquele mesmo dia.

Penso que, pela sua competência e autoridade no assunto e por querer o bem ao seu paciente, Jauhar teve o poder de influenciar o paciente de algum modo que lhe foi benéfica. Peço que guarde esse meu comentário para o final do capítulo.

DECISÃO EMBARALHADA

Estar diante de diversas possíveis escolhas que eventualmente podem embaralhar a tomada de decisão, como aconteceu com o médico Sandeep Jauhar — ele tinha ao menos cinco alternativas possíveis para escolher diante de seu paciente — é algo que ocorre com frequência no mundo profissional. Da mesma forma, ter acesso a (ou ser atropelado por) um número exagerado de informações também pode dificultar nosso processo de tomada de decisões.

Grande parte da confusão que uma carga exagerada de informações e de opções de escolha pode provocar resulta em reagirmos de uma maneira emocional. Exatamente por essa razão, a metodologia que proponho nos orienta a sempre lançar mão da razão. Ela nos ajuda a refletir de maneira mais concentrada e a posicionar a decisão com os olhos direcionados para nossos valores pessoais, os corporativos e os princípios morais da sociedade em que vivemos e atuamos.

Algumas vezes, as soluções mais alinhadas com nossas crenças e princípios não surgirão facilmente. Nesse exemplo vivido pelo médico Sandeep Jauhar, permitir que o paciente deixasse o hospital sem se submeter ao tratamento recomendado, que

INFORMAÇÕES E ALTERNATIVAS EM EXCESSO (...)

diminuiria a possibilidade de uma morte súbita, parecia ir na direção contrária à de um valor caro para Jauhar, que é o de salvar vidas.

No entanto, aquele doente era dono também de valores próprios, que naquele momento lhe indicavam que deixar o hospital era a melhor atitude a tomar, e também não estava colocando em risco a vida de ninguém, a não ser a própria, por mais insano que optar por algo que possa colocar em risco a própria vida possa parecer ao bom senso. Sandeep Jauhar, caso obrigasse o paciente a permanecer internado e eventualmente se submeter a uma cirurgia, estaria desrespeitando o desejo expresso daquela pessoa, cujo exame psiquiátrico mostrara ser alguém capaz de fazer escolhas e entender a situação que estava vivendo.

No final, o médico se rendeu à racionalidade da situação e concordou com a decisão de seu paciente. Obrigar o idoso a permanecer no hospital era uma decisão emocional. Deixá-lo partir era acatar ao argumento lógico de que somos donos do nosso próprio nariz e responsáveis pelas decisões que tomamos. Talvez Jauhar pudesse até mesmo ser preso por tentar, em seu julgamento e ação, salvar a vida do paciente.

Mesmo quando estivermos diante de questões menos dramáticas, nas quais não há riscos de enfarte, opções e pressão em demasia poderão nos induzir a agir de maneira impensada e equivocada. Mas evitaremos isso se sujeitarmos as alternativas das quais dispomos aos nossos valores. A partir do autoconhecimento, saberemos, com boa dose de assertividade, quais são tais valores. Quando estivermos diante de várias opções, a melhor delas será sempre a que atender à nossa essência, ao nosso "SER", às nossas convicções e ao nosso propósito de vida, como mostra a metodologia, aliada ao exercício do beneficiar ao "NÓS", em vez de aos interesses autocentrados em nosso "EU".

TRÊS PERGUNTAS

É provável que, mesmo diante de muitas opções, apenas algumas delas, talvez somente uma, atenda à nossa essência e aos nossos propósitos. Para garantir ainda mais que nossas deliberações sejam feitas de maneira racional, devemos nos fazer sempre as três perguntas que proponho na metodologia, explicadas em profundidade no Capítulo 7. Recapitulando, elas nos auxiliam no momento da escolha por nos fazerem pensar sobre:

1. Qual é a nossa **essência**? "SER" alguém ou "TER" coisas?

2. Qual é o **propósito**? Favorecer a mim ("EU" — ego) ou a várias pessoas ("NÓS")?

3. Qual é a **dinâmica** da decisão? Responder a esta questão exigirá que analisemos o que está na origem das possíveis alternativas e da decisão que está para ser tomada e que levemos em conta as possíveis consequências e repercussões do caminho que cogitamos escolher.

ENTENDA A ORIGEM

Mas por que examinar a dinâmica de uma decisão pode nos ajudar a escolher melhor entre as várias opções que temos diante de nós? De novo, tudo diz respeito a nos fazermos perguntas. Qual é a origem dessa alternativa ou das alternativas que estão sobre a mesa? Podemos responder examinando como elas surgiram para nós. Quem me trouxe essa ideia ou essas alternativas? Como elas apareceram? Hummm, pensando bem, sua origem é meio obscura, não me pertence, o que me deixa desconfortável. Será que, mesmo assim, me sinto seguro em seguir por esse ou aquele caminho? Questões simples assim podem ser bastante esclarecedoras, e, se prestarmos atenção às respostas, elas podem nos livrar de problemas futuros.

Imaginemos, como exemplo, que você recebeu duas ofertas de emprego. Os benefícios oferecidos são bastante similares, e, a princípio, as duas organizações parecem ser bons lugares para desenvolver uma carreira. Você decide, então, pesquisar sobre os antecedentes dessas empresas. Uma delas tem um passado pouco claro. Não há muitas informações a respeito, os dados no site são vagos. Mas após pesquisar com um pouco mais de cuidado, você finalmente descobre que o proprietário já passou por muitos problemas. Há até mesmo algumas denúncias de conduta duvidosa. Os valores da organização, após entrevistas no processo de seleção e

INFORMAÇÕES E ALTERNATIVAS EM EXCESSO (...)

191

pesquisas, você conclui, não combinam com os seus. É bem provável que, mesmo com todos os alertas vermelhos, se você aceitar ser um colaborador ali, aquele novo emprego venha a ser uma experiência infeliz, ainda que, por exemplo, o salário seja mais alto que a alternativa.

Mas a questão sempre pode ser mais complexa, e os elementos que influenciam a escolha podem surgir de maneira mais sutil do que simplesmente se deparar com uma empresa de passado suspeito e uma outra com um histórico positivo.

Vamos avançar no raciocínio e imaginar, agora, que as duas empresas sejam igualmente idôneas e favoráveis para seu desenvolvimento profissional, ou seja, na análise da dinâmica de seu processo de decisão, na origem, as duas organizações são igualmente alinhadas aos seus valores, ambas as alternativas são capazes de deixar você confortável. O que fazer?

MIRE AS CONSEQUÊNCIAS

No campo da dinâmica, ainda há variáveis subjetivas que terão de ser levadas em conta. Em uma das empresas, você terá de viajar com certa frequência e, algumas vezes, ficar fora de casa por alguns dias. Na outra organização, isso acontecerá mais raramente. Seu trabalho será mais interno, com menor necessidade de deslocamentos.

Como seu autoconhecimento é bom e você o pratica de forma diligente, pode ser que entre seus valores esteja o prezar mais a família e passar mais tempo com sua companheira e seus filhos, e isso pesará na sua decisão final. Nesse momento, como ensina a metodologia, você avaliará a dinâmica de sua decisão, mirando as possíveis consequências. Talvez você estivesse mais inclinado a aceitar a oferta da primeira organização, em que você viajaria mais, mas como o efeito futuro dessa escolha poderia trazer repercussões negativas para sua vida pessoal, a segunda organização, que demandará menos viagens e permitirá uma maior presença em casa, deveria ser a escolhida diante de sua reflexão.

A dinâmica da decisão também é algo a ser ponderado no mundo dos negócios. Se, por exemplo, o que estivesse em pauta fosse a aquisição de um concorrente, também haveria valores a serem considerados. Suponha que o nível de conforto da empresa interessada na compra tenha uma métrica de liquidez financeira que, relativamente, se traduza em baixo endividamento e uma forte posição de caixa. Se as modelagens financeiras consolidadas, considerando a aquisição, mostram que o endividamento da empresa resultante cresceria demais, ou que seu caixa viria a ser ameaçado, por mais que o desejo de seus sócios de comprar o concorrente seja grande e legítimo, é preciso mirar as consequências que essa decisão de aquisição pode gerar.

Essa reflexão obrigaria os potenciais compradores a avaliar com cuidado a viabilidade dessa aquisição. Talvez procurar meios de viabilizá-la sem prejuízo dos indicadores de liquidez que fazem parte de seu DNA, de seus valores, dos quais ela não abre mão. Se não houver caminho que preserve esse valor, a decisão mais acertada é a de não fazer o negócio.

Em momentos em que estamos prestes a tomar decisões difíceis — da escolha de uma carreira ou trabalho, que pode impactar a qualidade da relação com nós mesmos, ou que poderia vir a afetar nosso casamento, à compra de uma empresa, que pode resultar em destruição de valor para os acionistas —, sempre surgirão outras opiniões que podem nos influenciar. Parentes, amigos, colegas de trabalho, membros do *board*, consultores... todos estarão dispostos a nos dar conselhos, sugestões e pareceres. Suas intenções poderão ser as melhores possíveis. Devemos ouvi-los com atenção, ponderando suas sugestões, análises e experiências, mas decidir de forma racional e convicta pela nossa consciência, sempre levando em conta nossos próprios valores, os de nossa organização e o que beneficiará ao maior número de pessoas.

Já comentei o quanto é relevante termos mentores e pessoas experts ou sábias próximos de nós com quem possamos dividir nossas dúvidas, trocar experiências, informações e conhecimento. Devemos pedir seus pareceres, mas sempre decidir por nós mesmos, usando nossos próprios valores, e não os dos outros. Só assim deliberaremos de uma maneira bem posicionada e consciente, segundo nossos princípios, e não os dos outros.

INFORMAÇÕES DEMAIS

Similar à pressão que múltiplas opções podem exercer sobre alguém que se vê na situação de

INFORMAÇÕES E ALTERNATIVAS EM EXCESSO (...)

tomar decisões, o excesso de informação também pode nos induzir à tomada de decisões de maneira emocional, com grande possibilidade de gerar maus resultados. Vivemos uma época em que há um número gigantesco de informações disponíveis. Algumas delas são francamente contraditórias entre si, outras deliberadamente falseadas, manipulativas, como as *fake news*, que distorcem fatos sem qualquer pudor para atender a interesses particulares.

Um estudo clássico na área de psicologia linguística, publicado em 1956 pelo psicólogo cognitivo George A. Miller,[4] do Departamento de Psicologia da Harvard University, garantiu que o ser humano tinha um limite médio de capacidade em sua memória de curto prazo restrito a sete diferentes assuntos. O estudo, até hoje um dos mais citados na área de linguística, baseou-se em pesquisas com voluntários aos quais foram apresentados diferentes elementos, como letras, palavras e imagens.

Em algumas situações, arrisco dizer, somos bombardeados com muito mais do que sete informações sobre um mesmo tema em menos de cinco minutos de navegação pela internet.

Não é exagero dizer que, atualmente, qualquer pessoa com um smartphone nas mãos pode se tornar uma fonte geradora de informações, mesmo que faça isso sem ter qualquer ideia do que está falando e, portanto, divulgue disparates. Como separar o joio do trigo nesse gigantesco campo repleto de informações duvidosas? Como identificar o que é boato e, assim, evitar ser engolidos pela reação emocional e pelo efeito manada?

É mais comum do que imaginamos cairmos na armadilha de acompanhar o movimento emocional dos outros quando estão apavorados por alguma razão. Eis o chamado efeito manada. Quando surgem informações de que a Bolsa de Valores terá uma queda recorde, ou que os impostos serão submetidos a um aumento exponencial, ou, ainda, os postos de gasolina de todo o país fecharão em virtude de alguma greve, costumamos entrar no modo pânico e agir de maneira emocional, seguindo, sem refletir, o que a maioria das pessoas faz.

---

4   George A. Miller. The Magical Number Seven, Plus or Minus Two: Some Limits on Our Capacity for Processing Information. *Psychological Review*, 1956. <http://www2.psych. utoronto.ca/users/peterson/psy430s2001/Miller%20GA%20Magical%20Seven%20 Psych%20Review%201955.pdf>.

O primeiro passo para evitar esse comportamento é tentar nos tranquilizar-mos. Frear nosso fluxo de pensamentos falsos gerados pelo medo, pelos outros, pelo que não nos pertence, e respirar fundo. É separar o que é a opinião dos outros do que é verdadeiro para nós. Controlando as emoções, seremos capazes de escolher o melhor caminho usando a razão e deixando de lado a emoção, ou, no mínimo, respeitar sua existência e acalmá-la. Se permitirmos que as reações emocionais nos dominem e não conseguirmos refletir sobre o que estamos expe-rimentando, o medo e a angústia dos outros nos pertencerão e nos contaminarão.

Acredito que, mais uma vez, a atitude correta a ser tomada é a de examinar o que lemos ou ouvimos com olhos e escuta racionais. É permitir que nossa capaci-dade cognitiva faça a leitura e a análise da situação real pela reflexão, pelo pensar mais e agir segundo nossos valores. Informações sensacionalistas ou alarmantes costumam nos enfeitiçar, e tendemos a acreditar nelas sem maiores reflexões. Separar mensagens verdadeiras daquelas que são inconsistentes é algo que pode ser feito verificando-se a origem das informações. Se a fonte estiver carregada com algum viés ideológico, muito provavelmente as notícias que ela produz são emocionais, ou seja, trazem interpretações e análises que não nos dizem respeito e não representam a exposição fidedigna dos fatos, é pura manipulação.

FECHAR A PORTA

As informações se mostram excessivas e repetitivas para nós quando começamos a ter a impressão de que elas já não trazem qualquer conhecimento novo que pos-samos aproveitar. Se usarmos a razão, será fácil identificar qual é o momento correto de "fechar a porta" para essas informações que chegam até nós sem terem sido convidadas. A reflexão sobre o que nos é transmitido permite que aprendamos a pensar por nós mesmos, e não pelos outros. Saberemos, assim, separar o que é manipulado ou equivocado do que é real para nós. O excesso de informações tumultua e não ajuda em nada a decidirmos. Pelo contrário, pode fazer com que, confusos, procrastinemos a decisão. De novo, o uso da razão e a utilização da metodologia nos ajudam bastante durante um processo de decisão.

Talvez ainda esteja na memória da maioria de nós a polêmica surgida durante a pandemia do coronavírus, quando as opiniões se tornaram polarizadas,

INFORMAÇÕES E ALTERNATIVAS EM EXCESSO (...)

em todo o mundo, em torno da eficácia do uso da cloroquina no tratamento da doença. Enquanto no Brasil o presidente da República, Jair Bolsonaro, defendia que a droga era efetiva no combate ao vírus[5], à mesma época, a imprensa publicava que a Organização Mundial da Saúde (OMS) garantia que as pesquisas realizadas não apontavam para nenhum benefício efetivo da cloroquina para os doentes do coronavírus[6].

Em quem acreditar? As pessoas racionais poderiam pesquisar junto às organizações de saúde consagradas e formariam, a partir daí, sua opinião, deixando de lado o "achismo dos outros". Mas é pouco provável que a maior parte das pessoas agirá dessa maneira. O mais provável é que elas nem saibam ao certo onde poderiam obter dados científicos a respeito do assunto. Sem ter informações além do que era divulgado pela mídia, acabariam por fazer escolhas emocionais ou ideológicas a respeito de qual versão dariam mais crédito. E mais, independentemente do que os outros dizem, a decisão e a responsabilidade de tomar ou não a droga será sempre de quem o fizer, e de mais ninguém. Se der certo ou errado, a responsabilidade tem que ser de quem tomou a decisão, e não de algum agente externo que expressou sua opinião.

Ainda sobre esse assunto, trago pesquisa competente realizada por Renato Meirelles, do *Instituto Locomotiva* e do *Data Favela*. Foram mais de 27 pesquisas realizadas ao longo da pandemia até a data da publicação de sua entrevista em 14 de setembro de 2020, divulgada, em parte, no jornal *O Estado de S. Paulo*.[7] Além de mapear inúmeros resultados interessantes, como o senso de comunidade das pessoas que moram em favelas — superaram as classes A e B —, Meirelles declarou que um dos pontos da pesquisa que mais chamaram a atenção foi o fato que colocou por terra as *fake news* disseminadas no começo

---

5   Conforme publicado no site de notícias do jornal *Correio Braziliense* em 9 de julho de 2020. <https://www.correiobraziliense.com.br/app/noticia/politica/2020/07/09/interna_politica,870897/em-live-bolsonaro-volta-a-recomendar-cloroquina-para-tratamento-de-co.shtml>.

6   Conforme publicação no site de notícias *G1* em 10 de julho de 2020. <https://g1.globo.com/bemestar/coronavirus/noticia/2020/07/10/nao-conseguimos-demonstrar-um-beneficio-claro-diz-oms-sobre-o-uso-da-cloroquina-em-pacientes-de-coronavirus.ghtml>.

7   <https://cultura.estadao.com.br/blogs/direto-da-fonte/favela-doou-mais-que-o-asfalto-as-classes-a-e-b-diz-renato-meirelles-do-instituto-locomotiva/>.

da pandemia: "a de que o coronavírus era um vírus democrático, que matava igualmente pobres e ricos. Os anticorpos sociais de um país brutalmente desigual como o nosso desmentem a tese. Como uma família de muitas pessoas, dividindo um único cômodo numa favela, sem água encanada, pode fazer isolamento social?"

Situações parecidas também surgem em inúmeras outras esferas que demandam decisões, sobretudo nas dimensões corporativas. E é exatamente aí que emerge o medo e crescem a angústia, a raiva e o pânico, características do comportamento animal, do qual se originam as prováveis decisões mal tomadas.

PLATÃO E A RAZÃO

O cuidado que se deve tomar ao se levar em conta uma informação é o de diferenciar aquelas que são consistentes das que nada de novo têm a acrescentar. E isso se faz com o uso da razão. Lembremo-nos de Platão[8], que nos aconselha a lidar com nossos pensamentos utilizando o filtro da razão, e jamais movidos pela emoção.

É de acordo com a fonte que a produziu que saberemos se vale a pena uma informação ser tomada como verdadeira e séria. Mas é um pouco mais do que isso. Mesmo se a fonte for idônea, devemos também nos perguntar se ela é qualificada o suficiente para confiarmos nela quando formos tomar decisões importantes. Explicando de maneira mais detalhada, não faz muito sentido se decidir por fazer um grande investimento em um novo projeto de negócios ou lançar um novo produto no mercado exclusivamente a partir da leitura de uma revista de negócios, do caderno de economia de um jornal, dos conselhos de um autor de um blog ou de fórmulas de como fazer um bom negócio. O mundo gira, e o modo de se fazer seja o que for, hoje ou amanhã, será diferente do que

---

8   O filósofo grego Platão (427-347 a.C.) teoriza nosso mundo, dividindo-o em duas categorias: o Mundo das Ideias e das Formas, que seria a realidade intelectual, verdadeira e acessada apenas por meio da capacidade racional do ser humano; e o Mundo Sensível, que experienciamos por meio de nossa realidade sensível e, portanto, enganosa, capaz de levar o ser humano, iludido pelas aparências, ao erro. <https://brasilescola.uol.com.br/filosofia/platao.htm>.

INFORMAÇÕES E ALTERNATIVAS EM EXCESSO (...)

foi ontem. Daí ser tão importante, como também detalhei no Capítulo 7, nossa intuição, além do autoconhecimento.

Pesquisas na internet também podem se mostrar insuficientes para trazer informações precisas. As notícias, em particular, tratam de fatos que já aconteceram, seja ontem ou na semana passada. Não quero dizer com isso que essas fontes sempre nos decepcionarão. Elas podem contribuir com insights de relevância para nos aprofundarmos em algum tema que, por fim, pode fazer com que tomemos resoluções significativas para nossa vida profissional e pessoal.

Quando ocupamos uma posição de liderança em alguma organização, além de dever estar sempre atentos ao que ocorre na sociedade e na economia do Brasil e do mundo, também precisamos acompanhar as tendências em curso e com as quais teremos de lidar futuramente. Mentores, especialistas e pessoas experientes podem nos trazer elementos que permitirão análises mais precisas sobre o momento pelo qual estamos passando e nos ajudar a vislumbrar as melhores oportunidades. Treinamentos, cursos e palestras também nos ajudarão a ter uma visão crítica e clara dos fatos.

Há também as consultorias profissionais, que podem ser excelentes fontes de informação, de aconselhamento e apoio ao desenvolvimento de novos projetos e na organização de processos. É necessário, no entanto, avaliarmos a competência dessas consultorias, que só devem ser contratadas depois de uma análise cuidadosa das referências, de trabalhos feitos para outros clientes, ou da experiência e da origem dos profissionais. Defendo que toda consultoria deve ser contratada de uma maneira bem racional, com um escopo bem definido, com cronogramas de implantação e de responsabilidades dos dois lados bem definidos.

Portanto, temos, então, múltiplas possibilidades de coleta de informações: amigos, consultores, mentores, órgãos oficiais, livros, jornais, publicações científicas, sites, palestras. Mas quando devemos pisar no freio e considerar que temos já dados suficientes para decidir e que, além desse ponto, o excesso será prejudicial? Stephen Robbins, professor na San Diego State University, em seu livro *Decida & conquiste*,[9] traz algumas sugestões para evitarmos a overdose de informações:

> Comece focando nas suas metas. (...) Metas claras são cruciais para a tomada racional de decisão. Se (...) forem claras e consistentes, é pouco provável que você continue a procurar informações inúteis e estará mais bem equipado para avaliar rapidamente se novas informações são mesmo necessárias (...) Aceite que quase nunca você terá todas as informações que deseja para tomar uma decisão. (...) Arranje tempo para pensar e refletir criticamente.

Dizer que devemos fechar a porta a outras opiniões não significa, no entanto, que devemos ser autossuficientes e não ouvir sugestões ou seguir exemplos de outras pessoas. Ao contrário, ter mentores e interlocutores qualificados é algo que devemos sempre buscar e cultivar em todos os momentos de nossa trajetória profissional. Você pode assistir a palestras, ouvir explicações de especialistas, acompanhar o que é feito em outros países, enfim, ter diante de si um oceano de informações, mas, no final, a decisão definitiva deverá ser inteiramente sua, como já enfatizei.

CORTA-CAMINHOS

Além de não seguir a cabeça dos outros, é também necessário afastar a tentação de tomar decisões fáceis, cortar caminho. É o que em minha metodologia chamo de escolhas tomadas com base fraca, cuja recompensa é imediata, mas não se sustenta no tempo. Uma amostra clara disso é o que fez a Vale na tragédia de Brumadinho, ocorrida em 25 de janeiro de 2019.

---

9 Stephen Robbins. *Decida & conquiste: o guia definitivo para tomada de decisão*. São Paulo: Saraiva, 2016, p. 171.

INFORMAÇÕES E ALTERNATIVAS EM EXCESSO (...)

A alta gestão da empresa preferiu não investir no reforço da barragem de rejeitos, embora soubesse dos riscos,[10] provavelmente para não comprometer o caixa da empresa. Certamente essa economia de recursos melhorou os resultados financeiros imediatos no curto prazo, inclusive garantindo bônus para seus executivos. Caso tenha sido essa a razão de se ter deixado de lado o investimento na segurança da barragem, ela foi resultado de uma decisão que visava um benefício de curto prazo. A consequência dessa escolha foi uma tragédia que provocou a morte de 270 pessoas, deixou outras 11 desaparecidas[11] e resultou em prisões e processos contra dirigentes da empresa[12]. O melhor caminho, como se vê, não costuma ser o mais curto. Foi diferente com o escândalo da Volkswagen, no caso Dieselgate? Parece-me que não, assim como inúmeros outros casos não citados neste livro.

Mesmo que tenhamos maestria em separar as boas informações daquelas que são incorretas ou inúteis, sempre correremos o risco de errar. Nosso processo de decisão é complexo e sujeito às mais variadas e insuspeitadas influências internas e externas, que em algum momento podem prevalecer sobre as considerações racionais e nos fazer agir de maneira insatisfatória para obter os resultados almejados.

Em minhas aulas na Fundação Dom Cabral, costumo ilustrar a discussão sobre erros e acertos com uma citação que é atribuída ao já falecido presidente da Índia Abdul Kalam (1931-2015)[13]: "Qual é o segredo do sucesso? Tomar decisões corretas. O que nos garante tomar decisões corretas? A experiência. Como ganhar experiência? Tomando decisões erradas", teria dito Kalam. Nunca poderemos prever com certeza as reviravoltas que o destino dará ou ter garantias de que sempre

---

10 <https://www1.folha.uol.com.br/cotidiano/2020/02/vale-sabia-de-riscos-em-brumadinho-desde-2003-diz-comissao-de-investigacao.shtml>.

11 <https://exame.abril.com.br/brasil/tragedia-de-brumadinho-completa-um-ano-com-atos-pelas-vitimas/>.

12 <https://www1.folha.uol.com.br/cotidiano/2020/02/ex-presidente-da-vale-e-mais--15-viram-reus-por-rompimento-de-brumadinho.shtml>.

13 Abdul Kalam foi presidente da Índia de 2002 a 2007 e é apontado como o maior responsável por tornar o país uma das potências militares do mundo, com o desenvolvimento de mísseis e armas nucelares. <https://www.britannica.com/biography/A-P-J-Abdul-Kalam>.

seremos capazes de responder de maneira assertiva aos novos cenários que surgirem. Porém, sempre que você tomar uma decisão refletida, segundo seus valores, de forma bem posicionada e consciente, conforme a metodologia orienta, até poderá errar, mas, muito mais importante do que errar, você terá aprendido uma boa lição, como ensina Kalam.

SOBRE O PODER DE INFLUÊNCIA

Pedi para você guardar o comentário que fiz sobre Sadeep Jauhar com relação à influência que ele deve ter exercido sobre o paciente que não desejava fazer a angioplastia e corria risco de vida. Como sabemos, talvez por influência de Jauhar, o paciente mudou de ideia e acabou realizando a cirurgia, para seu benefício. Como, então, conquistar esse poder de influência que demonstrou esse médico? Que liderança é essa? Que poder é esse em que não precisamos dizer qual é nosso título, qual é

nossa formação, em que posição estamos no organograma para exercer influência e poder para que as coisas sejam feitas?

Sobre liderança e poder, vale lembrar que, se nos mantivermos fiéis aos nossos princípios e estabelecermos uma relação de confiança dos outros em nós, esse comportamento gerará o que chamamos de reputação e capacidade de influência, algo de fundamental importância para quem deseja ser líder. O poder de influenciar pessoas ou grupos, para fazer com que as coisas sejam feitas, além de conhecimento, experiência e sabedoria, é construído também pela forma **consistente** com que decidimos e agimos.

Assim sendo, se agirmos com consistência, baseando nossas decisões em valores pessoais e corporativos, visando beneficiar ao maior número de pessoas, de modo alinhado entre o pensar, falar, sentir e agir, estaremos construindo uma relação de confiança, que as pessoas passarão a ter em nós, nossa reputação estará sendo alicerçada, e finalmente estaremos sendo agentes de influência positiva e tendo o poder de influência legítimo, sobre nós mesmos e, consequentemente, sobre pessoas e grupos, liderando e fazendo com que as coisas sejam feitas. Pensemos nisso. Esse é o grande círculo virtuoso do poder legítimo.

FINALIZANDO

Se tivermos certeza de que agimos alinhados ao pensar, falar, sentir e agir segundo nossos valores e sinceramente desejosos de produzir benefício para o maior número de pessoas possível, não devemos nunca nos sentir inadequados ou desenvolver sentimento de culpa.

Não é o fim do mundo você errar, mas nunca devemos desprezar a oportunidade que os equívocos nos dão para refletir sobre o que poderíamos ter feito de diferente e que talvez garantisse um resultado melhor. Nesse processo, o que menos importa é a opinião dos outros sobre você ou sua performance, tema de que trataremos no próximo capítulo.

11

O desafio de decidir levando em conta as expectativas dos outros

No início da década de 1980, uma banda formada principalmente por alunos da USP fez sucesso em São Paulo. O grupo, chamado Premeditando o Breque[1], mais conhecido como *Premê*, oferecia um repertório irônico, quase sarcástico, mas sempre divertido, que tratava sobretudo dos hábitos dos paulistanos. Uma das canções, "Fim de semana"[2,3], muito tocada pelas rádios na década de 1980, fala de expectativas, que é o tema deste capítulo. Reproduzo a seguir a letra da música, para entendermos um pouco melhor o que são expectativas, neste caso que trago aqui, frustradas:

Era um domingão, tinha muito sol.

Meu avô na frente, minha avó atrás

E o rádio a mil, que legal.

O meu pai guiava,

Minha mãe falava,

Minha irmã chorava,

O Totó latia,

Tudo num fuscão, que legal.

Vamos indo todos,

Vamos indo juntos à

Praia Grande,

Levando até televisão.

---

1 O grupo foi formado no final da década de 1970 por alunos da Escola de Comunicação e Artes da USP e foi de grande importância no movimento musical chamado *Vanguarda Paulistana*. Quase 50 anos depois de sua formação, o grupo ainda se apresenta esporadicamente em shows. <http://www.mpbnet.com.br/musicos/preme/index.html>.

2 <https://www.youtube.com/watch?v=IZ-yRe2IwzA&list=RDBactNYIIqbM&index=2>.

3 Música composta por Wandy Doratiotto gravada em 1981 no disco em vinil *Premeditando o Breque*, pela gravadora Spalla/Continental, e em 1995 em CD. <http://dicionariompb.com.br/premeditando-o-breque/dados-artisticos>.

Era um domingão.	Minha mãe chorava,
Mas ao chegar na praia	O Totó latia, o meu pai calava,
O tempo logo fechou.	E no mais chovia...
Meu avô de tanga,	Era um domingão...
Minha avó de maiô,	Tudo no fuscão, que legal (...)

Todos nós temos expectativas o tempo todo. Se estamos vivendo uma situação desfavorável, temos a forte expectativa, que em alguns contextos pode ser também chamada de "esperança", de que as coisas sempre mudem para melhor ou que essa fase desagradável passe o mais rapidamente possível. Ao contrário, quando as coisas estão bem, nossa expectativa é a de que tal situação positiva persista para sempre.

Podemos também ter diante de nós uma terceira possibilidade, a de entrarmos em um projeto esperando que ele dê certo e que tudo corra de acordo com nossos melhores desejos. Mas expectativas, por si só, são incapazes de produzir qualquer coisa. O sucesso pode chegar, ou o empreendimento não sair de acordo com as expectativas, como aconteceu com a família sobre a qual falam nossos amigos do Premê, que foram buscar sol na praia e acabaram na chuva. E todos apertados em um fuscão.

Podemos ter expectativas comuns que não produzem prejuízos graves se elas não se realizarem, como torcer para que faça sol na praia, ou que neve no inverno quando viajamos no final de ano para fora do país. Ou, ao contrário, nossas expectativas podem ser sobre os resultados de decisões com potencial de produzir repercussões profundas, a exemplo de decidirmos ou não realizar uma cirurgia delicada para tratar um problema cardíaco, ou intervir em um órgão vital, sem que seja possível prever todas as consequências de nossas escolhas.

EXPECTATIVAS DOS OUTROS

Quero trazer aqui uma reflexão sobre como devemos decidir quando temos diante de nós grande expectativa sobre resoluções que se esperam que tomemos, estejam elas nas esferas pessoal ou profissional. E falo aqui tanto de nossas próprias expectativas quanto das que têm os demais integrantes das organizações em que trabalhamos.

Quando temos de decidir algo, não conseguimos escapar de imaginar quais são as expectativas que as demais pessoas que estão à nossa volta têm diante da resolução que estamos prestes a tomar. Mas a verdade é que não temos a capacidade de ler a mente alheia.

Já que essa é uma realidade da vida, considero uma preocupação fútil tentar adivinhar se nossas decisões serão vistas de maneira favorável ou não pelos nossos pares, aqueles que lideramos ou superiores. Especular sobre isso seria uma reação emocional com potencial para nos desviar de um processo de decisão racional. É bem provável que a consequência disso seria decidirmos errado, e, aí sim, seriam grandes as chances de frustrarmos e enraivecermos os outros.

Portanto, essas expectativas, sejam elas positivas ou negativas, sempre se apoiarão em uma base irreal. Será uma adivinhação, um chute. Eu diria que a melhor postura que podemos ter é a de não criar expectativas e trabalhar com dados concretos, vindos do mundo real, e não de nosso imaginário ou, pior, do imaginário dos outros. Além disso, devemos agir sempre monitorando os resultados e nos movimentar a partir deles, deixando de lado os desejos de que as coisas sejam como queremos.

UMA MAROLINHA

Se você ocupar uma posição de liderança e divulgar expectativas incompatíveis com o cenário real dos outros, poderá ser visto como uma espécie de líder desconectado do contexto ou manipulador. Afinal, por que apresentaríamos uma expectativa positiva para nossos liderados já que não controlamos completamente como os fatos se desenrolarão? Se o cenário está indicando que eventualmente teremos pela frente tempos difíceis, um bom líder basearia suas atividades, e sua comunicação, levando isso em conta e informando aos demais que o radar aponta para uma tempestade à frente. Não será só uma marolinha, porém chamará a todos para a "navegação" no mundo real e jamais imaginário.

Mascarar a realidade e divulgar um cenário positivo, tempo bom e céu sem nuvens, pode provocar respostas irreais das pessoas. Afinal, obviamente, elas tendem a acreditar em seus líderes. Quando o momento de eventual sofrimento chega, liderados podem estar menos preparados para enfrentá-lo do que aconteceria se lhes

O DESAFIO DE DECIDIR LEVANDO EM CONTA (...)

fosse oferecida uma análise real dos fatos ou uma boa discussão para que surgisse um consenso da realidade a ser enfrentada. Portanto, alardear expectativas irreais é o caminho certo para a perda de confiança dos liderados em seus superiores, pois, provavelmente, tais expectativas serão frustradas, tendo trazido algum falso conforto apenas por algum tempo, no curto ou curtíssimo prazo.

Costumamos ver líderes dizendo coisas como estas para suas equipes: "Ah, vejam bem, nós temos muitas oportunidades. O que andam dizendo por aí, que o mercado vai ser afetado... não, acho que não é bem assim..." Por que ele acha que não será tão ruim assim? Ninguém sabe, muito menos ele. Ou seja, é uma enrolação, uma enganação.

A comunicação tem de ser clara e corajosa: "Vamos enfrentar o cenário como ele realmente é." Se for adverso, teremos de ser estratégicos e nos preparar para sobreviver e inovar. Não dá para dizer que será fácil, que não haverá problemas, pois eles virão, e devemos estar preparados. Se o cenário que se apresentar for favorável, temos que ter em mente que isso poderá despertar o encorajamento de novos entrantes. E precisaremos ser novamente estratégicos e fazer algo melhor do que os novos entrantes, que quase sempre são mais ágeis, mais corajosos e têm menos a perder.

É necessário, no entanto, estar claro que ter expectativas positivas ou negativas é algo bem diferente de ser otimista ou pessimista. O otimista é capaz de acreditar que, mesmo diante de quadros adversos, os fatos poderão se desenrolar de uma maneira favorável, e os obstáculos poderão serem superados. O pessimista tende, diante de situações conflituosas, a acreditar que o pior sempre acontecerá.

No meu entender, a questão de maior relevância que está presente no mundo corporativo em relação às expectativas dos outros, sejam seus pares ou subordinados, é o que eles esperam de você, líder. Vamos construir um raciocínio para entender isso com maior clareza: quando você chega em uma organização na qual ninguém o conhece, é natural que as pessoas criem uma expectativa a seu respeito. Seus chefes têm a expectativa de que você trará bons e crescentes resultados para a empresa. Seus liderados esperam que você os trate bem, os apoie nas iniciativas, desenvolva-os e permita o equilíbrio entre trabalho e vida saudável, além de trazer valor para a empresa de maneira que isso repercuta em suas melhores condições de trabalho e remuneração.

PONTO DE INTERROGAÇÃO

Criamos expectativas exatamente por não conhecermos uma pessoa, ou, em relação a outros fenômenos, para onde a conjuntura econômica, social ou política poderá nos levar. Enfim, expectativas sempre vêm acompanhadas com um grande ponto de interrogação. A resposta que será dada a essas indagações é o modo como você agirá. Se você se portar de maneira sempre coerente com os valores da empresa, com seus próprios valores, e levar em conta a essência, o propósito e a dinâmica de seu processo de decisão, algo de que estamos sempre tratando neste livro, a possibilidade de que suas deliberações sejam acertadas será alta.

Se suas ações — lembrando sempre que decisão é ação — forem tomadas de forma alinhada, como tenho proposto, ao pensar, falar, sentir e agir de modo coerente e consistente, isso despertará a confiança das pessoas em você. Esse comportamento, aliado aos conhecimentos técnicos, à experiência e às competências, gerará a tão cobiçada reputação e o poder de influência. O genuíno poder. Aquele poder que ninguém tira de você. Poder sobre si mesmo e o poder de influenciar os outros. Não é sensacional?

Trarei um ponto destacado por Renato Meirelles, citado no capítulo anterior, quando da divulgação de pesquisas sobre a pandemia da Covid-19. Ele comenta sobre os desafios do pesquisador diante dos entrevistados. "Não sei se as pessoas sabem, mas elas mentem. Mentem querendo mentir, mentem sem perceber que estão se enganando e muitas vezes mentem tendo certeza de que estão falando a verdade. Para o pesquisador, o desafio de uma boa análise de pesquisa é saber a diferença entre o que a pessoa diz que faz, pensa que faz e realmente faz."[4]

Vejam nesse curto e direto exemplo o cuidado que devemos ter, assim como o pesquisador, em decifrar esse comportamento errático do ser humano, com nossa coerência comportamental e com a realidade, na busca da confiança dos outros em nós, para a conquista da liderança e do poder genuínos.

---

4 <https://cultura.estadao.com.br/blogs/direto-da-fonte/favela-doou-mais-que-o-asfalto-as-classes-a-e-b-diz-renato-meirelles-do-instituto-locomotiva/>.

O DESAFIO DE DECIDIR LEVANDO EM CONTA (...)

Os bons resultados e a maneira ética e justa com que você toma suas decisões farão com que os demais olhem para você e digam "Sim, minhas expectativas estavam corretas. Eu esperava que esse líder tomasse uma boa e coerente decisão, alinhada aos nossos valores. Ele não me decepcionou." Mesmo que suas deliberações sejam duríssimas, por exemplo, demitindo pessoas, dando mais trabalho e novos desafios, orientando, às vezes, de modo mais duro, se elas estiverem vinculadas a valores e voltadas a trazer benefícios para o maior número de pessoas possível, serão entendidas como coerentes e acertadas, mesmo que ninguém fique feliz com elas.

De quebra, você superará eventuais preconceitos que giram à sua volta, mesmo que não tenha percebido isso. Sim, preconceitos também são uma forma de expectativa. Ambos surgem independentemente de qualquer dado concreto ou análise crítica e são, os dois, emocionais A definição das duas palavras — expectativa e preconceito — mostra essa proximidade.[5]

Um exemplo desses preconceitos é o das pessoas considerarem, mesmo sem conhecê-lo, que você não corresponderia às expectativas em virtude de sua raça, de seu sexo, aspecto físico, pela sua timidez e talvez até mesmo pela maneira com que você se veste. Ou, ao contrário, já darem como garantido que seu desempenho será extraordinário pelo fato de você ter cursado um MBA em uma escola de alto nível, ou ter estudado fora do país, ou porque você é fisicamente atraente. Preconceitos, favoráveis ou desfavoráveis a qualquer pessoa, são ocos, frutos de uma visão curta e de superfície, e distorcem nossa capacidade de avaliar os fatos de maneira realista.

O já citado Rolf Dobelli propõe, em seu *A arte de pensar claramente*[6], um exercício para nos convencer de como somos traídos pelas primeiras impressões que temos sobre as pessoas, o que é uma das causas de desenvolvermos preconceitos e ideias pré-concebidas. Ele escreve o seguinte:

---

5 De acordo com o *Dicionário Eletrônico Houaiss*, "expectativa" *é a situação de quem espera a ocorrência de algo, ou sua probabilidade de ocorrência, em determinado momento.* Já "preconceito" *é qualquer opinião ou sentimento, quer favorável, quer desfavorável, concebido sem exame crítico.* <https://houaiss.uol.com.br/corporativo/apps/uol_www/v5-4/html/index.php#2>.

6 Rolf Dobelli. *A arte de pensar claramente*. 2. Ed. Objetiva, 2013, p. 2020.

Permita-me apresentá-lo, leitor, a dois homens, Alan e Ben. Sem pensar muito, diga-me qual dos dois você prefere. Alan é esperto, esforçado, impulsivo, crítico, teimoso e ciumento. Ben, no entanto, é ciumento, teimoso, crítico, impulsivo, esforçado e esperto. Com quem você preferiria ficar preso no elevador?

De acordo com o que Rolf Dobelli escreve, a maioria das pessoas escolhe imediatamente Alan, "mesmo que as descrições sejam exatamente as mesmas", ele diz. Isso acontece, ele explica, porque o cérebro presta mais atenção nos primeiros adjetivos da lista que ele apresenta. Enquanto Alan seria esperto e esforçado, Ben é ciumento e teimoso. São personalidades idênticas, definidas pelos mesmos adjetivos, mas as interpretamos como diferentes e até divergentes.

Essa maneira como nosso cérebro funciona, explica Dobelli, nos induz a erros. Um exemplo é que, quando vamos escolher entre vários candidatos a uma vaga de empresa, corremos o risco de contratar o candidato que causar a melhor primeira impressão. O contrário também acontece: podemos já classificar mentalmente alguém como inadequado, ou nocivo, baseados em uma impressão inicial, que Dobelli chama de "efeito de primazia". Se analisássemos com calma essa pessoa, com cuidado e maior reflexão, poderíamos descobrir que ela é um excelente candidato e tem várias características positivas.

PESSOAS COM MEDO

Mas voltemos à questão de como devemos lidar, quando estamos em uma posição de comando, com as expectativas daqueles que estão sob nossa responsabilidade. Por mais que nos esforcemos, não conseguiremos impedir que as pessoas tenham expectativas. Quando nos lembramos das recentes crises pelas quais o mundo e o Brasil passaram, não importa qual seja sua profundidade, é fácil entender que havia bastante medo entre as pessoas.

O medo de perder o emprego, o medo do futuro, o medo de se contaminar com o coronavírus se juntavam em um grande medo diante de todas essas incertezas. É uma expectativa negativa. Mas, por outro lado, sabemos que as pessoas e os colaboradores de organizações têm a expectativa de que seus líderes apresentem resultados que sejam capazes de proporcionar algum grau de certeza e assertividade em relação tanto ao presente quanto ao futuro. Esperam que lideranças lhes proporcionem algum consolo e conforto nesses momentos difíceis.

Não temos uma bola de cristal nem o poder de mover montanhas. O que devemos fazer é tomar decisões e esclarecer que aquilo que poderia ser feito foi feito e que o resto é só o desejo de que tudo corra bem. "Nossa expectativa é a de que, daqui a seis meses, a empresa, o mercado, o mundo estejam em outro patamar, com mais chances de previsibilidade. Teremos feito a travessia difícil desse momento desafiador e, conforme imaginamos e esperamos, chegaremos a um destino melhor", poderíamos dizer. Mas não faremos promessas, não tentaremos "dourar a pílula", não temos como garantir nada. Só diríamos isto: "Fizemos o que é necessário. Agora aguardemos, monitoremos e corrijamos o curso na medida do necessário e vejamos os resultados das nossas ações."

Lembrando que a metodologia de decisões que propomos busca sempre o melhor resultado para todos. O "NÓS" tem precedência sobre o "EU", ou seja, os líderes devem buscar as decisões, como já disse outras vezes, que beneficiem ao maior número de pessoas possível, respeitando a dor e compreensão daqueles que eventualmente tenham que ser colocados à prova. Momentos difíceis são momentos de diálogo e transparência.

CONTROLE DO QUÊ?

É da natureza de nosso ego acreditar que podemos controlar aspectos de nossa vida e da vida dos outros e, com isso, ter a sensação de segurança e autonomia. Acreditamos que nossas opiniões, nossas crenças e nossos pensamentos são verdades absolutas.

Pois bem, precisamos ter a consciência de que isso não é possível, é ilusório e nos desgasta demais, e essa é a origem de nossas expectativas — o nosso ego controlador. Deixar que isso aconteça nos mina energia, causa possíveis desencantos e angústias. Essa energia poderia estar sendo usada para vivermos o que de fato é real em nossa vida, sendo gasta em algo que possa fazer a diferença para os outros e para nós mesmos. Parem um pouco e reflitam se não é verdade que, quando acreditamos que as coisas estão absolutamente encaixadas, aí percebemos que não estão. Algo de novo surge, algum elemento absolutamente imponderável aparece, destruindo o controle que imaginávamos ter. Por isso é importante focarmos aquilo que podemos fazer, que eventualmente podemos "controlar" — sim, entre aspas! Podemos focar nossas ações, nosso livre-arbítrio. Podemos focar aquilo que nos diferencia dos animais. Podemos direcionar nossa energia de maneira positiva, proativa e produtiva, por meio de nossos atos e, portanto, de nossas decisões.

Não poderemos controlar os resultados de nossas decisões, porém podemos decidir melhor. Agir escolhendo melhor, decidindo de forma consciente e bem posicionada com relação aos nossos valores, aos valores corporativos, mirando um bem maior, e não apenas interesses individuais.

E o que é decidir melhor? De que forma nossas decisões podem nos dar o conforto ou os sinais de que estamos decidindo corretamente, de modo refletido, bem posicionado e moralmente aceito?

Precisamos refletir muito sobre quem somos e o que desejamos de verdade. Estamos falando de autoconhecimento e de conhecer quais são nossos valores, fato que já mencionei no começo do livro.

Sua importância se dá porque nós não controlamos nossos pensamentos e nossas ideias. Nossas ideias não nos definem! Porém, "controlamos", novamente entre aspas, nossas decisões. Afinal, vivemos as decisões que tomamos. Nós controlamos o milissegundo em que a decisão é tomada! Mas isso não é loucura? Por demais contraditório? Sim, claro que é, mas gostaria de ajudá-los, e conseguirei fazer isso graças a uma amiga psicóloga que me explicou esse fato por meio alegoria da casa.

Imagine uma casa com pessoas entrando e saindo dela.

As pessoas são como se fossem nossas ideias — nossos pensamentos entrando e saindo, indo e vindo.

A casa é você!

As pessoas não fazem a casa. Não definem a casa. As pessoas entram e saem da casa. A estrutura da casa somos nós. Essa sim, nós definimos pelos nossos valores.

Portanto, é por meio de nossas decisões que podemos fazer algo de melhor pelo mundo e para o mundo. Agindo de forma ética, fazendo nossa parte, direcionando nossas energias na ação correta e aceitando o que não controlamos. Desse modo, podemos ter uma vida muito melhor, mais harmônica, mais feliz, cheia de propósitos e vivê-las plenamente, segundo a realidade, e não as expectativas.

Na empresa que dirijo, fizemos um enorme esforço para manter o negócio vivo, de pé e com sua capacidade inovadora energizada em meio às pressões da pandemia provocada pelo coronavírus. Tal esforço exigiu reduzir salários e desligar colaboradores. Isso tudo foi muito duro, triste e difícil de lidar. Mas estávamos pensando em todo o conjunto, representado por aquele microcosmo de nossa empresa, e na realidade que atravessaríamos. Precisávamos preservar o maior número de vidas possível.

LÍDERES COM CALMA

Sempre tentamos levar em conta a expectativa dos colaboradores. Certamente, ninguém desejava perder o emprego. Mas a expectativa geral só poderia ser atendida com aquele sacrifício, que permitiria que o negócio continuasse a existir à espera de tempos mais favoráveis. Líderes devem ter calma e discernimento nas horas de dificuldades, avaliar com cuidado as decisões a serem tomadas e, muito importante, transmitir a mensagem de que todas as medidas estão sendo feitas para preservar o empreendimento e garantir a sobrevivência do maior número possível de empregos, e de forma sustentável.

Essa comunicação é capaz de gerar tranquilidade para as pessoas. Podemos dizer que nossa expectativa é a de, por exemplo, que em seis meses a empresa supere as dificuldades, se fortaleça e cresça novamente. Ouvindo tais explicações, os colaboradores se sentirão respeitados, entenderão o propósito, manterão a confiança no negócio e em seus líderes e se engajarão no trabalho, algo que é essencial para que a crise seja superada pela organização.

O engajamento das pessoas, no entanto, surgirá também pelo alinhamento de valores compartilhados entre os envolvidos. Isso não significa necessariamente que todos os integrantes de um determinado grupo — que pode ser uma empresa, uma ONG, um condomínio, uma família — tenham exatamente os mesmos valores e reajam de maneira idêntica diante de todas as questões. Não acontece assim.

Os valores individuais devem estar alinhados e aderentes aos valores gerais da instituição. Se esses valores são claros e conhecidos, todos os que compõem esse grupo seguirão, talvez com uma divergência ou outra, em direção ao mesmo objetivo. Aos líderes, caberá aparar eventuais arestas e alcançar o consenso dos integrantes quanto ao caminho a seguir.

Relembrar constantemente às pessoas quais são aqueles valores que o grupo se dispõe a seguir é algo que tem força. Posso garantir, pela minha própria experiência, que mesmo em momentos de decisões acaloradas, nas quais as expectativas individuais são lançadas sobre a mesa, lembrar a todos sobre os valores que escolhemos como nosso norte tem poder.

Várias vezes já iniciei reuniões lembrando nossos valores. Isso sempre quebrou todo e qualquer argumento contrário às diretrizes que proponho que sejam seguidas. É quase mágico. Tal postura, no entanto, não deve ser entendida como um esforço para eliminar opiniões contrárias e objeções às propostas feitas.

FACA DO FINANCEIRO

Posso explicar o que acabo de dizer com um exemplo concreto. Na nossa empresa, no momento de crise, o responsável pela área financeira argumentava em favor de cortes mais profundos de pessoal. Dessa maneira, ele dizia, conseguiríamos reduzir nossos gastos e ter mais fôlego para os momentos difíceis que vinham pela frente. É sabido que demissões custam caro e devem ser avaliadas com extremo cuidado, principalmente diante da tentação de diminuir custos. Isso porque, em um momento em que a economia retomar, se tivermos dispensado profissionais da força de vendas, de inteligência de mercado, de desenvolvimento de produtos ou outros membros críticos da empresa, teremos grande dificuldade em impulsionar os negócios de forma sustentável, com visão de longo prazo — com balanceamento adequado ao negócio.

O que acontecia, também, é que esse financeiro não tinha familiaridade com o trabalho, por exemplo, dos vendedores, então para ele pareceria fácil dispensar

O DESAFIO DE DECIDIR LEVANDO EM CONTA (...)

alguém de vendas, por considerar que comercializar equipamentos caros e sofisticados era algo muito semelhante a vender qualquer tipo de produto. Não é assim. Aqueles eram funcionários que entendiam profundamente do mercado, conheciam a concorrência, cuidavam de uma carteira de clientes qualificada, conquistavam novos clientes e eram treinados de forma mais efetiva com relação às inovações que sempre estão em curso.

Mas devemos entender que alguém assim, como esse financeiro que tinha uma faca na mão, é sempre um bem-vindo contraponto às deliberações feitas pelos líderes. Com sua assertividade, ele faz os outros pensarem e talvez enxergarem dados que até então não estavam vendo. Portanto, a diversidade de visões e expectativas é saudável. Mesmo que a opinião desse responsável pelas finanças não seja a mesma dos demais líderes, isso não quer dizer que ele esteja desalinhado dos valores corporativos, mas está, sim, cumprindo seu papel. Da mesma maneira que nós, ele está querendo resultados. Ele quer manter o caixa da empresa, que ela se perpetue, continue gerando riqueza para todos.

Em todos os grupos, cada membro tem suas próprias expectativas, que surgem a partir de suas experiências de vida. Cada um, portanto, espera que as decisões sejam tomadas de acordo com suas inclinações. No entanto, quando o líder da empresa traz a sua decisão, e esta está alinhada aos valores da empresa, sua deliberação se torna um mecanismo eficiente para criar consenso entre os integrantes, conciliando os diferentes pontos de vista.

A cultura da empresa, entendida no sentido de tomar decisões, tem de estar muito ligada aos valores. Se não estiver, tudo, com o perdão da palavra, se destrambelha. É por isso que defendo o todo tempo que valores sejam predominantes e estejam sempre presentes na gestão das organizações. Eles permitirão que elas tomem decisões bem posicionadas e conscientes.

CULTURA ABALADA

Mas até que ponto a adesão à cultura organizacional é capaz de resistir a eventos negativos, como demissões de várias pessoas? Ela pode ser abalada por fatos como esse? Os integrantes da empresa poderiam passar a duvidar de sua eficácia? A resposta que posso dar é que, sim, tememos que decisões duras possam ter uma repercussão sobre o clima da empresa. Por isso, monitoramos as reações todo o tempo, principalmente quando estamos em uma conjuntura que exige medidas drásticas.

Não negarei que percebo como uma injustiça os comentários desfavoráveis que surgem em momentos em que tomamos decisões duras. Em geral, as pessoas se apressam em acusar os empresários e executivos de serem indiferentes ao sofrimento alheio. "Eles simplesmente as demitem sem levar em conta as graves repercussões que a perda de um emprego sempre traz", ouvimos eles dizerem.

Não é assim que nos sentimos. Decisões dramáticas como essas causam grande dor naqueles que as tomam, mas é nesse momento que temos de olhar para os valores que nos norteiam. Imagino que a quase totalidade dos executivos e acionistas tenta reduzir ao máximo o número de pessoas que serão dispensadas, mas também mantém o foco em salvar o negócio e em provocar o mínimo de dano possível às equipes e a toda a extensa rede de *stakeholders* que são impactados pela existência da organização.

Para tempos duros, como foi e está sendo o da pandemia do coronavírus, a metodologia nos traz uma preciosa recomendação, a de deixar de lado a influência das emoções que nos afetarão e aos demais colaboradores quase que o tempo todo. Certamente seremos contaminados pelo clima emocional que sempre se instala nesses momentos, mas devemos distanciar imediatamente a nossa mente desse sentimento e priorizar o racional.

A metodologia nos ajudará a fazer isso. Se suas etapas forem praticadas, ela levará sua decisão à razão. Se fizermos as perguntas — Qual é a essência da decisão que tomarei? Ela prioriza o "TER" ou o "SER"? Qual é o propósito, o "EU" ou o "NÓS"? Qual é a dinâmica, quando examinamos as "origens" e as "consequências"? —, isso isolará a emoção e todos os equívocos que surgem quando decidimos influenciados por ela, pelo medo.

EMOÇÕES E CRENÇAS

Eu chamo o modelo de tomada de decisão de modelo de "posicionamento de tomada de decisão". Ele traz para você a consciência da decisão que está sendo tomada e posiciona melhor a sua deliberação. Esse melhor posicionamento permite justamente migrar nossas ideias para o racional, para a reflexão, para o pensar mais, como diria Platão, diante das influências emocionais e crenças, que sempre estarão presentes em qualquer decisão que formos obrigados a tomar.

As emoções não são o único fator perturbador na tomada de boas decisões. Quando estão diante de processos de negociação complexos, os líderes têm diante de si um número grande de obstáculos a saltar, como a existência de múltiplas escolhas, impacto sobre muitos indivíduos ou a possibilidade de ter de lidar com impactos positivos ou negativos demasiadamente altos. Tomar decisões em negociações intrincadas é o assunto de nosso próximo capítulo.

12

Os valores pesam em negociações complexas

Da próxima vez que ouvir a sirene urgente de uma ambulância passando por você, dedique um pensamento à memória do barão francês Dominique-Jean Larrey (1766-1842). Ele bem o merece. Cirurgião militar nos exércitos de Napoleão Bonaparte (1769-1821), a quem acompanhou por 28 anos, Dominique-Jean participou, na linha de frente, de 25 campanhas militares, 60 batalhas e 400 combates[1] e passou à história por ter inventando as ambulâncias, há mais de 200 anos.

Dono de uma inteligência privilegiada, esse cirurgião foi autor de vários estudos, inéditos à época, sobre traumas e doenças que afligiam os soldados no campo de batalha[2]. Desenvolveu, ainda, técnicas de amputação que são utilizadas até os dias atuais[3]. Sempre presente nos cenários mais violentos dos combates, o que não faltou a Dominique-Jean foram oportunidades de praticar essas cirurgias radicais e heroicas para salvar vidas. Calcula-se que, nos seus quase 30 anos no *front*, tenha realizado mais de 10 mil amputações sob fogo inimigo, e com uma taxa de sobrevida recorde para a época.[4]

---

1 <https://www.medarus.org/Medecins/MedecinsTextes/larrey_dj.html>.

2 <https://www.britannica.com/biography/Dominique-Jean-Baron-Larrey>.

3 <https://theconversation.com/baron-larrey-napoleonic-inventor-of-ambulances-triage-
-and-mash-57893>.

4 <https://www.lepoint.fr/culture/dominique-jean-larrey-le-bon-chirurgien-de-napo-
leon-16-05-2020-2375736_3.php#>.

OS VALORES PESAM EM NEGOCIAÇÕES COMPLEXAS

Entre as inúmeras inovações que trouxe para a medicina, duas se tornaram essenciais para o atendimento de urgência como o conhecemos hoje. A ambulância foi uma delas. Chamada de *ambulance volante* — ambulância voadora, em português —, o veículo era composto por uma charrete fechada de duas rodas puxada por dois cavalos[5]. Os feridos eram transportados rapidamente para fora do campo de batalha até um posto médico na retaguarda do exército, e dali eram transferidos para hospitais de campanha, em geral organizados dentro de conventos ou mosteiros.

A segunda grande criação de Dominique-Jean foi a triagem clínica[6]. O barão introduziu uma rotina para determinar quem, entre os combatentes, era um ferido leve, grave ou muito grave e, dessa maneira, definir a prioridade no atendimento. E, algo revolucionário para a época, Dominique-Jean não fazia distinção entre as patentes das vítimas de balas, espadas e explosões. Se um soldado raso estivesse em situação mais grave do que a de um comandante, era aquele que deveria ser removido e tratado primeiro.[7]

Esse extraordinário médico não fazia distinção nem mesmo entre amigos e inimigos. Soldados prussianos, egípcios, russos e de todas as outras nacionalidades que eventualmente combateram as tropas francesas também eram atendidos pelas ambulâncias voadoras, um gesto inédito na época.

Essa generosidade salvaria, inclusive, a vida de Dominique-Jean. Na Batalha de Waterloo (18 de junho de 1815), na qual os exércitos de Napoleão sofreriam uma derrota definitiva para uma coligação de combatentes ingleses e prussianos, o médico foi ferido por dois golpes de sabre. Preso, foi condenado ao fuzilamento. Quando já lhe estavam colocando uma venda, Dominique-Jean foi reconhecido por um médico prussiano que havia sido seu aluno em Berlim e pelo comandante do exército prussiano, marechal-de-campo Gebhard von Blücher, cujo filho havia sido salvo pelo médico francês em uma batalha anterior. Von Blücher suspendeu a sentença, convidou Dominique-Jean a jantar em sua companhia e designou

---

5   <https://theconversation.com/baron-larrey-napoleonic-inventor-of-ambulances-triage--and-mash-57893>.

6   <https://www.economist.com/briefing/2020/04/02/the-tough-ethical-decisions-doctors--face-with-covid-19>.

7   <https://theconversation.com/baron-larrey-napoleonic-inventor-of-ambulances-triage--and-mash-57893>.

um ajudante para acompanhar o médico até um lugar seguro, em solo francês, libertando-o.[8]

Em uma vida atribulada como essa, Dominique-Jean certamente foi colocado diante de decisões difíceis. Suas atitudes disruptivas em relação à hierarquia militar, somadas à má vontade da administração militar de então em relação aos feridos, que eram vistos como indesejáveis bocas a mais para alimentar[9], o obrigavam a se movimentar em meio a negociações complexas com os mais variados interlocutores.

Escolher quem terá prioridade no tratamento médico quando os recursos são escassos muitas vezes significa quem viverá ou morrerá. Isso não ocorre apenas nos campos de batalha. No primeiro semestre de 2020, quando a pandemia de coronavírus parecia estar escapando do controle em algumas cidades brasileiras, médicos de Manaus se viram obrigados a fazer essa terrível escolha.

De acordo com notícia publicada em 1º de maio daquele ano no site do jornal paraense *O Liberal*,[10] no auge da crise sanitária, profissionais de saúde que trabalhavam nas ambulâncias do Samu pararam de tentar reanimar pacientes idosos que haviam sofrido de parada cardíaca. Caso eles retomassem os batimentos cardíacos, explicava um desses profissionais, não haveria leito de emergência para o qual eles pudessem ser levados.

DECISÕES COMPLEXAS

No mundo dos negócios, as decisões podem não ser radicais como aquelas exigidas em tempos de guerras ou de pandemias. Mas também há nele processos de negociação complexos, diante dos quais minha metodologia de tomada de decisões pode ser de grande ajuda para garantir que as escolhas feitas sejam as melhores possíveis.

---

8 <https://www.medarus.org/Medecins/MedecinsTextes/larrey_dj.html>.

9 <https://theconversation.com/baron-larrey-napoleonic-inventor-of-ambulances-triage--and-mash-57893>.

10 <https://www.oliberal.com/brasil/medicos-de-manaus-ja-precisam-escolher-entre--quem-vai-viver-ou-morrer-durante-a-pandemia-1.263212>.

OS VALORES PESAM EM NEGOCIAÇÕES COMPLEXAS

Negociações complexas são aquelas que envolvem inúmeros fatores, cenários e interesses, cujas consequências afetarão muitas pessoas e que têm impacto, seja positivo ou negativo, por um longo prazo. Quando Dominique-Jean Larrey decidia movimentar suas ambulâncias voadoras no campo de batalha, tinha diante de si vários fatores críticos: os tiros do inimigo, a pressão dos oficiais para serem atendidos antes dos soldados, a possibilidade de acidentes ao se deslocar em terrenos acidentados e esburacados pelas balas de canhão, a burocracia que não liberava os recursos necessários. Alguma semelhança com o mundo corporativo?

Também as pessoas envolvidas eram muitas e com interesses próprios. O próprio Napoleão[11], os comandantes, os enfermeiros e os exércitos inimigos tinham metas que deveriam ser levadas em conta e influência sobre as escolhas de Dominique-Jean. Suas decisões, como acontece nas negociações complexas, traziam repercussões de longo prazo: combatentes que morriam, ficavam aleijados ou se recuperavam e voltavam para a linha de frente. Tudo isso afetava a moral e a eficácia do exército francês. Alguma semelhança com o mundo corporativo?

Se você se viu com um leve sorriso e refletindo como esse caos existe em maior ou menor grau no "campo de batalha" do mercado, fica claro que nas negociações corporativas complexas também existem inúmeros interlocutores: pessoas de diferentes áreas internas, como vendas, produção e financeiro, representantes das partes envolvidas, acionistas, órgãos governamentais. Cada um deles com anseios, muitas vezes, bem diversos. Sempre haverá várias questões a serem superadas, e, portanto, as negociações podem ser complexas e se estender por um bom tempo.

Por serem regidas por todas essas características, negociações complexas são um campo fértil para o surgimento de reações emocionais, que, como falamos diversas vezes neste livro, costumam ser inimigas das boas decisões. Portanto, devemos ter o cuidado especial de separar nossas reações emocionais das

---

11   Napoleão gostava do médico. Em uma das muitas batalhas em que esteve presente, ele passou ao lado de uma das ambulâncias voadoras de Dominique-Jean e lhe conferiu, sobre o próprio campo de batalha, a cruz de Comandante da Legião de Honra, além de dar ao médico a sua própria espada, com seu nome de imperador gravado, para substituir a do médico, que havia sido roubada pelos russos. <https://www.medarus.org/Medecins/MedecinsTextes/larrey_dj.html>.

ponderações racionais quando estamos prestes a decidir, algo que é recomendado no primeiro passo da minha metodologia, apresentada no Capítulo 7, ou seja, por meio do autoconhecimento, devemos neutralizar ou minimizar o impacto de nossas emoções, nos distanciando daquilo que chamei de instinto animal, e frear nossos impulsos primitivos de reagir imediatamente baseados em emoções. Isso é algo que deve ser feito tanto nas decisões importantes do dia a dia como nas complexas, de que tratamos neste capítulo.

MONITORAR ORIGENS

A maneira de superar essas reações emotivas é termos sempre em mente nossos valores e os valores da organização. Isso fará com que façamos escolhas que beneficiarão o maior número de pessoas, e não apenas a nós mesmos ou a um grupo restrito. Além disso, se levarmos em conta o que é proposto na metodologia, seremos sempre capazes de monitorar as origens do que nos faz decidir e vislumbrar as consequências das alternativas que se apresentarão ao longo do processo da negociação. E voltamos àquele raciocínio infalível: se as consequências não nos parecerem confortáveis, se nossos valores não estiverem sendo contemplados, devemos abortar a negociação.

Mais, se os caminhos propostos não nos parecem éticos, lembremo-nos novamente de Emanuel Kant, mencionado no Capítulo 7. Ele diz que "tudo o que não se puder contar como fez não se deve fazer. Porque, se há razões para não poder contar, essas são as mesmas razões para não fazer".[12]

O fato de negociações complexas envolverem múltiplos interesses enfatiza ainda mais a necessidade de sempre termos em mente nossos valores e os da organização para a qual trabalhamos. Nem todas as aspirações que forem colocadas

---

12 Kant desenvolve como um de seus principais conceitos o "Imperativo Categórico, que preconiza que, quando um indivíduo se encontrar diante de um dilema, sem saber o que seguir, ele deve se perguntar: "Seria saudável para a sociedade se todos fizessem isso que estou prestes a fazer?". Se não for, enfatizava Kant, tal pessoa deveria evitar a ação por meio do uso da racionalidade. <https://blog.enem.com.br/etica-o-que-pensam-aristoteles-kant-e-os-utilitaristas/>.

OS VALORES PESAM EM NEGOCIAÇÕES COMPLEXAS

sobre a mesa serão defensáveis, éticas e honestas, sobretudo em momentos tensos. Podemos imaginar o exemplo de uma aquisição ou fusão de duas organizações. A nova empresa que surgirá desse processo terá muito mais chance de prosperar caso o interesse central da união dos dois *players* seja tornar o empreendimento mais forte frente à concorrência pela sua complementariedade e oferecer ao mercado produtos e serviços a preços mais competitivos.

Da mesma maneira que gera todos esses benefícios, o motor que produziu a fusão dessas duas organizações pode ser ativado por outras motivações, como eliminar um concorrente, suspendendo sua operação e criando desemprego, ou trazer ganhos para um investidor individual, prejudicando os demais sócios. Negócios feitos com interesses assim tendem a enfrentar dificuldades para ter sucesso, pois sua razão de ser está baseada no "TER", em interesses egoístas, que, mais cedo ou mais tarde, ficarão evidentes e boa coisa não trarão.

Insisto, a decisão em negociações complexas deve preservar valores individuais e corporativos e buscar o maior benefício possível ao maior número de pessoas. Interesses escusos, pessoais ou de curto prazo não se sustentam por muito tempo. Há inúmeros exemplos de empresas que basearam suas decisões nos objetivos pessoais e egoístas de seus dirigentes e, por isso, se colocaram em situações dificílimas. Essas más decisões são inteiramente emocionais. Emoção e bons negócios não andam juntos. Interesses individuais não têm casamentos felizes com o longo prazo.

Valores empresariais antagônicos costumam dificultar o entendimento entre as partes. Mas não podemos confundir isso com o fato de que ter propósitos diferentes em uma negociação é necessariamente um obstáculo para que os envolvidos possam chegar a um bom acordo. Uma empresa que queira vender um terreno tem um propósito diverso de outra que está interessada em adquirir esse mesmo terreno. São interesses diferentes. Uma quer vender, outra quer comprar.

UM CHORO AQUI, OUTRO ALI

Provavelmente, aquela que está vendendo sempre irá querer que a propriedade seja comercializada pelo maior preço possível, o que estará frontalmente contrário ao que deseja o outro lado, que se esforçará para pagar o mínimo possível pelo imóvel. Mas se ambas as empresas conservam seus valores nessa negociação, como a honestidade, a transparência, levar em conta os interesses alheios, e não apenas os seus, é bem provável que a negociação renda, ao final, bons frutos para ambas as partes. Haverá um choro aqui, outro ali, mas, no final, é bem possível que se chegue a um preço e modelo de negócio que satisfaça a todos.

Esse mesmo negócio, porém, poderia se desenrolar de uma maneira desastrosa caso uma das partes não se conduzisse por valores íntegros. Imaginemos que aquela que está vendendo a propriedade sabe que o terreno está fortemente contaminado e que qualquer construção a ser feita ali no futuro exigirá um caro processo de descontaminação ou qualquer outra questão que represente um passivo oculto. Porém, mesmo tendo essa informação, nada diz para o comprador, ou seja, o vendedor agirá levando em conta apenas seus próprios interesses e ganhos, sem se importar com as perdas que a outra parte sofrerá.

Ao final, a venda é feita, e o comprador, de boa-fé, leva o terreno contaminado. É claro, isso não gerará bons frutos. Quando descobrir o engano, o comprador entrará com um processo judicial, o negócio será desfeito, multas pesadas poderão ser impostas, a imagem do vendedor será comprometida. Uma negociação que parecia simples — a venda e a compra de um terreno — acaba se transformando em uma negociação desastrosa e com uma alta carga de complexidade. No final, nenhuma das duas partes ficará satisfeita. Do ganha-ganha que se espera de todos os relacionamentos profissionais feitos em bases fortes, teremos um perde-perde com danos a todas as partes envolvidas.

Já vivenciei compra e venda de terreno em que o comprador agiu de má-fé ao acreditar que quem estava vendendo estaria em dificuldades econômicas e, portanto, não teria como reagir caso as regras da negociação fossem descumpridas. Essa pessoa fazia isso movida pela arrogância ou pela falta de sensibilidade. Romper com acordos no meio do negócio não mostra laços éticos fortes, e isso, é claro, afasta interlocutores de uma negociação, levando também ao perde-perde.

Seguir à risca bons valores traz uma vantagem a mais: você começa a atrair seus semelhantes, aqueles que pensam como você. Em outras palavras, se você começa a praticar seus valores, outras pessoas que compartilham de suas mesmas convicções começarão a se aproximar, estabelecer relações e, também, negócios. Isso é algo de grande valor para firmar alianças estratégicas e ações conjuntas diante de negociações corporativas complexas. No plano individual, sua vida estará cada vez mais alinhada e harmônica com seus valores, o que acelerará seu sucesso profissional e sua satisfação pessoal.

OS VALORES PESAM EM NEGOCIAÇÕES COMPLEXAS

Manter vigilantemente nossos valores no topo de nossas preocupações é também uma atitude que nos permitirá desenvolver empatia, uma qualidade necessária quando interagimos com um número grande de interlocutores, como acontece nas negociações complexas. Sendo empáticos, compreenderemos as dores dos outros e nos preocuparemos em buscar o benefício para o maior número de pessoas que pudermos alcançar, algo que está registrado em uma das três perguntas do segundo passo de minha metodologia de tomada de decisões.

DEAL BREAKERS

Ouviremos nosso interlocutor e procuraremos empaticamente entendê-lo. Não pensaremos só no "EU", mas, sim, no "NÓS". Caso a outra parte não tenha os mesmos princípios e insista em colocar o "EU" como prioridade, ou seja, tenda a agir movida pela emoção do ego, talvez o melhor a fazer seja nos levantar da mesa de negociação e, em grande estilo, dar a negociação por encerrada. Uma atitude de grande importância é definir onde está nosso *deal breaker*, uma expressão em inglês que pode ser traduzida como "ponto de ruptura do acordo". Em outras palavras, o ponto além do qual consideramos que não é possível continuar uma negociação, a convivência ou até mesmo a conversa com o interlocutor, porque isso significaria renunciar a valores ou indicadores que são fundamentais para nós e nossa organização.

Há quem tenha como prática, em negociações complexas, deixar para o final das tratativas, depois que todos os demais itens tenham sido superados, a discussão sobre questões que têm o potencial de ser *deal breakers*. Não concordo com essa visão. Isso leva a uma perda grande de energia e de tempo e, quase sempre, provoca a ruptura da negociação. O que as pessoas que têm essa estratégia de deixar alguns pontos para serem discutidos quase ao final do acordo costumam buscar é tirar proveito de uma possível fragilidade da outra parte, visto que ela pode já estar exausta ou ansiosa para fechar o negócio, ou seja, emocionalmente tomada. Veja o quão importante é não deixar a emoção tomar conta de nós em negociações complexas.

Esse é um tiro que costuma sair pela culatra. Sabemos que sempre haverá uma parte mais vulnerável em uma negociação, mas acredito ser imoral alguém tentar se aproveitar dessa fragilidade. Mesmo porque sempre haverá retaliação da parte prejudicada, ações judiciais e outras reações do gênero. Eu defendo uma posição contrária: a de que devemos trazer em primeiro lugar para a mesa de negociação exatamente os *deal breakers* de cada uma das partes.

As conversas fluirão de uma maneira mais rápida, construtiva e honesta quando as partes souberem quais são, afinal, os valores de cada uma, limites dos indicadores para o negócio e o que podem flexibilizar e, portanto, o quanto são levados a sério. Se os pontos de possível ruptura já são expostos logo nos primeiros momentos e as questões mais complicadas são tiradas da frente, o resto da conversa se desenrolará de uma maneira muito mais confiável e natural.

Vale o reforço de que, sempre, se uma das partes, segundo a metodologia, não estiver realmente confortável, não deve seguir adiante com o negócio. Simples assim, uma decisão racional que estará isenta de sentir a dor do arrependimento. Inúmeras vezes declinei de negócios que me pareciam sensacionais, mas continham algumas "pontas" mal resolvidas. E nunca me arrependi, até porque, em alguns casos, pude enxergar no futuro quais teriam sido as consequências com outros interlocutores.

Há quem diga que, mesmo que se tomem todos os cuidados para garantir que uma decisão seja a mais satisfatória possível para as partes, incluindo aí as negociações complexas, os resultados nem sempre serão os esperados, já que os cenários mudam sem cessar e temos pouco controle sobre isso. É verdade que, no momento seguinte ao que decidimos alguma coisa, não controlaremos completamente as consequências daquela resolução. Navegar neste mundo é caminhar sobre incertezas. Então, o que fazer?

POR QUE PLANEJAR?

A todo momento enfrentamos cenários mutantes, nenhum dia é igual ao outro. Mas se tudo é tão incerto, por que, afinal, a gente planeja? Planejamos para ter uma direção a seguir, do contrário, ficaríamos parados no mesmo lugar ou a rodar sem qualquer objetivo ou resultado, à mercê dos ventos.

Costumo fazer sempre a analogia da gestão de empresas com a navegação de um veleiro. Quando vamos navegar, precisamos da carta de navegação, ou seja, a rota pela qual tomaremos nossa direção e nosso sentido. Ao longo do navegar, as

OS VALORES PESAM EM NEGOCIAÇÕES COMPLEXAS

inúmeras contingências da natureza brindam o capitão do barco com ventos fortes, contra e a favor, calmarias, ondas enormes, mares crespos, e por aí vai.

Ao longo dessa trajetória, o capitão, sabendo onde quer chegar, saberá como administrar as velas, aproveitando os ventos, baixando-as nas tempestades, içando-as quando os ventos estiverem favoráveis e as ondas assim permitirem, de modo a cumprir sua rota em segurança e chegar ao destino, quando, então, traçará outro roteiro, e assim sucessivamente, até atingir seu objetivo. Isto é, existem muitas incertezas ao navegar, e, no entanto, cabe ao capitão fazer o que deve ser feito para chegar ao destino. Cabe aqui mais uma fala de Kant: "Avalia-se a inteligência de um indivíduo pela quantidade de incertezas que ele é capaz de suportar."

Essa falta de garantia sobre os cenários que surgirão torna a nossa metodologia ainda mais preciosa, exatamente porque a única coisa que podemos fazer com discernimento é decidir.

A única liberdade que teremos sobre o ambiente que nos cerca é a de que podemos deliberar levando em conta nossos próprios valores, o contexto, nossa intuição e o uso da razão. Se o vento mudar e fizer com que nosso barco comece a se deslocar ao sabor das ondas, fugindo de nosso controle, sempre teremos a convicção de que o que estamos fazendo tem consistência com aquilo que acreditamos ser útil para muitas pessoas.

O modelo de decisões será a estrela pela qual nos guiaremos, pois ele sempre aponta para o presente. Imaginar o futuro é pura emoção. Seu momento atual pode parecer tão caótico como uma tempestade, sua negociação pode estar empacada, as partes podem não estar conseguindo chegar a um consenso. Mesmo assim, você conduzirá o barco da melhor maneira para não ir para o fundo do mar, e sempre seguirá, apesar dos solavancos, para o caminho que seus valores apontam.

Talvez as incertezas que acompanham aquelas negociações nas quais é preciso tomar decisões complexas possam ser mais bem entendidas caso procuremos a ajuda de consultorias ou mentores externos. Essa é uma decisão que pode trazer credibilidade para as negociações junto ao público interno de uma organização e ajudar você a quebrar os laços emocionais que talvez o estejam envolvendo e aos interlocutores, impedindo todos de avançar.

Consultores e mentores envolvidos em negociações complexas podem ser nossos excelentes guias e, muitas vezes, imprescindíveis aliados. Não devemos nos esquecer, no entanto, de que uma consultoria não decidirá por você.

A utilidade dela dependerá do autoconhecimento daquele que está precisando de ajuda para enfrentar uma questão complexa. Isso porque, sabendo quais são seus pontos fortes e, principalmente, os fracos, o negociador procurará consultores que complementem suas habilidades ajudando-o a enxergar e ponderar bem todas as variáveis envolvidas para fazer boas escolhas.

Um mentor ou um consultor que não esteja envolvido emocionalmente em uma negociação será capaz, por exemplo, de visualizar riscos e sinergias que as partes não conseguem ver com clareza. É um reforço muito bem-vindo nas situações de decisões complexas. A consultoria e os mentores podem agregar um grande valor, portanto, porque são capazes de olhar de fora a dinâmica de uma empresa, principalmente quando os acionistas e gestores podem estar imersos em meio ao furacão, vivendo a rotina de manter o barco na rota com intensidade e resolvendo os problemas.

Outra forma de enfrentar decisões difíceis é recorrer a *benchmarkings*, perguntar ou observar como alguém resolveu ou melhorou um desafio que surgiu diante de você. Em seu livro *Gente que resolve*,[13] os autores Chip Heath e Dan Heath contam como Sam Walton, o fundador da Walmart, a gigantesca rede de lojas de departamentos norte-americana que, em julho de 2020, contava com 11.496 lojas em 27 diferentes países,[14] chegou a viajar, em 1954, quase mil quilômetros de ônibus até uma loja de outra organização apenas para verificar como funcionava o sistema de fila única para os clientes pagarem suas compras — algo inusitado para a época. "Ao longo de toda sua carreira, Walton sempre se manteve de olho em boas ideias", escrevem os autores. "Ele chegou a declarar: 'quase tudo o que fiz, eu copiei de alguém'."

SER FIEL NÃO É FÁCIL

Seja via *benchmarking* ou contando com o auxílio de mentores e consultores, a eficácia das decisões que tomarmos sempre estará em proporção direta com a manutenção de nossos valores. Isso talvez seja mais fácil de escrever do que de fazer. Não digo

---

13   Chip Heath e Dan Heath. *Gente que resolve*. Saraiva, 2013, p. 76.

14   <https://stock.walmart.com/investors/financial-information/unit-counts-and-square--footage/default.aspx>.

OS VALORES PESAM EM NEGOCIAÇÕES COMPLEXAS

que isso seja fácil. Definitivamente, não é fácil! Ninguém pode dizer honestamente que ser 100% fiel aos nossos valores seja algo trivial. Há pressões, tentações e situações doloridas que poderão nos fazer querer deixar de lado nossos valores e abraçar soluções mais fáceis ou prazerosas.

Agir de acordo com o modelo de decisão que proponho é de um apoio eficaz para preservar nossos valores, mesmo nos momentos mais desafiadores. Os resultados, isso se tornará rapidamente visível, deixarão você mais leve, serão mais satisfatórios, rentáveis e consistentes do que os que poderíamos ter se deixássemos de lado nossos princípios.

GIUSEPPE BERARDELLI

Há muitos exemplos que mostram a verdade disso, e alguns deles são extremamente tocantes. Eu me lembro de que me emocionei com uma das mais fortes mostras do que é tomar decisões movido pelos valores que norteiam alguém. O fato se deu em março de 2020, na Itália, quando aquele país era o mais atingido pela pandemia do coronavírus no mundo. Uma das regiões mais críticas no país era a cidade de Bérgamo. Foi ali que alguns paroquianos se uniram para comprar um respirador[15] para um padre de 72 anos, Giuseppe Berardelli, que estava com a doença[16]. Mas o padre Giuseppe recusou a oferta e decidiu que o aparelho fosse usado por um paciente bem mais jovem do que ele. No dia 23 de março de 2020, o padre não resistiu e morreu vítima do vírus. Sem poder ir ao velório, devido às restrições ao contato social, os moradores da cidade aplaudiram Giuseppe Berardelli de suas janelas.

O ato de tomar decisões, mesmo seguindo estritamente nossos melhores valores, sempre estará sujeito a riscos. Esse é o assunto do próximo capítulo.

---

15 Respiradores funcionam como ventiladores que empurram o ar para os pulmões de um paciente com dificuldade respiratória, incrementando o percentual de oxigênio existente nesse ar bombeado, aumentando as chances de sobrevida de pacientes, inclusive doentes com o coronavírus. <https://www.bbc.com/portuguese/internacional-52101349>.

16 <https://g1.globo.com/mundo/noticia/2020/03/24/morre-padre-italiano-que-cedeu-respirador-a-paciente-mais-jovem.ghtml>.

13

Riscos são inevitáveis. Devemos respeitá-los, jamais temê-los odos nós corremos riscos o tempo todo. Atravessando uma rua, viajando, seja qual for o meio de transporte, fechando algum negócio ou até mesmo dormindo em nossa própria cama, sempre existirá a possibilidade de algo inesperado surgir à nossa frente. A maioria de nós quer fugir o tempo todo de qualquer risco, do inesperado, do desconhecido, algo que não é só impossível, mas, muitas vezes, contraproducente. Precisamos correr riscos, do contrário, como aprenderíamos a andar? A andar de bicicleta? A nadar? Como seríamos capazes de decidir que carreira seguir, fechar um contrato ou nos casar? Sempre haverá a possibilidade de termos um joelho ralado, um trabalho no qual não teremos satisfação plena ou de ter de encarar um divórcio.

Há pessoas que, no lugar de ter medo dos riscos, fizeram deles até mesmo profissão. Assim como muitos esportistas, o mágico Harry Houdini (1874-1926) foi um deles. Considerado ainda hoje, quase um século depois de sua morte, um dos maiores mágicos e escapistas[1] de toda a história, Houdini nasceu em Budapeste, capital da Hungria, mas se mudou ainda criança para os Estados Unidos[2]. Quando adulto, tornou-se mágico profissional e passou a se apresentar, sempre com sucesso, ao lado da esposa, Bess Rahner, em várias cidades norte-americanas e europeias.

---

1 Escapismo é a prática artística de escapar de situações de perigo, armadilhas ou instrumentos restritivos, como algemas, camisas de força, gaiolas, caixões, caixas de aço, barris, sacos amarrados, prédios em chamas, aquários e outros perigos, muitas vezes mortais. <http://www.magicokaio.com.br/4d-arte_magica.php>.

2 <https://taramarion.vpweb.com/upload/Harry%20Houdini.pdf>.

RISCOS SÃO INEVITÁVEIS (...)

Seus truques de mágica causavam sensação. Em um de seus mais extraordinários números, cujo mecanismo permanece um mistério até os dias de hoje, Houdini fez desaparecer, em 1918, um elefante de 4,5 toneladas menos de 3 segundos depois de o animal, que se chamava Jenni, entrar em um gabinete fechado com cortinas. Ninguém na plateia ou fora dela jamais descobriu como ele foi capaz dessa inacreditável proeza. Quando lhe perguntavam como havia feito o truque, o mágico ria e respondia de maneira evasiva que nem mesmo o próprio elefante soube como aquilo ocorrera.[3]

Mas o que deixava a audiência de fato boquiaberta eram os números de escapismo performados por Harry Houdini. Os truques foram se tornando crescentemente desafiadores ao longo dos anos. O relativamente simples ardil de se livrar de algemas era incrementado quando Houdini desafiava a plateia a trazer aos espetáculos suas próprias algemas, eliminando assim a suspeita de que aquelas que ele usava eram manipuladas.

Em outro truque, em 1912, o mágico tinha as mãos amarradas e foi colocado dentro de uma caixa fechada, juntamente com 90 quilos de chumbo. Diante de uma grande multidão, Houdini se deixou mergulhar no East River, em Nova York. Em 57 segundos, ele soltou as mãos e surgiu na superfície do rio. Anteriormente, em 1908, ele havia sido fechado em um daqueles latões antigos, nos quais se transportava leite. Houdini foi algemado, e o latão foi cheio até a borda com água e trancado. O mágico ficou submerso por três minutos, no final dos quais saiu do latão e sem as algemas.

Harry Houdini arriscava verdadeiramente sua vida. Em uma ocasião, quase morreu sufocado ao ser enterrado, sem qualquer proteção, debaixo de um monte de terra. Algo deu errado, e ele não se safou da maneira que havia planejado. Com esforço, e já começando a se sufocar, conseguiu colocar um dos braços para fora da cova, quando foi puxado pelos assistentes. Assim que foi libertado, perdeu suas forças e desmaiou.[4]

No entanto, esse mágico nunca agiu de maneira leviana ou que o colocasse em uma situação fora de seu controle. Ele avaliava cuidadosamente todos os riscos envolvidos, planejava seus números de escapismo com rigor e treinava

---

3   Idem.

4   Idem.

os truques intensamente durante horas. Corredor frequente e boxeador amador, ele se mantinha sempre em forma, o que lhe dava o vigor físico e a agilidade necessários para suas performances.[5]

Ambidestro e capaz de desatar nós com os dedos do pé[6], Houdini costumava encher com gelo sua banheira, em casa, e passar horas imerso, para treinar o corpo a suportar a dor[7]. Mas além de seu bom preparo físico, esse mágico lançava mão de truques para se livrar das caixas fechadas, correntes e cadeados. Ele sempre carregava consigo, escondidas sob os dedos do pé ou entre os cabelos, as chaves que abririam os cadeados, ou estas lhe eram passadas por algum assistente. Outro recurso era utilizar algemas e cadeados que travavam na posição vertical, mas se abriam ao serem colocados de cabeça para baixo.[8]

Houdini, portanto, sempre tentou controlar os riscos que enfrentava, por mais desafiadores que eles possam ter sido. Mas a negligência com um desafio banal faria com que Harry Houdini morresse jovem, aos 52 anos, e em plena atividade profissional. Havia algum tempo, ele vinha sofrendo com uma inflamação no apêndice, mas imerso em uma intensa sequência de apresentações, negligenciou o risco de morte e se recusava a procurar auxílio médico[9]. O mágico morreria em 31 de outubro de 1926, após a realização de uma cirurgia que, por ter sido tantas vezes protelada, não foi capaz de reverter o já adiantado avanço da doença.

RISCO É INCERTEZA

Conforme a inusitada carreira de Houdini mostrou, riscos devem ser entendidos como ocorrências que podem ser tanto negativas quanto positivas. Costumamos associar "risco" quase automaticamente à probabilidade

---

5 <https://www.hipercultura.com/os-segredos-da-vida-e-da-morte-do-famoso-magico-houdini/>.

6 <https://www.neatorama.com/2014/10/29/12-Things-You-May-Not-Know-About-Houdini/>.

7 <https://www.hipercultura.com/os-segredos-da-vida-e-da-morte-do-famoso-magico--houdini/>.

8 Idem.

9 <https://www.thegreatharryhoudini.com/death.html>.

RISCOS SÃO INEVITÁVEIS (...)

de insucesso, basta verificar como inúmeras definições da palavra "risco" a associam a algo negativo, mas eu prefiro entender risco, principalmente, como algo que é incerto, não está sob nosso controle, e que, ao mesmo tempo, deve ser monitorado, pois é ali, ao lado dele, que se encontram as oportunidades e a possibilidade de uma inovação.

Venham na forma de sustos amedrontadores ou de sorridentes surpresas, os riscos são inerentes a qualquer processo em que se está agindo. Significa que não é possível tomar qualquer decisão cuja execução esteja isenta de riscos. Por mais que tentemos nos iludir acreditando ter levado em conta todos os possíveis obstáculos que possam ser encontrados no caminho, o imponderável, o fortuito, o acidental pode atravessar à nossa frente, nos obrigando a desviar da rota programada e a encontrar alternativas.

O entendimento de que podemos nos desviar de todas as incertezas, portanto, é irreal. O risco existe e negá-lo não é inteligente. Uma boa escolha, e a consequente decisão, não é aquela que nega o risco, mas a que busca minimizá-lo ao traçar previamente rotas alternativas, caso alguns dos riscos mapeados se apresentem como realidade. A maneira de diminuir a possibilidade de que eventos inesperados venham a causar surpresas dolorosas é monitorando o cenário cuidadosamente e tomando as necessárias medidas preventivas e corretivas.

Foi dessa maneira que agimos na empresa na qual sou superintendente executivo. Ficou evidente, por conta dos desdobramentos da epidemia da Covid-19 em 2020 no Brasil e pela leitura dos indicadores de entrada de pedidos, que o mercado se retrairia fortemente em um primeiro momento. Àquela altura, nossos clientes estavam suspendendo seus projetos de investimento e fazendo uma releitura do novo cenário que se desencadeava. Com um quadro de retração tão repentina e geral, como ocorreu, seria infrutífera qualquer resistência de nossa parte na tentativa de manter o patamar de vendas de antes da Covid-19, insistindo em buscar alternativas com nossos *prospects* ou clientes, pois não podemos nos esquecer que, tão logo a epidemia se instalou em nosso território, o "fique em casa" foi instituído e nossa interlocução com o mercado ficou extremamente prejudicada.

Em condições usuais, uma queda de participação no mercado poderia ser enfrentada com ações de marketing, outra política de preços, com a adequação da linha de produtos. Mas o indicador de riscos, na ocasião, apontava para a paralisação geral do mercado. Nossas ações, portanto, deveriam mirar o ajuste da operação para fazer com que a empresa continuasse oxigenada, mesmo naqueles tempos que pareciam tirar o ar de todas as organizações. Era, portanto, necessário e fundamental para a existência da empresa preservar o caixa.

INDICADORES EFICIENTES

Em tempos de céu azul ou de tempestades, devemos usar indicadores eficientes e capazes de apresentar o ponto em que estamos, e os riscos que estão surgindo no horizonte, além, é claro, de usar nossa intuição, nossa capacidade cognitiva de ler e avaliar possíveis cenários. Conforme o que mostram esses indicadores, devemos decidir qual ação devemos tomar. No caso, era necessário buscar outros mecanismos para conseguir compensar a queda nos negócios da empresa. Dessa maneira, realizamos uma repactuação de salários da alta gestão, sem data para retorno ao nível original e, o mais doloroso, algumas demissões.

Decisões como essas são desagradáveis, mas, uma vez tomadas, devemos levá-las até o final, sem culpas ou arrependimentos. Se o objetivo é preservar caixa, e isso beneficiaria ao maior número de pessoas, medidas duras são necessárias pela manutenção do todo.

Nesse caso enfrentado pela organização, o recuo temporário nos deu uma posição forte de caixa, ao mesmo tempo em que conseguimos preservar a inteligência da empresa, representada pela área de P&D e Inovação e pessoas-chave. Com a volta gradativa dos negócios, a empresa estaria com energia suficiente para se recuperar com maior rapidez do que os concorrentes e apta a atender ao fluxo de pedidos que foi represado nos tempos difíceis. Acredito que esse exemplo vivido, de ajuste agudo, mostra, de forma clara e simples, o quanto é importante monitorar os riscos e enfrentá-los de maneira decidida e sem temor. O mundo funciona dessa maneira, e, muitas vezes, ficamos imobilizados por medo dos riscos, ou por exagerar na dose do ajuste também, avaliando uma situação como sendo pior do que de fato é. Isso, a imobilidade ou avaliação equivocada tomada pelo pânico, só nos traz insegurança, podendo levar à perda de valor da empresa e a situações de difícil recuperação dos negócios em uma retomada de mercado.

RISCOS SÃO INEVITÁVEIS (...)

Caso os riscos que temos pela frente não surjam na forma de "cisnes negros", como pandemias, crises políticas e econômicas repentinas, guerras etc., podemos até mesmo nos dar ao luxo de escolher os que queremos enfrentar. O modelo de tomada de decisão que proponho nos permite fazer isso. Ele prevê a análise da dinâmica das escolhas e da decisão que está para ser feita, ou seja, os riscos inerentes a todo e qualquer processo de tomada de decisão estão sendo tratados no modelo, quando avaliamos as origens das alternativas que temos, bem como suas consequências, usando as ferramentas mais adequadas para análise criteriosa de cada caso e nossa intuição. Assim, decidimos por uma das alternativas que nos dá maior conforto em sua origem e em seus possíveis resultados mapeados.

O principal risco à boa implementação de uma decisão seria, portanto, não avaliar, de maneira regular, sistemática e disciplinada, os indicadores das possíveis ameaças que surgem ao longo do processo de execução. Mesmo quando esses perigos forem superados e cheguemos a consequências confortáveis, ainda assim devemos continuar de olho no painel de indicadores, para garantir que essa situação de conforto esteja bem posicionada, consciente, e que façamos o exercício de forma continuada.

No livro *Decisões inteligentes*,[10] seus autores afirmam que "uma única decisão pode envolver numerosas incertezas, e estas podem ter variados níveis de importância, que interagem para determinar as consequências"[11]. Precisamos conhecer quais são essas incertezas e ser capazes de isolar seus elementos essenciais, que são os fatores de risco, para então termos as informações necessárias para enfrentá-los, neutralizando-os, desenvolvendo "planos B", caso ocorram, e, assim, tentarmos impedir que influenciem negativamente os resultados esperados.

Os elementos para montar essa estratégia de enfrentamento dos riscos, escrevem os autores, serão conhecidos a partir das respostas para quatro questões: 1) Quais são as principais incertezas? 2) Quais os possíveis resultados? 3) Quais as chances de ocorrência de cada possível resultado? 4) Quais as consequências de

---

10 John S. Hammond, Ralph L. Keeney e Howard Raiffa. *Decisões inteligentes: somos movidos a decisões*. Alta Books, 2017.

11 Idem, p. 93-94.

cada resultado? Ao mapearmos os riscos que podem se colocar diante das decisões que tomamos, como detalhado no livro, seremos capazes de hierarquizar essas possibilidades. Isto é, ficará mais claro quais são os caminhos que serão mais arriscados, apontando para aqueles em que haverá maior possibilidade de termos problemas e quais são aqueles com riscos não são tão grandes assim.

Escolheremos as alternativas mais ou menos perigosas, segundo nossos valores, dependendo de nosso apetite ao risco e de seu potencial e proporcional retorno. O modelo de tomada de decisão que apresentei e proponho a vocês pede que analisemos com qual ou quais alternativas, segundo nossos valores, nos sentimos mais ou menos confortáveis.

Há riscos que precisam ser monitorados diariamente. Em situações críticas, como os parâmetros de uma barragem, esse monitoramento deve ser feito de minuto em minuto, segundo em segundo. Caso isso seja negligenciado, pode provocar tragédias, como ocorreu, em 25 de janeiro de 2019, na mineradora Vale S.A., em Brumadinho (MG), assunto tratado no Capítulo 4 deste livro. Em segmentos menos arriscados, tal controle de riscos pode ser feito em intervalos maiores, assim saberemos se os indicadores estão mostrando sinais de melhora ou, ao contrário, que as coisas estão piorando. Há inúmeras outras formas de monitorar, dentre elas, observar *benchmarks*, ou seja, os resultados e problemas enfrentados por outros *players* que atuem no mesmo segmento, tomando todo cuidado para que essas informações sejam, de fato, fidedignas.

FERRAMENTAS DE GESTÃO

A leitura desses diferentes indicadores — a performance, o aprendizado e o crescimento das pessoas; processos internos; e desempenho financeiro e clientes — costuma ser feita por ferramentas de gestão estratégica. Entre elas, talvez a mais conhecida seja o *Balanced Scorecard*.[12] Essa é uma ferramenta que permite gerir riscos e alcançar um equilíbrio entre essas forças que influenciam os rumos de uma

---

12 <https://www.iped.com.br/materias/contabilidade/como-funciona-balanced-scorecard.html>.

organização. Aliás, vem dessa tentativa de harmonizar esses elementos internos o nome dessa ferramenta. *Balanced Scorecard* pode ser traduzido para o português como Indicador de Equilíbrio.

Sou um defensor do *Balanced Scorecard* porque ele não olha para os negócios por apenas uma perspectiva. Ainda que óbvio, não se deve considerar os negócios apenas do ponto de vista dos resultados econômicos e financeiros, e muita gente se esquece disso. Aliás, muitas gestões dizem que não enxergam sua organização unicamente do ponto de vista financeiro, assim como muitas pessoas dizem que dinheiro não é tudo, porém, a sua prática deixa muito a desejar. Para pensar.

Voltando à gestão equilibrada, vale lembrar que o bom desempenho econômico-financeiro que surge em um negócio é resultado de todos os passos que foram dados anteriormente, o modo pelo qual a organização é gerida, buscando equilíbrio de forças entre várias perspectivas necessárias para sua existência.

O olhar ético voltado ao cliente, por exemplo, é ter seu consumidor satisfeito porque ele desenvolverá confiança nos produtos e serviços ofertados pela organização, reconhecendo sua qualidade, preço justo e o atendimento às suas necessidades, recebendo uma experiência agradável. Colaboradores satisfeitos, engajados ao propósito da organização e com vontade de trabalhar produzem indicadores de eficácia, de eficiência e de qualidade alinhados aos processos organizacionais e aos indicadores de qualidade.

Todas essas forças equilibradas serão capazes de gerar resultados financeiros que também serão, pelo seu lado, indicadores da performance organizacional. Mas vale o reforço, pois é de fundamental importância essa observação que sempre levo em conta em minhas experiências de gestão de empresas: o zelo pelo monitoramento dos indicadores nos campos "pessoas", "clientes" e "processos" é que deságua no resultado financeiro buscado e o faz sustentável, em um círculo virtuoso, e não o contrário. E, para completar, monitorar todos esses indicadores significará que se está verificando os riscos que podem comprometer o equilíbrio dessas forças.

Ferramentas e metodologias capazes de monitorar riscos, como o *Balanced Scorecard*, fazem a leitura, portanto, de vários indicadores. Por exemplo, o nível de compra dos insumos; endividamento; inadimplência da carteira de recebíveis; o desenvolvimento das pessoas e de indicadores que apontam para a necessidade de a empresa acompanhar ou lançar inovações no mercado.

Observar os diferentes cenários nos quais a organização opera também é uma maneira de controlar riscos buscando antecipar ações de correção dos rumos.

POR QUE RESULTADOS FINANCEIROS POR ÚLTIMO?

Indicadores baseados, por exemplo, na perspectiva comercial, de pessoas, na de processos e na financeira também funcionam como um radar de riscos, sendo que a perspectiva financeira, como já ressaltei, é a última a ser examinada, pois ela é consequência de todo o processo. Devemos olhar criticamente para o resultado econômico-financeiro gerado, quando o resultado do equilíbrio, ou desequilíbrio, de todas as demais forças internas da empresa já for conhecido. Mas isso não quer dizer que a perspectiva econômico-financeira não seja um indicador extremamente importante. Essa perspectiva mostrará se o negócio está gerando lucro e caixa, e caso não esteja sendo sustentável a ponto de assegurar a sobrevivência no longo prazo, devemos buscar o porquê, avaliando outras perspectivas, simples assim, encarar as causas e buscar a solução em cada campo.

Igualmente relevantes são os indicadores na perspectiva da atração e da manutenção de clientes. Qual foi o número de *prospects* abertos na semana? Qual é o índice de conversão em negócios dessa prospecção? Os clientes atuais estão satisfeitos, insatisfeitos ou simplesmente indiferentes? Todos esses são indicadores a serem levados em conta. Parte deles pode ser buscada no mercado, e parte, pela análise dos dados internos da área de marketing e vendas da organização.

A perspectiva de riscos que foca as pessoas também deve estar sempre presente nesse monitoramento. Como está o *turnover* na empresa? Os funcionários têm se engajado nos treinamentos? Qual é a avaliação que eles fazem da empresa: boa, má, razoável? Como está o índice de satisfação deles com o trabalho, o salário e os benefícios? Enfim, eles têm sido ouvidos de forma regular e atenta?

O monitoramento desses pontos deve preceder a tomada de decisões relevantes. Mas como ele deve ser conduzido? Com que frequência os gestores devem checar os sinais vitais da organização? A resposta a essas perguntas depende da criticidade dessas variáveis para uma decisão a ser tomada. Assim, o monitoramento pode ser feito mensalmente, semanalmente ou diariamente.

RISCOS SÃO INEVITÁVEIS (...)

Por exemplo, os indicadores voltados ao acompanhamento dos clientes e a processos são algo que pode ser acompanhado diariamente. Pessoas e resultados, dependendo da organização, podem ser monitorados mensalmente.

Checar em uma base diária as vendas feitas mostrará se elas estão evoluindo de acordo com o que foi planejado. Monitorar a conquista de novos clientes diários também é um indicador sobre se a área de marketing, aliada à área de vendas, está contribuindo para o resultado esperado. Checar se os clientes atuais e antigos têm feito compras periódicas. Medir o número de ligações diárias e o quanto isso reverte em vendas é também uma forma de monitoramento, além de uns cem outros indicadores. Com essas medições nas mãos, o gestor terá como eventualmente corrigir o desempenho de uma determinada equipe, bem como perceber novas oportunidades de mercado.

No caso do marketing, por exemplo, checar o resultado da conversão do *mailing-list*, bem como campanhas nas mídias sociais, é um indicador de resultados. A engenharia desenvolveu produtos adequados em função das pesquisas de mercado? Os produtos são inovadores quando comparados com o que a concorrência está oferecendo para seus consumidores?

LÍDERES MONITORADOS

A atuação das pessoas responsáveis por executar as ações da organização também deve ser monitorada. Dirigentes podem também se tornar um risco à execução de uma decisão. Caso não tenham a atuação esperada como líderes, sua remoção deve ser cogitada.

Recentemente enfrentamos, em meu trabalho, uma situação como essa. Um executivo estratégico, alguém muito querido dentro da organização e que costumava apresentar uma excelente performance, passou a não mais corresponder ao que se esperava dele. Seu desempenho tornou-se fraquíssimo. Eu e o CEO nos sentamos para discutir a questão e concordamos que seria bastante doloroso para nós dispensar os serviços daquele colaborador.

Tínhamos diante de nós uma decisão difícil, pois esse colaborador havia sido alguém chave para a entrega de resultados. Nunca acreditamos que ele estivesse agindo abaixo das expectativas por qualquer motivação maliciosa,

244 DECISÕES DE ALTO IMPACTO

mas seu desempenho estava trazendo riscos para a organização. Estavam lhe faltando condições para uma boa execução, ou seja, nesse caso, a má performance desse colaborador surgia como um indicador de risco.

Quando soa um sinal de alerta, como aconteceu nesse caso, é preciso agir de maneira sóbria e racional. Para um negócio ter sustentabilidade, ele precisa contar com pessoas trabalhando de maneira eficiente e alinhada aos objetivos organizacionais. Aquele que não está correspondendo às necessidades organizacionais deve, depois de dadas todas as devidas oportunidades de correção de rumo, ser afastado, sob pena de afetar todo um conjunto sinérgico.

Certamente todos os integrantes de uma organização ficam felizes em ter ao seu lado colegas simpáticos, agradáveis e de bom coração, mas se essas pessoas não tiverem as habilidades e competências necessárias para atingir resultados consistentes, a empresa sofrerá ou até morrerá.

Como disse anteriormente, monitorar o desempenho dos integrantes de uma organização não é algo que deve focar apenas os níveis hierárquicos médios e o chão de fábrica. Se o monitoramento mostra que há processos pouco eficientes ou pessoas desinteressadas, desalinhadas com o propósito da empresa, incrédulas quanto aos seus rumos, certamente os responsáveis por isso não são apenas os funcionários, mas também seus gestores, e estes devem ter sua performance examinada com lupa e imparcialidade.

O problema pode estar muito mais na governança da organização do que em algum outro lugar. Não é sempre, no entanto, que os dirigentes da empresa estarão dispostos a fazer uma autocrítica e reconhecer sua responsabilidade na condução precária dos negócios. O que se faz comumente é apontar culpados entre os integrantes dos cargos inferiores e, eventualmente, demiti-los.

Isso é catastrófico. Primeiro porque não detecta o problema real que está afligindo aquela organização, o que fará com que a situação se repita com um ciclo contínuo de demissões que, provavelmente, levarão aquela organização a uma situação de estagnação em seu quadro de colaboradores, e não ao seu desenvolvimento. Isso comprometerá diretamente o papel social da empresa. Se ela está sempre em uma situação estagnada ou difícil, com baixa lucratividade e, portanto, incapaz de gerar desenvolvimento e novos postos de trabalho, não entrega valor aos *stakeholders* e, dessa maneira, não cumpre sua finalidade perante a sociedade.

SEM RISCOS, VÊM O TÉDIO E A ANSIEDADE

Minha convicção, como disse anteriormente, é a de que nunca teremos todas as informações necessárias em mãos para tomar uma decisão. Melhor assim, pois dessa maneira surgem as oportunidades. Talvez se fosse possível impedirmos todas as surpresas e as reviravoltas em nossa trajetória, a vida seria um tédio sem fim, e pouco valor nós teríamos ou geraríamos nesse cenário da certeza. Temos de saber lidar com o imponderável, o acidental e o fortuito. A metodologia que desenvolvi coloca dois conceitos imprescindíveis para que sejamos capazes de fazer isso: a importância do autoconhecimento e a de tomarmos decisões baseadas em valores, sejam eles pessoais ou corporativos.

Se não será possível nos cercarmos de certezas, pelo menos devemos buscar o maior número possível de informações de fontes confiáveis, em pesquisas, mentorias e consultorias. Mesmo assim, se entendermos que não temos informações suficientes para tomar uma decisão, o que pode ocorrer pela urgência em decidir ou por estarmos diante de um fato inteiramente novo, devemos mirar as consequências, avaliar se nos sentimos confortáveis ou não com elas, ser pragmáticos e, enfim, escolher a melhor alternativa e tomar a decisão.

Nos próximos capítulos, analisaremos casos em que os processos de decisão adotados trouxeram importantes repercussões, impactos relevantes sobre várias pessoas e ambientes envolvidos.

14

Um software que contava mentiras

O naturalista inglês Charles Darwin, considerado o principal criador da Teoria da Evolução[1], morreu quatro anos antes que o engenheiro austríaco Karl Benz (1844-1929) apresentasse ao público o que é hoje considerado o primeiro verdadeiro automóvel da história[2]. Batizado com o insípido nome *Benz Patent-Motorwagen Nummer 1*, o modelo lembrava um híbrido entre uma charrete e um velocípede[3]. Ele podia levar dois passageiros e tinha 3 rodas e um motor de um cilindro a gasolina capaz de desenvolver 13 quilômetros por hora, o que o tornava mais lento do que um cavalo trotando.

Mesmo essas modestas características não escondiam o fato de que o automóvel de Benz representava uma gigantesca evolução sobre os experimentos anteriores, barulhentos e ineficientes trambolhões movidos a vapor cujo aspecto lembrava o casamento de um rolo compressor com uma locomotiva.[4]

---

1 Charles Robert Darwin (1809-1882) chocou as convicções científicas e religiosas da sociedade vitoriana inglesa do século XIX ao propor que humanos e animais tinham ancestrais comuns e que os seres vivos sofriam mutações físicas em relação aos seus antepassados. <https://www.britannica.com/biography/Charles-Darwin>.

2 <https://archive.org/details/chronicleofameri0000flam/page/n615/mode/2up>.

3 <https://web.archive.org/web/20151121032810/http://www.daimler.com/dc-com/0-5-1322446-1-1323352-1-0-0-1322455-0-0-135-0-0-0-0-0-0-0-0.html>.

4 <http://www.autoloancalculator.org/driving/steam-automobiles.php>.

UM SOFTWARE QUE CONTAVA MENTIRAS

Mas a oportunidade que Darwin perdeu, por não ter nascido algumas dezenas de anos mais tarde, foi a de testemunhar que, assim como as plantas e os animais, os automóveis também parecem ser uma "espécie" capaz de acumular vantagens evolutivas geração após geração. E a uma velocidade infinitamente maior que a das tartarugas e das aves marinhas que ele estudou.

Alguns exemplos[5] mostram como os automóveis foram se afastando cada vez mais das carroças, seus, digamos, avós, até se tornarem máquinas progressivamente mais eficientes e autônomas. A começar pela velocidade: meros 24 anos mais tarde, os Ford T já atingiam 70 quilômetros por hora, quase 6 vezes mais rápidos do que os *Nummer 1* de Benz. Em 1930, surgiu o primeiro rádio para automóveis, transformando as viagens em amenas experiências musicais.

Em 1951, a direção hidráulica livraria os tendões e ligamentos dos braços dos motoristas de contusões provocadas pelo volante pesado dos antigos veículos, e dois anos mais tarde chegariam os primeiros aparelhos de ar-condicionado. Em 1960, os vidros elétricos aumentariam ainda mais o conforto nos automóveis. A segurança também seria aprimorada com os freios ABS, em 1971, que impediam que as rodas travassem ao serem freadas, e com os airbags, de 1988, que diminuíram extraordinariamente o número de mortos em acidentes.

A partir dos anos 1990, os automóveis passaram quase a merecer o título de "seres inteligentes", pela sofisticação dos avanços tecnológicos que receberam. Automóveis capazes de estacionar sozinhos, sem a interferência dos motoristas (2003); controles automáticos que detectam se o condutor está com sono e outras facilidades deixaram os veículos mais espertos e habilidosos do que muitos motoristas. Só faltava mesmo os carros andarem sozinhos e... adivinhem? Em 2017, a Waymo, uma empresa do grupo Google, desenvolveu uma frota de carros autônomos, capazes de se deslocar pelas ruas, parar nos sinais e estacionar sem a interferência de qualquer ser humano.

ESPERTAMENTE MALANDROS

Mas entre todas essas novidades, houve uma que tornou os automóveis ainda mais próximos

---

5   Todos os avanços tecnológicos dos automóveis citados foram retirados do site: <https:// news.jardinemotors.co.uk/lifestyle/the-history-of-car-technology>.

das reações e da personalidade humana. Na verdade, chamar isso de evolução não é muito apropriado, porque a inovação que foi introduzida pela Volkswagen tornou esses carros mentirosos, espertamente malandros, quase uns fora da lei. Algo que certamente escandalizaria Charles Darwin, que era tido como "um afável cavalheiro"[6], e talvez fizesse Karl Benz desanimar de sua invenção e trancá-la para sempre na garagem.

Trata-se de um dispositivo introduzido pela Volkswagen em mais de 11 milhões de veículos movidos a diesel, e vendido em todo o planeta, com o objetivo específico de enganar as autoridades encarregadas de verificar se os motores desses carros respeitavam o grau de emissão de poluentes permitido pela legislação. Uma fraude que seria admitida, em outubro de 2015, por Michael Horn, CEO da Volkswagen nos Estados Unidos, diante de uma comissão do Congresso norte-americano.[7]

O dispositivo fraudulento atuava interferindo no processo de queima do diesel e, como consequência, alterava a quantidade de emissão de gases, em especial o óxido de nitrogênio[8], um poluente que pode provocar enfisema, bronquites e outras doenças respiratórias sérias[9]. Caso não fosse tão perigoso assim para os pulmões e para a natureza (o óxido de nitrogênio provoca chuvas ácidas), o diesel seria um excelente combustível para os automóveis.

Os motores a diesel usam o combustível de uma maneira muito mais eficiente do que aqueles de quatro tempos, que queimam a gasolina com a centelha de velas de ignição[10]. Por essa razão, ele reduz os gastos para os motoristas em comparação com os carros a gasolina. Essa vantagem fez, por exemplo, que o

---

6 <https://www.britannica.com/biography/Charles-Darwin/The-Beagle-voyage>.

7 <https://www.npr.org/sections/thetwo-way/2015/10/08/446861855/volkswagen-u-s-ceo--faces-questions-on-capitol-hill>.

8 Óxido de nitrogênio é um nome genérico que abarca sete diferentes compostos gasosos resultantes da combinação do oxigênio com o nitrogênio. <https://www3.epa.gov/ttncatc1/dir1/fnoxdoc.pdf>

9 <https://www.nytimes.com/interactive/2015/business/international/vw-diesel-emissions--scandal-explained.html>

10 <https://www.economist.com/briefing/2015/09/26/a-mucky-business>.

UM SOFTWARE QUE CONTAVA MENTIRAS

251

diesel se transformasse em um combustível querido nos países europeus, nos quais metade da frota de automóveis é abastecida com esse combustível.[11]

Mas se a Europa não se incomodava com o cheiro do diesel e do óxido de nitrogênio, do outro lado do oceano, os norte-americanos taparam o nariz e endureceram as leis que regulavam os limites máximos de emissão dos gases e de outras partículas. Aos motores a diesel, determinou a Agência de Proteção Ambiental (EPA, na sigla em inglês),[12] seria admitida uma emissão máxima de 0,04 grama de óxido de nitrogênio por quilômetro rodado.[13]

DAR UM JEITO

Esse era um limite reduzido demais para os carros a diesel produzidos pela Volkswagen. Eles emitiam quase 50 vezes mais óxido de nitrogênio do que esse número. Havia tecnologia para diminuir essa emissão para os níveis permitidos, mas isso exigiria que fossem incorporados aos veículos equipamentos caros que deveriam ser trocados a cada 1.500 quilômetros rodados![14] Quem neste planeta, por mais dinheiro que tivesse, compraria um automóvel que precisasse trocar equipamentos a cada 1.500 quilômetros?

A Volkswagen estava em uma encruzilhada. Ou desistia de conquistar o mercado norte-americano ou buscava uma nova tecnologia que atendesse às leis regulatórias dos EUA, o que lhe custaria altos investimentos em P&D e levaria mais tempo, ou então cortava caminho e "dava um jeito". Desistir do mercado norte-americano, o segundo maior do mundo depois da China, estava fora de cogitação. A montadora alemã estava obcecada com a ideia de aumentar seu

---

11 Idem.

12 Criada em 1970, a Environmental Protection Agency é uma agência independente reguladora dos Estados Unidos encarregada de assuntos ligados à proteção ambiental. <https://www.epa.gov/aboutepa/our-mission-and-what-we-do>.

13 <https://www.economist.com/briefing/2015/09/26/a-mucky-business>.

14 Hard NOx — episódio 1. Primeira temporada da série *Dirty Money*, na Netflix.

252 DECISÕES DE ALTO IMPACTO

volume de vendas nos Estados Unidos[15]. A pressão para que não se desistisse do mercado norte-americano era feita fortemente pelo então CEO internacional da marca, Martin Winterkorn.[16]

Foi então que alguém na organização decidiu "dar um jeito", e o software fraudulento passou a ser colocado sistematicamente nos automóveis a diesel oferecidos com os motores TDI. A data exata em que a Volkswagen passou a instalar os dispositivos que mascaravam o nível de emissão de poluentes pelos seus veículos é controversa. No entanto, ao denunciar publicamente, em 18 de setembro de 2015, o embuste nos Estados Unidos, a EPA estimou que a empresa vinha instalando os aplicativos desde 2009. Dos 11 milhões de veículos a diesel TDI que continham o software desonesto, 500 mil haviam sido vendidos nos Estados Unidos, 8,5 milhões na Europa, e o restante, em outras regiões.[17]

O dispositivo era de uma tão maliciosa esperteza, que, para as mentes mais fantasiosas, parecia que dava ao carro o dom de pensar e decidir por si próprio. O software instalado nos veículos "percebia" quando o carro era eventualmente colocado em uma bancada de testes para medir seu nível de emissão de poluentes. Por exemplo, se o veículo era acelerado por um longo período sem que o volante fosse acionado, algo que não acontece quando se circula por ruas ou estradas, o dispositivo entrava em ação.[18]

"Ôpa! Estou em uma bancada! Alguém está testando minhas emissões, vou ligar o equipamento que muda a queima do diesel", o carro parecia pensar. O software, então, entrava em ação injetando mais diesel no sistema de redução de emissões, diminuindo a potência do motor TDI. O nível de óxido de nitrogênio era, então, reduzido para os níveis aceitáveis pelo EPA. Uma vez que o mesmo carro entrasse em uso normal no trânsito, o sistema era desligado. O veículo ganhava potência, diminuía o consumo de combustível, algo que todos os

---

15 <https://www.economist.com/briefing/2015/09/26/a-mucky-business>.

16 Hard NOx — episódio 1. Primeira temporada da série *Dirty Money*, na Netflix.

17 <https://www.euractiv.com/section/transport/news/dieselgate-how-and-where-it-all-started/>.

18 Hard NOx — episódio 1. Primeira temporada da série *Dirty Money*, na Netflix.

UM SOFTWARE QUE CONTAVA MENTIRAS

motoristas querem que seus carros façam, e passava a emitir quarenta vezes mais óxido de nitrogênio do que era permitido.[19]

OBRA DO ACASO

Charles Darwin nunca poderia imaginar uma "evolução" dessas, e nem qualquer outra pessoa, fora os técnicos da Volkswagen que criaram esse primeiro "carro malandro" da história da "espécie automobilística". Toda a coisa era tão inimaginável, que só poderia ser desmascarada por uma obra do acaso. E foi exatamente o que aconteceu.

Em 2012, uma pequena ONG, The International Council on Clean Transportation (Conselho Internacional para Transporte Limpo, em português), ligada à West Virginia University, recebeu uma verba para fazer a análise de emissões de carros movidos a diesel.[20] Liderados pelo professor Arvind Thiruvengadam, o grupo escolheu dois automóveis da Volkswagen e passou a fazer os testes de emissão com os carros em movimento. A ONG, que se dedica a produzir dados para as agências governamentais voltadas para regulamentação ambiental, encontrou dados contraditórios com aqueles divulgados pela empresa. Os carros emitiam muito mais óxido de nitrogênio e particulados do que o anunciado.

Thiruvengadam e seus colaboradores imaginaram que haviam feito as medições de maneira incorreta ou seus equipamentos não estavam devidamente calibrados. Mas, após terem refeito os testes por várias vezes e alcançado os mesmos resultados, convenceram-se de que havia algo suspeito naqueles carros[21]. Os dados foram, então, passados para o EPA, que deu continuidade à investigação, revelando a fraude da Volkswagen.

---

19 <https://www.nytimes.com/interactive/2015/business/international/vw-diesel-emissions-scandal-explained.html>.

20 <https://www.npr.org/2015/09/24/443053672/how-a-little-lab-in-west-virginia-caught-volkswagens-big-cheat>.

21 Idem.

A empresa pagaria um preço caro por esse mau passo. Além da imagem comprometida, foi obrigada a anunciar um *recall* para todos os veículos com os motores TDI. O CEO da empresa, Martin Winterkorn, renunciou imediatamente, como também Michel Horn, o mais alto executivo da Volkswagen nos Estados Unidos[22]. A renúncia e o constrangimento, no entanto, não foram os únicos dissabores enfrentados por Winterkorn e vários outros dirigentes alemães. Em setembro de 2020, seis anos após o escândalo explodir, o tribunal de Brunswick, na Alemanha, decidiu que ele iria a julgamento pela fraude.[23]

O escândalo, que recebeu o apelido "Dieselgate", provocou um prejuízo de 1,3 bilhão de euros à Volkswagen em 2015[24], relativos à perda do valor da empresa nas bolsas de valores, uma queda correspondente a um terço do que a fabricante de automóveis valia antes do escândalo[25]. Essa perda de valor se estenderia pelos anos seguintes. Em 2019, calculava-se que as ações da empresa estavam sendo negociadas a um valor 25% abaixo do que valeria caso o Dieselgate não houvesse acontecido[26]. No ano seguinte, a empresa fechou um

---

22 <https://www.theweek.co.uk/65351/vw-scandal-emission-fix-leaves-thousands-with-problems>.

23 <https://g1.globo.com/carros/noticia/2020/09/09/ex-ceo-da-volkswagen-sera-julgado-por-escandalo-do-diesel.ghtml>.

24 <http://g1.globo.com/carros/noticia/2015/09/escandalo-da-volkswagen-veja-o-passo-passo-do-caso.html>.

25 <https://www.caranddriver.com/news/a29208181/vw-executives-stock-market-fraud-diesel-scandal/>.

26 <https://www.columnfivemedia.com/volkswagen-stock-price-plunges-after-emissions-scandal#:~:text=Volkswagen%20plunged%20as%20much%20as,in%20more%20than%20three%20years>.

acordo de US$ 10 bilhões com os consumidores norte-americanos para dar fim a todos os processos. Em vários outros países, inclusive no Brasil, a organização foi multada pela fraude. Aqui, a filial brasileira da Volkswagen pagou uma multa, em novembro de 2015, de R$ 50 milhões, ao Instituto Brasileiro do Meio Ambiente (Ibama) e outra, de R$ 8,3 milhões, ao Procon-SP.[27]

METODOLOGIA PELO AVESSO

Quando examinamos o Dieselgate sob a lente de minha metodologia para a tomada de decisões, é como se a Volkswagen tivesse lido o que escrevi e decidisse fazer tudo pelo avesso. A questão dos valores que a guiaram nesse processo quase dispensa explicações. Não havia valores que merecessem ser assim chamados. O único caminho que parecia interessar à direção mundial da empresa era o de conquistar mercado, TER mercado, TER lucro, danem-se as consequências. A saúde das pessoas, a credibilidade da marca, qualquer compromisso com a honestidade, transparência ou respeito às leis, o que significa, no mínimo ser ético, foram quesitos completamente ignorados.

Se as três perguntas que proponho fossem feitas para a cúpula da Volkswagen, dificilmente ela devolveria respostas alinhadas aos valores da empresa que se dizia compromissada com questões ambientais. Se eles se perguntassem qual era a essência da decisão de colocar um software desenvolvido com a intenção explícita de enganar as autoridades, nunca poderiam responder que era "ser" uma empresa

---

27 <http://g1.globo.com/carros/noticia/2015/09/escandalo-da-volkswagen-veja-o-passo--passo-do-caso.html>.

ética, admirada, comprometida com o meio ambiente e o bem-estar das comunidades afetadas por ela. Sua inclinação foi o tempo todo pelo "ter": ter *market share*, ter mais lucro, ter todos seus desejos satisfeitos, sem se importar com as consequências de suas ações.

Qual era o propósito da cadeia de decisões que certamente começou nos mais altos postos, envolveu técnicos e se protegeu em uma redoma de conspiração reforçadas por uma restrita *omertà*?[28] Seria atender ao "nós", ou seja, ao maior número de pessoas, ou a um "eu", que se resumisse a um grupo restritíssimo de dirigentes que do sucesso da operação, extrairiam bônus milionários?

Tampouco deve ter ocorrido a eles refletir sobre a dinâmica da decisão tomada em criar um dispositivo fraudulento para seus automóveis. As origens e as consequências do que estavam se propondo a fazer os deixariam confortáveis? Estariam em harmonia com suas crenças e princípios? Mesmo se à primeira vista nossa tendência talvez seja pensar que os envolvidos não tinham quaisquer valores respeitáveis, as coisas não costumam acontecer assim. A não ser que as pessoas sejam portadoras de alguma psicopatia, elas costumam ter sentimentos de generosidade e empatia. Mas não é raro que a ganância as cegue e as leve a tomar decisões desastrosas calcadas em pura emoção.

É bem provável que, ao se deixarem dominar pela vaidade (origem na emoção) e arrogância (mais uma vez a emoção presente na origem), essas pessoas tenham se sentido invulneráveis. Nunca deve ter passado pela cabeça delas a possibilidade de que a farsa do software fosse descoberta. Eles eram os campeões, estavam prestes a se tornar a indústria automobilística número um do mundo, haviam descoberto uma solução genial, impossível de ser descoberta, para atingir seus objetivos. O que poderia dar errado? Mas, no final, as consequências foram desastrosas.

As decisões tomadas pela cúpula mundial da Volkswagen sempre estiveram carregadas de emoção. A confiarmos no que escreveu a revista inglesa *The*

---

28 Palavra siciliana que designa o compromisso de as pessoas manterem um segredo, independente das consequências, e jamais denunciar os envolvidos às autoridades, como costumavam agir os integrantes da máfia italiana. <http://www.senato.it/service/PDF/PDFServer/BGT/907857.pdf>. p. 106-107.

Economist em sua edição de setembro de 2015,[29] o que movimentava a direção da empresa alemã era quase um capricho. "Havia um irresistível desejo de ser gigante, a companhia estava obcecada em ultrapassar a Toyota e tornar-se a maior indústria automobilística do planeta, mesmo que isso trouxesse um pequeno retorno financeiro (...) já que a margem dos veículos não passava de 2%."[30] E a participação no segmento diesel, pelo qual a empresa tantos riscos correu, não ultrapassava 0,5% do mercado automobilístico norte-americano. Será que valeu a pena? Será que o Conselho de Administração da Volkswagen hoje não olha para trás e se pergunta se não teria sido melhor ter construído outro futuro para a organização que não aquele apresentado e aprovado por volta de 2009? O mercado responde a essa pergunta todos os dias, incessantemente.

EXISTIRIA OUTRO CAMINHO?

Sem dúvida, sempre há alternativas. Há, inclusive, a escolha de não se fazer nada. Mas se nesse caso o DNA é fabricar automóveis, quais poderiam ser as alternativas? O melhor exemplo está na guinada do mercado automobilístico japonês ao perceber que os motores a diesel estavam fadados ao seu fim quando as agências regulatórias impuseram novos índices máximos de emissão de poluentes. A atitude e ação da indústria do Japão foi exatamente a que se pode esperar de empresas que de fato praticam valores.

Em primeiro lugar, entenderam a nova realidade e lidaram com ela de frente. A partir de seu estudo e da avaliação de alternativas, buscaram novas soluções, preservando valores da empresa, bem como valores éticos. Por meio da inovação, construíram um novo futuro, um novo ciclo. Perceberam que voltamos ao início do texto deste capítulo e à forma de pensar de Karl Benz? Pois bem, diante desse fato, a indústria automobilística japonesa hoje domina a tecnologia

---

29 "A Mucky Business". *The Economist*, 26 set. 2015. <https://www.economist.com/briefing/2015/09/26/a-mucky-business>.

30 Idem.

de veículos elétricos e híbridos devido ao investimento realizado em novas tecnologias, ou seja, não "cortaram caminhos" e hoje "nadam de braçada" em um "oceano azul".[31]

Em paralelo, a Volkswagen hoje tenta desesperadamente alcançar a tecnologia dos veículos elétricos — o esforço que deixou de fazer lá atrás está sendo feito hoje a duras penas. Fica a pergunta: essa nova geração de veículos da Volkswagen será confiável? O consumidor apostará sua confiança nela? O tempo dirá.

---

31 O conceito "oceano azul" foi proposto pelo economista sul-coreano W. Chan Kim, em 1999. De acordo com ele, a estratégia vencedora de uma organização seria aquela que criasse uma demanda para o consumidor em um espaço de mercado ainda virgem, não disputado, que é chamado por Kim de "oceano azul". Tal proposta está no livro *A estratégia do Oceano Azul — como criar novos mercados e tornar a concorrência irrelevante* (Editora Campus, 2005), escrito em parceria com a economista norte-americana Renée Mauborgne.

15

A seguradora que trocou a confiança dos clientes por bônus

ndre Poisson mal conseguia controlar sua felicidade naquele 13 de março de 1915. Naquele dia, uma sexta-feira, em Paris, cidade para a qual havia se mudado havia pouco tempo, ele fechou o que certamente seria o melhor negócio de toda sua vida. Andre, proprietário de uma empresa que lidava com sucata, havia acabado de comprar a Torre Eiffel.[1] Assim que chegasse o documento emitido pelo Ministério dos Correios e Telégrafos confirmando a transação, poderia iniciar o desmonte e a venda das 7.300 toneladas de aço que compunham aquele monumento.

O negócio não saíra barato. Poisson pagou, em dinheiro vivo, os 20 mil francos — a então moeda em circulação na França —, que seriam exigidos oficialmente pelo governo francês pela venda da Torre Eiffel, e outros 50 mil francos "por fora" para que o representante do Ministério, Victor Lustig, desse um jeitinho e o passasse à frente de uma fila na qual havia pelos menos mais quatro donos de ferro-velho interessados no negócio.[2]

Toda a transação estava cercada de sigilo. Lustig explicara que apenas poucos ministros e o presidente da França tinham conhecimento do negócio. Por temerem uma reação negativa dos moradores da cidade, apaixonados pela torre desde que ela fora construída especialmente para a Feira Mundial de 1889, não queriam que nada daquilo viesse a público.

---

1   <https://aventurasnahistoria.uol.com.br/noticias/reportagem/historia-quando-a-torre-eiffel-foi-vendida.phtml>.

2   <https://www.smithsonianmag.com/history/the-smoothest-con-man-that-ever-lived-29861908/>.

Mas aqueles 70 mil francos valeriam a pena, pensava Poisson. Além do lucro certo que a venda do aço traria, o negócio lhe daria um muito almejado reconhecimento social, algo que ele, sem muitos vínculos em Paris, queria conquistar.

Andre Poisson esperava, portanto, o documento oficial. Não contou os dois dias seguintes, sábado e domingo, pois ministérios não funcionam nos finais de semana. Mas a partir da segunda-feira, sua ansiedade cresceu. Esperou vários dias por alguma notícia, até que, de repente, entendeu tudo. Ele caíra como um patinho em um descarado golpe. Seus 70 mil francos estavam, àquela hora, longe dali, em Viena, capital da Áustria, para onde Victor Lustig, considerado ainda hoje um dos maiores, se não o maior, vigaristas da história, fugira assim que recebera o dinheiro em mãos.[3]

Envergonhado pela sua completa falta de esperteza e inacreditável ingenuidade, Andre Poisson jamais apresentou queixa à polícia ou falou abertamente do ridículo papel que exercera. A cilada só seria amplamente conhecida quase duas décadas mais tarde, quando Victor Lustig foi preso nos Estados Unidos. Nascido na antiga Tchecoslováquia, Victor passou toda sua vida aplicando golpes em países da Europa e da América do Norte e gastando o dinheiro com luxos e mulheres. Entre suas vítimas, esteve até mesmo o famoso gângster Al Capone (1899-1947)[4]. Victor Lustig morreria na prisão, aos 57 anos, em 1947.

Há trapaças que são ardilosas e capazes de envolver até pessoas cuidadosas e esclarecidas. Por exemplo,

---

3 <https://sol.sapo.pt/artigo/698866/victor-lustig-o-caixeiro-viajante-que-vendeu-a-torre-eiffel>.

4 <https://aventurasnahistoria.uol.com.br/noticias/reportagem/historia-quando-a-torre-eiffel-foi-vendida.phtml>.

e-mails que nos induzem a clicar em links capazes de roubar informações ou até dinheiro só precisam de um minuto de distração para atingirem seus objetivos maliciosos. Mas sempre fiquei perplexo com pessoas que caem em golpes tão grosseiramente mentirosos como esse na Torre Eiffel. Não compreendo como alguém é capaz de acreditar ser possível comprar um monumento mundialmente conhecido e que, depois, na frente de todos, poderá simplesmente demoli-lo e vendê-lo tranquilamente como sucata. Há muitos outros casos reais tão absurdos como esse. Gente que trocou suas economias por um terreno na Lua[5] ou comprou o Parque do Ibirapuera, em São Paulo.[6]

TROFÉU VICTOR LUSTIG

Recentemente, uma deslavada mentira, tão absurda como as que mostrei, tornou os protagonistas de um grave escândalo financeiro envolvendo o Instituto de

---

5 <https://istoe.com.br/112402_OS+GRANDES+CONTOS+DO+VIGARIO/>.

6 <http://almanaque.folha.uol.com.br/cotidiano_08jul1972.htm>.

A SEGURADORA QUE TROCOU A CONFIANÇA (...)

263

Resseguros do Brasil (IRB)[7] fortes candidatos a receberem o "Troféu Victor Lustig", que, caso existisse, premiaria aqueles que se sobressaíssem por contar as mentiras mais descaradas e inacreditáveis ao público.

Falarei, inicialmente, da principal mentira, porque houve muitas, e depois contarei de maneira detalhada todo o caso, que foi uma coleção de decisões incorretas, nas quais não se deu qualquer atenção aos valores da instituição e muito menos aos interesses da comunidade.

A mentira surgiu no contexto da suspeição levantada pelo mercado contra o IRB, dando conta de que o Instituto, que tem suas ações negociadas na Bolsa de Valores desde 2017, apresentava lucros contábeis significativamente maiores do que os lucros recorrentes[8], induzindo os acionistas a acreditar que o valor do Instituto era maior do que sua realidade financeira.

Em meio à polêmica que se seguiu, integrantes da direção do IRB — o CEO, José Carlos Cardoso, e o CFO, Fernando Passos — teriam confirmado, em uma conferência com analistas do mercado[9], uma notícia publicada pelo jornal *O Estado de S. Paulo*, em 27 de fevereiro de 2020[10], dando conta de que o mega e mundialmente conhecido investidor norte-americano Warren Buffet[11] estava investindo no IRB por meio de sua empresa, a Berkshire Hathaway.

A informação de que Buffet, considerado um guru em investimentos por praticamente todo o mundo financeiro, estava colocando seu dinheiro no

---

7 <https://www.irbre.com/PT-BR/Paginas/default.aspx>.

8 De acordo com reportagem "IRB x Squadra: discussão sobre conflito de interesse agita o mercado", publicada em 11 de fevereiro de 2020 pela *Suno Notícias*, o lucro contábil seria resultado de ganhos "extraordinários", o que pode acontecer quando se vendem ativos pertencentes a uma organização, por exemplo. <https://www.sunoresearch.com.br/noticias/irb-x-squadra-agita-mercado/>.

9 <https://www.infomoney.com.br/mercados/irb-informa-conclusao-de-investigacao-do--caso-berkshire-e-detecta-pagamento-de-r-60-mi-em-bonus-de-forma-irregular/>.

10 <https://economia.estadao.com.br/blogs/coluna-do-broad/berkshire-hathaway-aumenta-investimento-em-irb-brasil/>.

11 O norte-americano Warren Buffet foi apontado pela revista *Forbes*, em outubro de 2020, como a quarta pessoa mais rica do mundo, com uma fortuna avaliada em US$ 80,3 bilhões. <https://www.forbes.com/billionaires/#1e9f0e8251c7>.

Instituto de Resseguros do Brasil fez com que as ações do Instituto imediatamente subissem 9%[12]: "Afinal, se Buffet acha que vale a pena investir no IRB, não sou eu quem vai dizer o contrário", pensaram os investidores.

Mas se a noção, até certo ponto defensável, de que acompanhar os movimentos desse megainvestidor pode ser uma boa ideia, no caso do IRB ela sofreria um violento choque de realidade: "[Warren Buffet] não é acionista do IRB atualmente, nunca foi acionista do IRB e não tem intenção de se tornar um acionista do IRB", garantia nota divulgada pela Berkshire Hathaway em 3 de março de 2020[13]. Não é preciso dizer que, no dia seguinte ao desmentido, o valor das ações caiu fragorosamente, encolhendo 23%.[14]

Novamente, fico perplexo com como alguém é capaz de contar, ou acreditar, em mentiras que podem ser tão facilmente desmascaradas como essa. Não parece completamente óbvio que um fundo, como é o Berkshire Hathaway, desmentiria inteiramente essa informação e, com isso, desmoralizaria ainda mais a diretoria do IRB? Pois foi exatamente o que aconteceu.

Mas o que fez com que o alto comando do Instituto decidisse confirmar algo que, mesmo ele no fundo sabia disso, seria imediatamente desmentido? A resposta é que os dirigentes se apoiaram em uma base fraca no processo de decisão. Conforme explico em minha metodologia de tomada de decisões, uma escolha feita em uma base fraca tem como objetivo atender exclusivamente a interesses pessoais, ou de grupos restritos, e não levam em conta as necessidades das outras pessoas. E decidimos sobre uma base fraca quando nos deixamos levar por impulsos emocionais e acabamos tomando atalhos.

Decisões emocionais foi o que não faltou em todo esse escândalo que envolveu o IRB. No momento em que falavam em conferência com analistas de mercado, os dirigentes do Instituto estavam sendo fortemente pressionados pelo mercado. Naquela situação, estavam se agarrando a qualquer coisa que parecesse que poderia

---

12   <https://www.infomoney.com.br/mercados/berkshire-hathaway-de-buffett-triplica-fatia-no-irb-e-acoes-da-resseguradora-disparam-9/>.

13   <https://braziljournal.com/breaking-warren-buffett-sobre-o-irb-nao-tenho-nunca-tive-e-nao-penso-em-ter>.

14   <https://www.sunoresearch.com.br/noticias/irb-abre-em-queda-apos-nota-da-berkshire-hathaway/>.

impedir a desvalorização da empresa, sua demissão ou até mesmo um processo legal. Em momentos assim, a vaidade e o ego não permitem que as pessoas admitam que erraram, que fizeram más escolhas. "O que os outros vão pensar de mim?", devia ser a angústia que não saía da cabeça deles.

DISPARIDADE ENTRE PREÇO E VALOR

Voltando um pouco no tempo, o escândalo do IRB começou no dia 2 de fevereiro de 2020, um domingo, quando a Squadra Investimentos,[15] uma conhecida gestora de ações baseada no Rio de Janeiro, divulgou uma carta de 184 páginas[16] levantando dúvidas quanto à consistência no balanço do IRB.[17] A Squadra advertia seus cotistas para o fato de que havia "uma grande disparidade entre preço e valor nas ações do IRB".[18]

Em um segundo documento[19], divulgado na mesma data que essa carta, a Squadra trazia uma lista de registros contábeis divulgados pelo IRB nos quais identificava possíveis disparidades em relação à performance real da organização. Questões como a diferença do valor divulgado pelas seguradoras e o registrado pelo IRB em relação ao pagamento de sinistros, avaliação demasiadamente otimista sobre a ocorrência de sinistros e consequente baixa provisão de recursos

---

15 <http://www.squadrainvestimentos.com/default.aspx>.

16 <http://www.squadrainvestimentos.com/pdf/carta-2019.pdf>.

17 O Instituto de Resseguros do Brasil é uma empresa privada criada em 1939 e considerada uma das maiores resseguradoras do mundo. Resseguro é a operação na qual um segurador se responsabiliza, de maneira parcial ou integral, pelo risco de uma operação já coberta por outro segurador. Uma empresa de resseguros funciona como se fosse a seguradora de empresas de seguros, sua função é minimizar, para as seguradoras, o impacto do pagamento de grandes sinistros. <https://www.irbre.com/PT-BR/Paginas/o-irb-brasil.aspx>.

18 <http://www.squadrainvestimentos.com/pdf/carta-2019.pdf>.

19 <http://www.squadrainvestimentos.com/pdf/relatorio-2019.pdf>.

pelo IRB, vendas de participação em imóveis registradas como receita financeira e outros quesitos colocavam o lucro do Instituto bem acima da média do setor.

Mas tão relevante quanto essas considerações era a informação da Squadra de que as ações do IRB constavam em seu "portfólio short". Isso, no português falado nas ruas, significa que a Squadra estava apostando na queda do valor das ações do Instituto[20], uma modalidade de investimento na qual ganha dinheiro quem prevê que o valor de uma ação se deteriorará. "Dessa forma, fundos sob nossa gestão (e, por consequência, a própria Squadra) se beneficiam de uma queda de valor nas ações do IRB", era dito na carta[21]. A repercussão desses dois documentos, como era de se esperar, foi extremamente negativa para o Instituto, e as ações fecharam o mês de fevereiro com uma queda de 25,8%.[22]

Mas ainda viriam mais negatividades pela frente. O presidente do conselho da empresa, Ivan Monteiro, personalidade respeitada pelo mercado, renuncia em 28 de fevereiro. Segundo especulações, Monteiro saiu por não ter conseguido realizar as modificações que gostaria no Instituto[23]. Além disso, a Polícia Federal realizou buscas na sede da empresa à procura de irregularidades, entre elas o pagamento, considerado irregular, que chegou a R$ 60 milhões de bônus para executivos, uma vez que os bônus eram atrelados aos preços das ações.[24]

Vários ocupantes de postos de comando da empresa renunciariam, entre eles o CEO e o CFO que haviam afirmado que Warren Buffet era acionista do Instituto[25]. Impactado por todos esses acontecimentos, o resultado registrado pelo IRB no segundo trimestre de 2020 foi um prejuízo de R$ 685,1 milhões.

---

20 <https://braziljournal.com/a-squadra-esta-short-no-irb>.

21 <http://www.squadrainvestimentos.com/pdf/carta-2019.pdf>.

22 <https://www.infomoney.com.br/stock-pickers/squadra-effect-a-queda-de-77-do-ibr--contada-os-9-atos/>.

23 <https://istoe.com.br/irb-confirma-renuncia-de-ivan-monteiro-a-presidencia-do-conse-lho-de-administracao/>.

24 <https://www1.folha.uol.com.br/mercado/2020/03/irb-brasil-re-troca-comando-corta--bonus-e-vai-rever-projecoes.shtml>.

25 <https://www.infomoney.com.br/mercados/ceo-e-cfo-do-irb-renunciam-apos-berkshi-re-negar-compra-de-acoes-empresa-anuncia-presidente-interino/>.

Um desastre, quando comparado ao mesmo período do ano anterior, quando a empresa registrou um lucro de R$ 397,5 milhões.[26]

RESULTADOS DE CURTO PRAZO

Ao examinarmos essa acidentada trajetória, fica evidente como os executivos do IRB fizeram uma opção preferencial pelos resultados de curto prazo. Afinal, os bônus eram dados caso as ações fossem valorizadas, algo que no mercado volátil de capitais pode ser alcançado de maneira muito mais imediata do que ser recompensado por aumentar o valor de mercado da empresa, proposta que foi, inclusive, anunciada pelo então presidente da Caixa Econômica Federal, Pedro Guimarães, ao assumir a presidência do conselho do IRB interinamente após a saída de Ivan de Souza Monteiro.[27]

O antigo programa de bônus beneficiava os resultados de curto prazo, que são sempre corta-caminhos. Nesses casos, você está pensando só no "eu", deixando de lado os ganhos de que o "nós" poderia usufruir. É quando passamos a pensar em quais são os valores desses executivos. Eles correspondiam aos valores do IRB? Em seu Código de Ética e Conduta,[28] o Instituto afirma no item "Integridade": "Prezamos pela ética e pela transparência em nossas relações — esta é a nossa forma de estabelecer e manter confiança e credibilidade."

Aqueles executivos não devem ter lido esse código. Ou, se leram, não lhe deram a menor importância. Imaginavam que poderiam demolir uma Torre Eiffel sem que ninguém percebesse. Com essa atitude, feriram a instituição em um ponto sensível. O Instituto de Resseguros do Brasil, uma instituição com mais de 80

---

26 <https://www.seudinheiro.com/2020/empresas/irb-diz-que-nao-ha-mais-ajustes-a-fazer-no-balanco-e-que-investigacoes-de-fraude-foram-concluidas/>.

27 <https://www1.folha.uol.com.br/mercado/2020/03/irb-brasil-re-troca-comando-corta-bonus-e-vai-rever-projecoes.shtml>.

28 <https://mz-filemanager.s3.amazonaws.com/0d797649-90df-4c56-aa01-6ee9c8a13d75/estatuto-social-politicas-codigoscentral-de-downloads/8ec0d8e0c28af4398510a-b396a9ee8e489c6168e17aaf53d0bc70c8254676644/codigo_de_conduta.pdf>.

anos, tem, ou deveria ter, como seu ativo mais importante a confiança e a solidez. Afinal, ele é uma empresa de seguros. Quem se animará a confiar seu patrimônio ou negócio a uma organização que se mostra não confiável? Mesmo que os clientes do IRB sejam outras seguradoras, pessoas jurídicas, portanto, a confiança sempre será fundamental para os negócios.

E o Conselho de Administração? No mínimo, não cuidou para que seus executivos tivessem total aderência aos valores do Instituto e ao exercício da ética. Nesse caso, avalio que o Conselho de Administração tem a maior responsabilidade pelo desastre, pois é para ele que o *"C level"* responde. É de fundamental importância que o Conselho de Administração seja chamado à responsabilidade. Nesses casos, intervir e afastar o Conselho, na minha visão, é realmente muito pouco.

ELEFANTE NA MESA

Vamos olhar mais uma vez para a metodologia. Voltemos a pensar nos valores. Será que essa empresa baseia seus resultados no curto prazo? Como pode uma seguradora desprezar a questão confiança? Com valores calcados em confiança, em buscar resultados perenes para seus acionistas, e não no curto prazo, como foi que esse conselho de administração deixou passar esse elefante gigantesco pela sua mesa sem ter questionado a qualidade daqueles resultados ou tomado medidas para tirar aquele peso de sua reputação?

As pessoas têm confiança de que uma resseguradora cobrirá as operações, os sinistros que vierem a ocorrer. Aquele programa de bônus, a manipulação de resultados, os valores e os propósitos que estavam sendo praticados tinham a manutenção dessa confiança como objetivo? Essa é a primeira pergunta que meu modelo de decisões traz: a essência das decisões.

Tudo indica que a essência daquelas decisões não estava orientada a atender aos valores da empresa, à sua essência, pois, como destacado neste *case*, em seu Código de Ética e Conduta, a organização traz valores como confiança e credibilidade e enaltece o modo pela qual buscam a prática desses valores, ou seja, pela integridade, pela ética e pela transparência. Ora, se tomarmos tudo o que fizeram, torna-se fácil entender que praticaram valores diametralmente opostos.

O propósito das ações tomadas pela direção do IRB, a segunda pergunta da metodologia, certamente não estava em beneficiar aos *stakeholders* em seu conjunto, internos e externos, ressaltando os funcionários, os acionistas minoritários, os clientes etc., mas em atender a um pequeno grupo dirigente, incluindo o Conselho de Administração. "Não estamos beneficiando ao maior número de pessoas possível, mas a uns poucos", eles teriam de admitir caso examinassem de maneira honesta a metodologia de tomada de decisões.

E depois, ao examinar a dinâmica dessa decisão, deveriam perguntar: qual a origem dela? Tudo indica que era proporcionar um esquema de remuneração baseado no curto prazo. Algo que eventualmente desperta a tentação de manipular resultados para garantir os bônus no final do ano. Aos guardiões dos valores da organização fica, no mínimo, a omissão em não ter avaliado bem os executivos da empresa, aliado à aprovação de um sistema de remuneração que, por si só, revelava o quanto beneficiava resultados de curto prazo que não refletiam geração de valor aos acionistas e aos *stakeholders* de forma geral.

Concluindo sobre a origem da decisão, quem quer que tenha trazido essa ideia e a operado não estava olhando para valores, mas sim dando total vazão à consciência animal, ao ego e nada mais. As consequências também não parecem ter sido colocadas sobre a mesa. Quais seriam os resultados mais prováveis de termos um plano de remuneração tão agressivo? Quais as consequências de seguirmos esse caminho de buscar resultado no curto prazo, custe o que custar? A quem e a quantos prejudicaremos?

Fechando a dinâmica da decisão, por se tratar de empresa aberta, caberia a simples e clássica pergunta: este caminho que estamos tomando é ético? Se a moral não existe, podemos chamar a prática da ética para nos ajudar e lembrar do enunciado de Kant:

> "Tudo que não puder contar como fez, não faça, porque se há razões para não contar, estas são as mesmas razões para não fazer."

Kant provavelmente não foi lembrado. As perguntas não devem ter sido feitas. O elefante ficou solto, e as consequências foram nefastas.

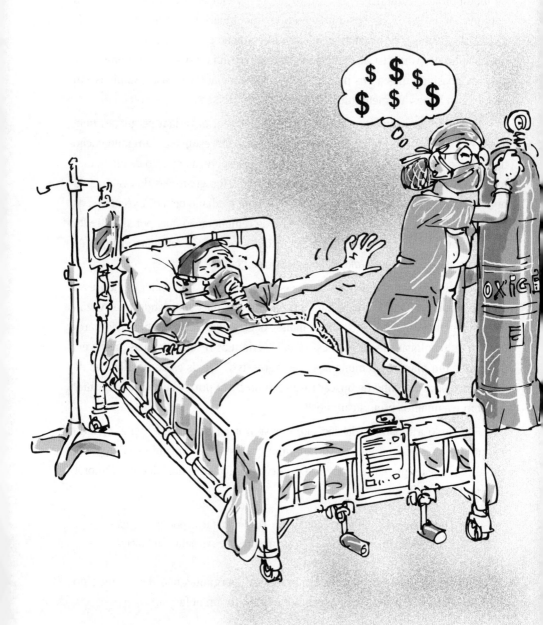

16

A indústria farmacêutica que ameaçava levar seus clientes à morte

Michael Pearson, CEO da companhia farmacêutica Valeant de 2008 a 2016, teve sorte por ter nascido no Canadá, em 1958[1]. Caso viesse a este mundo há 3.800 anos, na Babilônia, ele poderia ter suas mãos decepadas por ter prejudicado a saúde de milhares, talvez milhões de pessoas nos Estados Unidos ao manipular preços de remédios extremamente vitais para pacientes de doenças graves como diabetes, asma, doenças cardíacas e genéticas.[2]

A pena de ter as mãos cortadas era prevista no Código de Hamurabi[3], um conjunto de 282 normas determinadas pelo rei sumério Hamurabi (1810 a.C.-1750 a.C.), fundador do Primeiro Império Babilônico.[4] O Código, considerado o mais antigo conjunto de leis que chegou até nossos tempos, estipulava em sua cláusula 218: "Se um médico executa uma cirurgia que provoca a morte de alguém ou corta o olho dessa pessoa, ele terá suas mão cortadas fora."[5]

---

1 <https://peoplepill.com/people/j-michael-pearson/>.

2 <http://www.7pillarsinstitute.org/valeant-pharmaceuticals-case/>.

3 <https://www.pravaler.com.br/codigo=-de-hamurabi-o-que-e-e-seu-significado/#:~:text-Baseado%20nas%20Leis%20de%20Tali%C3%A3o,transmitidas%20de%20boca%20em%20boca>.

4 Idem.

5 <https://web.archive.org/web/20160129094221/http://www.historyextra.com/article/international-history/nutshell-babylon>.

A INDÚSTRIA FARMACÊUTICA QUE AMEAÇAVA LEVAR (...) 273

É verdade que Michael Pearson não é médico, mas os males que provocou para seus clientes e todos os segurados nos planos de saúde dos Estados Unidos, com a política de preços e distribuição de medicamentos que adotou à frente da Valeant, atingiram uma extensão e nocividade que nem mesmo mil médicos babilônios relapsos seriam capazes de provocar.

Mas talvez estejamos cometendo uma injustiça. Michael Pearson não agiu sozinho. Recebeu o apoio entusiasmado do conselho da empresa — que tem sede no Canadá, mas negocia suas ações na Bolsa de Nova York — à sua estratégia. Esta se limitava a adquirir pequenas empresas farmacêuticas e cortar custos fixos duplicados de forma geral, fato que normalmente ocorre nesses processos de M&A. Porém, deixemos registrado que ele incluía nesses cortes a área de P&D, considerando um custo dispensável, eliminando, portanto, o principal elemento que tornou aquelas empresas valiosas aos acionistas e cobiçadas pelo mercado. Esqueceu, justamente, da inovação alcançada por essa área no desenvolvimento de novos fármacos em cada empresa que adquiria, cortando seus custos a 3% do faturamento, enquanto a indústria, em média, destina 15% da receita em P&D.

Mas teria ele realmente esquecido dessa área? Aquela que podemos traduzir como o grande "motor" da indústria farmacêutica, se pensarmos que o desenvolvimento de novos medicamentos tem em sua motivação a cura, o conforto e o bem-estar das pessoas? Será que com essa prática, uma questão de ordem moral não deveria ser apontada pelo conselho da empresa?

PREÇOS MULTIPLICADOS

Pearson cumpriu o que prometeu. Na sua gestão, mais de cem empresas farmacêuticas foram compradas e praticamente todos os funcionários, que pertenciam a estruturas consideradas duplicadas, eram imediatamente desligados, incluindo a área de P&D[6]. Se essa já era uma estratégia agressiva, o passo seguinte era abertamente hostil: ao acrescentar ao seu portfólio medicamentos considerados imprescindíveis para a vida, a Valeant multiplicava de maneira significativa seu valor.

---

6 <https://www.forbes.com/profile/j-michael-pearson/?sh=54928eea7261>.

Exemplo disso foi o medicamento Glumetza, receitado para diabetes tipo 2[7], que teve seu preço aumentado em 800%[8]. Outro medicamento, Cuprimine, indicado para controlar a doença de Wilson, uma condição que causa danos graves ao fígado e aos nervos[9], viu, da noite para o dia, seu preço subir quatro vezes, segundo reportagem publicada pelo jornal *The New York Times* em outubro de 2015.[10]

A combinação das três estratégias — comprar pequenas indústrias farmacêuticas; demitir ou reduzir drasticamente os departamentos de pesquisa e desenvolvimento; e jogar nas nuvens o preço de medicamentos imprescindíveis— trouxe resultados financeiros excepcionais para a Valeant. Em 2008, quando Pearson chegou à companhia, as ações eram negociadas a US$ 7,50. Seis anos mais tarde, seu valor havia saltado para US$ 262,52, um aumento de quase 3.500%![11] O lucro da empresa passou de US$ 1 bilhão, em 2010, para mais de US$ 8 bilhões, em 2014[12]. Em 2015, o valor de mercado da empresa chegou a US$ 90 bilhões![13] Nem uma mina de ouro daria tanto dinheiro assim!

Mas, de repente, surgiu aquela reportagem do *The New York Times*, e a mina da Valeant começou a ser invadida por uma lama pegajosa. O jornal contava um drama. O carpinteiro aposentado Bruce Mannes, de 68 anos, sofria com a doença de Wilson. Desde os 13 anos de idade, tomava o mesmo remédio, Cuprimine, cujo preço, naquele verão de 2015, a Valeant havia multiplicado por quatro.

---

7   <https://www.diabetes.org.br/publico/diabetes-tipo-2>.

8   <http://www.7pillarsinstitute.org/valeant-pharmaceuticals-case/>.

9   <https://www.hospitalsiriolibanes.org.br/hospital/especialidades/nucleo-avancado-dor--disturbios-movimentos/Paginas/doenca-wilson.aspx>.

10 <https://www.nytimes.com/2015/10/05/business/valeants-drug-price-strategy-enriches--it-but-infuriates-patients-and-lawmakers.html?&moduleDetail=section-news-2&action =click&contentCollection=Business%20Day&region=Footer&module=MoreInSe ction&version=WhatsNext&contentID=Whats-Next&pgtype=article>.

11 <https://www.sunoresearch.com.br/artigos/por-que-bill-ackman-perdeu-mais-de-us-4-bilhoes/>.

12 <https://www.vanityfair.com/news/2016/06/the-valeant-meltdown-and-wall-streets--major-drug-problem>.

13 Idem.

A INDÚSTRIA FARMACÊUTICA QUE AMEAÇAVA LEVAR (...)   275

Bruce tomava 120 cápsulas do medicamento por mês. Seu plano de saúde cobria a maior parte do gasto, mas ele era obrigado a pagar do próprio bolso uma parte dos custos: US$ 366 todos os meses. Com o pesado reajuste feito pela Valeant, o seguro agora cobria US$ 35 mil mensais, e a parte de Bruce Mannes havia saltado para US$ 1.800 por mês.

Era uma conta salgada demais para um carpinteiro aposentado. Para fazer frente ao gasto extra, sua esposa, Susan, que já trabalhava em meio período, foi obrigada a conseguir outro emprego. "Se parar de tomar o remédio, ele morre", disse Susan ao jornal. "Não temos como cobrir dois mil, três mil dólares a mais por mês para pagar o medicamento", desesperava-se.[14]

POLÍTICA PREDATÓRIA

O assunto começou a chamar a atenção também dos políticos. Em 2016, a então candidata pelo partido Democrata à Presidência dos Estados Unidos, Hillary Clinton, publicou uma peça de campanha[15] citando diretamente a Valeant e acusando-a de praticar uma política de preços "predatória". No vídeo, a candidata contava o caso de uma mulher que costumava pagar US$ 180 por dez doses do medicamento[16] até 2016, quando o preço havia subido para US$ 14,7 mil pelas mesmas dez doses. Hillary Clinton, que perderia a eleição para o candidato republicano Donald Trump, prometia, no mesmo vídeo, que "iria atrás da empresa".

A Valeant se defendia das acusações afirmando que determinava o preço dos medicamentos que produzia levando em conta vários fatores, incluindo os benefícios clínicos e o valor que tais benefícios traziam para os pacientes, os médicos, os

---

14 <https://www.nytimes.com/2015/10/05/business/valeants-drug-price-strategy-enriches-
-it-but-infuriates-patients-and-lawmakers.html?&moduleDetail=section-news-2&ac-
tion =click&contentCollection=Business%20Day&region=Footer&module=MoreInSe
ction&version=WhatsNext&contentID=Whats-Next&pgtype=article>.

15 https://www.youtube.com/watch?v=_glCj3DcPJs.

16 <O medicamento Dihydroergotamine, ou DHE 45, era indicado contra enxaquecas. <ht-
tps://www.statnews.com/2016/03/01/hillary-clinton-valeant-ad/>.

contribuintes e a sociedade[17]. E acrescentava uma declaração que provocaria uma reação ainda mais indignada por parte da sociedade e dos políticos: os pacientes, a garantia a empresa, eram inteiramente protegidos do aumento de preços pelos planos de saúde e pelos programas financeiros que a própria Valeant oferecia para os pacientes que tivessem dificuldade em pagar pelos medicamentos. Dessa forma, ninguém ficaria sem acesso aos remédios[18], afirmava.

A proteção dada aos pacientes pelos planos de saúde, à qual se referia a empresa em sua declaração, era outro vespeiro que surgia à frente da Valeant. À medida que os preços dos medicamentos distribuídos pela empresa eram extraordinariamente elevados, os planos de saúde passaram a recusar os pedidos de reembolso de seus segurados quando os remédios comprados eram produzidos pela Valeant.

Isso significaria prejuízos importantes para a farmacêutica, que passou a desenvolver uma operação fraudulenta para ocultar a origem dos medicamentos, com o objetivo de enganar os seguros de saúde. O esquema passava por uma associação da Valeant com a Philidor, uma empresa especializada na entrega de medicamentos em domicílio, conforme foi explicado em outra reportagem publicada pelo *The New York Times* em outubro de 2015.[19]

Os empregados da Philidor alteravam receitas emitidas pelos médicos para trocar as indicações de remédios genéricos por aqueles fabricados pela Valeant, que eram mais caros, era dito na reportagem. Outra tática utilizada pela Philidor, também denunciada pelo jornal, era a de reduzir o preço dos medicamentos até um valor que os planos de saúde concordassem em pagar e, algum tempo depois, começar a aumentar gradativamente o valor desses produtos.

MICOSE E ACNE

A estratégia de entregar produtos por meio da Philidor beneficiava principalmente dois

---

17 <https://www.nytimes.com/2015/10/05/business/valeants-drug-price-strategy-enriches-
-it-but-infuriates-patients-and-lawmakers.html#:~:text=Valeant%20defended%20itsel-
f%2C%20saying%20in,and%20financial%20assistance%20programs%20the>.

18 Idem.

19 <https://www.nytimes.com/2015/10/31/business/valeant-pharmaceuticals-philidor.html>.

A INDÚSTRIA FARMACÊUTICA QUE AMEAÇAVA LEVAR (...)   277

produtos da Valeant: uma loção para o tratamento de micose de unha, chamado Jublia, e o Solodyn, um creme para combater a acne[20]. A estratégia, que incluía dar descontos e facilidades para intermediários dos planos de saúde, trouxe frutos para a empresa. Do terceiro trimestre de 2014 ao mesmo período em 2015, ou seja, um ano, a lucratividade proporcionada pelas vendas da loção Jubila saltou de US$ 13 milhões para US$ 106 milhões. O creme Solodyn também apresentou avanço, passando de US$ 54 milhões para US$ 66 milhões.[21]

A certo ponto, a estratégia da Philidor de fazer com que os produtos da Valeant fossem aceitos pelos planos de saúde, mesmo com seus preços muito acima dos praticados pelo mercado, entrou no campo da ilegalidade aberta. À medida que as empresas de seguro de saúde passavam a não aceitar os medicamentos distribuídos pela Philidor, advogados ligados à empresa abriam farmácias de fachada, que não existiam fisicamente, buscando assim burlar as seguradoras.[22]

Em outubro de 2015, a Valeant foi intimada pelos escritórios de procuradores nos estados de Nova York e Massachusetts para dar explicações sobre o aumento exagerado no preço de alguns dos remédios que produzia. Pela primeira vez, as ações da empresa experimentaram uma queda, perdendo 30% de seu valor[23]. Alguns dias mais tarde, as ações voltaram a cair, desta vez de maneira ainda mais violenta. Desde as acusações feitas pela candidata Hillary Clinton, em setembro de 2015, até a abertura de um processo de investigação pelo senado norte-americano, que viria em novembro daquele mesmo ano, o preço unitário das ações da Valeant despencaria de US$ 260 para US$ 75.[24]

Em meio a toda a pressão que se formou contra a empresa, seu CEO, Michael Pearson, à época com 56 anos, foi internado às pressas, no dia 25 de

---

20   <https://www.businessinsider.com/leaked-valeant-documents-show-philidor-strategy-2016-11>.

21   Idem.

22   <https://citronresearch.com/wp-content/uploads/2015/10/Valeant-Philador-and-RandO-final-a.pdf>.

23   <https://www.cbc.ca/news/business/valeant-drug-citron-1.3281757>.

24   <https://www.businessinsider.com/why-have-valeant-pharmaceuticals-shares-collapsed-2015-11>.

dezembro, com uma severa pneumonia. Sua saída da direção da empresa fez com que as ações da Valeant caíssem mais 10%[25]. Pearson só voltaria ao trabalho quase 2 meses depois, em fevereiro.[26]

EXPLICAÇÕES NO SENADO

Dois meses depois, em abril, o CEO foi convocado a depor no Comitê de Idosos do Senado dos Estados Unidos. Na audiência, da qual participaram inclusive testemunhas contando os problemas que enfrentaram devido à grande alta dos preços de medicamentos que tomavam, a Valeant foi acusada de "extorquir pacientes para beneficiar investidores de Wall Street"[27]. De acordo com o comitê, a empresa adquiria empresas de nicho, que produziam remédios essenciais para o tratamento de doenças graves, e, após se tornar proprietária exclusiva do medicamento, aumentava o preço ao seu bel-prazer, prejudicando aqueles que o utilizavam, sob pena de morrerem.[28]

O descontentamento dos investidores que ainda tinham posições importantes na Valeant e a grande repercussão pública negativa desfavorável à estratégia desenvolvida pela empresa tornaram insustentável a posição de Michael Pearson, que, no entanto, se recusava a pedir demissão. "Eu nada fiz de errado", ele repetia[29]. Mas não havia como resistir, e ele se demitiu finalmente da empresa em 21 de março de 2016[30]. Mesmo afastado da organização, Michael Pearson ainda teria

---

25 <https://br.reuters.com/article/idCAKBN0U80WY20151225>.

26 <https://www.seattletimes.com/business/valeant-ceo-pearson-to-return-to-work-after--long-illness/>.

27 <https://www.cbc.ca/news/business/valeant-senate-ceo-1.3555259>.

28 Idem.

29 <https://www.theworldweekly.com/reader/view/2548/valeant-ceo-mike-pearson-swallows-the-bitter-pill-of-resignation>.

30 <https://www.theguardian.com/business/2016/mar/21/valeant-ceo-michael-pearson-resigns-financial-conduct>.

A INDÚSTRIA FARMACÊUTICA QUE AMEAÇAVA LEVAR (...)

direito a receber US$ 2,5 bilhões pelas ações da empresa que possuía, conforme foi estruturado em seu contrato de benefícios.[31]

Além das condenáveis questões éticas que ameaçavam a sobrevivência de muitos pacientes que utilizavam os medicamentos da Valeant, uma grande lista de posicionamentos discutíveis tomados pela empresa e o seu CEO tornavam toda sua atuação ainda mais turva. A Valeant tinha um modelo ruim de negócios, problemas de contabilidade, um grande débito contraído para bancar seu enorme número de aquisições e analistas incrivelmente crédulos. O resultado de tudo isso foi um prejuízo de US$ 75 bilhões para os acionistas e um passivo de US$ 35 bilhões.[32]

A todas essas negatividades se somava a acusação de que a empresa seria responsável pelo crescimento em 43% no valor dos prêmios pagos pelos segurados aos planos de saúde, de 2008 a 2015[33], segundo Claire McCaskill, senadora democrata pelo estado de Missouri. "O mais assustador em tudo isso que foi feito pela Valeant é que nenhum desses atos é ilegal", afirmou a senadora.[34]

CRUCIFICAR SEM DÓ

Por muitos anos, a Valeant foi uma empresa querida por Wall Street. A mesma mídia norte-americana, e a de muitos outros países, especializada no mercado de capitais que não se cansava de celebrar a genialidade de Michael Pearson pela valorização alcançada para a empresa passou a crucificá-lo sem dó a partir do momento em que os questionamentos morais contra a Valeant fizeram com que a empresa perdesse dinheiro.

Como nos demais casos que contei neste livro, os problemas enfrentados por essa empresa farmacêutica surgiram a partir das escolhas que foram feitas.

---

31 <https://www.economist.com/business/2016/03/19/he-who-would-valeant-be>.

32 Idem.

33 Conforme episódio "Drug Short", dirigido por Erin Lee Carr, lançado em janeiro de 2018 no seriado *Dirty Money*, pela Netflix.

34 Idem.

E não pode ser justo, como já foi dito, responsabilizar exclusivamente o CEO pelos grandes problemas que se sucederam. Não tenho dúvida de que a estratégia da empresa, que seria chamada mais tarde de "predatória", foi exposta por Michael Pearson ao Conselho da Valeant e apoiada com entusiasmo pelos seus integrantes, inclusive no que concerne ao aumento abusivo dos preços dos medicamentos.

Foram escolhas que membros do conselho e muitos dos acionistas aprovaram. Talvez eles tenham se arrependido mais tarde por não terem feito aquelas clássicas perguntas que trago em minha metodologia: a essência do nosso negócio está justificada pelo "ser" ou pelo "ter"? Nosso propósito está voltado para o "nós", o benefício de todos, ou para o "eu", o meu exclusivo benefício? Nos sentimos ok com a maneira que fazemos nosso negócio, com relação às origens de nossas escolhas e decisões e suas consequências? A esta altura do capítulo, não é difícil saber quais são as respostas para essas perguntas.

Sempre acho relevante destacar que a metodologia que proponho não se opõe, de forma alguma, ao lucro, ao sucesso econômico para os acionistas de um negócio. Acredito que podemos fazer cada vez melhor e alcançar resultados crescentemente compensadores pelo trabalho e capital que investimos nos empreendimentos. Mas sermos cada vez melhores não significa privar outras pessoas de algo que elas têm ou necessitam ter. É inconcebível que um plano de negócios traga riscos, por menores que sejam, de prejudicar a saúde das pessoas ou até provocar sua morte.

Em diversos momentos e em contextos diferentes, Michael Pearson repetia que sua principal responsabilidade era "com os acionistas da Valeant".[35] Certamente, ele era pago para garantir um bom retorno para o capital que esses acionistas aplicavam no negócio. Estes queriam resultados; quanto mais, melhor. Mas a pergunta que deveria se fazer é se aqueles resultados produzidos vinham de fontes desconfortáveis. Se não, para que então fraudar as empresas seguradoras? Minha metodologia sempre aponta para a consciência humana, que busca resultados, gerar valor, mas não se esquece do bem comum.

---

35 <https://www.cnbc.com/2014/05/28/cnbc-exclusive-cnbc-transcript-valeant-ceo-j-michael-pearson-speaks-one-on-one-with-meg-tirrell-today-on-cnbc.html>.

A INDÚSTRIA FARMACÊUTICA QUE AMEAÇAVA LEVAR (...)

Ao contrário disso, como já disse outras vezes neste livro, existe a consciência animal, que quer tudo para si, sem pensar nos interesses dos demais ou nas consequências de suas ações. Nessa ignorância, são incapazes de construir algo duradouro, que ao satisfazer o maior número possível de interesses, traria, finalmente, resultados melhores inclusive para eles próprios.

Organizações capazes de conquistar ganhos duradouros costumam ser agressivas nos negócios, mas têm uma grande reserva de valores que permite que essa agressividade se restrinja à disputa por maiores fatias do mercado, oferecendo produtos inovadores, que tragam mais benefícios aos que com ela se relacionam. Organizações assim devem ter em seus quadros pessoas éticas, que enxerguem além do próprio umbigo.

Ter a companhia cercada por pessoas que comungam dos mesmos valores e bem-intencionadas é algo que se deve buscar no momento em que se contrata colaboradores. É preciso atrair pessoas com caráter, ética e alinhamento de valores pessoais aos corporativos. Aqueles que têm uma inteligência acima da média e são bem preparados, mas não trazem nem uma pitada de ética, empatia ou respeito pelo próximo, são pessoas tóxicas que poderão, inicialmente, até vender a ilusão de que trarão resultados consistentes para uma organização. Mas costumam funcionar como nuvens carregadas, capazes de produzir tempestades destruidoras. A alta gestão deve sempre estar atenta a isso.

17

Um roteiro para uma empresa brasileira se internacionalizar

O Brasil é um dos maiores *players* no mercado de revestimentos cerâmicos do mundo, de acordo com dados levantados pela ANFACER[1] de 2019/2020. Somos o segundo maior produtor mundial e o segundo maior consumidor do produto em todo o planeta. A cada dia, o setor vem aprimorando a qualidade e a variedade desse produto, e os revestimentos nacionais conquistam cada vez mais espaço no mercado mundial. Hoje, o país é o sexto maior exportador desse produto, usado para revestir pisos, paredes e fachadas de todos os tipos.[2]

Luís, o CEO da Southern Brazilian Ceramic Tiles (SBCT)[3], conhecia bem esses números e suas potencialidades. Sua empresa, localizada em Santa Catarina, estava já havia alguns anos no mercado de revestimentos cerâmicos. Era uma organização familiar, não tinha o porte de outros *players* gigantes do setor. O seu diferencial era o design do porcelanato que oferecia ao mercado.

Graças às habilidades de sua esposa, Lídia, uma artista plástica de mão cheia que chefiava o departamento de criação da organização, e à rede de contatos que ela mantinha com muitos outros profissionais da área artística, a empresa

---

1 <https://www.anfacer.org.br/historia-da-ceramica>.

2 <https://anfacer.org.br/numeros-do-setor>.

3 A história da SBCT, das pessoas que estão a ela relacionadas e as decisões e ações que as acompanham neste capítulo são fictícias. O propósito da narrativa é mostrar, com situações próximas às reais, como a metodologia de tomada de decisões que criei se presta a conduzir de maneira vitoriosa processos empresariais complexos, como é a internacionalização de uma empresa.

ostentava em seu portfólio estampas com motivos brasileiros, alegres e coloridos, que haviam conquistado um público fiel e qualificado.

Seus porcelanatos estavam presentes em revistas, sites, blogs e eventos que tratavam de temas ligados à arquitetura e ao design de interiores. Sua reputação ultrapassara as fronteiras do país, e Luís já havia feito algumas exportações pontuais para bons mercados, como os Estados Unidos, Canadá e países do Oriente Médio. Era, acreditava ele, o momento de tentar a internacionalização da SBCT.

Aliás, rebatizar o empreendimento com um nome em inglês já fora o primeiro passo para ganhar o mundo. A empresa respondia inicialmente pela denominação Pavio Revestimentos & Cia., um nome que, segundo Lídia, não exibia o *punch* necessário para se tornar uma marca mundialmente respeitável.

O segundo passo, este mais desafiador, o de instalar uma fábrica física nos Estados Unidos, o alvo prioritário da organização, também se materializaria de uma maneira mais rápida do que eles imaginavam. Luís era originário de uma família economicamente modesta, mas os parentes de Lídia, que também tinha assento no conselho da empresa, eram sócios do empreendimento e tinham recursos. Seriam eles que injetariam o capital necessário para dar início à internacionalização do negócio.

TRÊS CENÁRIOS

Estudos iniciados, Luís e a equipe tinham diante de si três possíveis cenários para a expansão da organização para o exterior. O primeiro deles seria comprar uma empresa no exterior que fosse similar ou complementar ao negócio de revestimento cerâmico da empresa. O segundo cenário, e mais dispendioso, pela característica do negócio da Southern Brazilian Ceramic Tiles, seria montar uma operação a partir do zero nos Estados Unidos. E o terceiro cenário, para o qual todos olhavam com mais simpatia, seria a empresa firmar uma *joint venture* com um parceiro local que trabalhasse no mesmo mercado. Uma *joint venture* 50/50: metade do capital viria da SBCT, e a outra metade, do sócio estrangeiro.

Qualquer que fosse o cenário escolhido, muitas alternativas teriam que ser avaliadas para que as decisões fossem tomadas. E devemos sempre nos lembrar de que os passos que proponho em minha metodologia não se aplicam apenas em como guiar líderes e gestores para deliberações no dia a dia das operações, mas também para o desenho de planos de negócio, decisões estratégicas e, portanto, de longo prazo.

A decisão de buscar expansão em mercado competitivo como são os Estados Unidos é uma atitude que deve ser tomada analisando-se aspectos externos e internos da organização. Talvez uma das primeiras questões seja identificar de quem partiu e por que foi tomada uma decisão estratégica, a de buscar a internacionalização. No exemplo da SBCT, o movimento de encarar o desafio de internacionalizar a marca começara com reflexões feitas por Luís. A ideia foi dividida com Lídia, até finalmente ser levada ao Conselho, que a aprovou.

Iniciativas como essa podem surgir como uma demanda dos acionistas da empresa ou da diretoria executiva ao perceberem oportunidades interessantes para gerar mais valor aos *shareholders*. Aliás, perguntar o porquê de ter surgido essa demanda de internacionalização já nos leva para a terceira questão proposta em minha metodologia: **qual a dinâmica** que está por trás dessa decisão de internacionalizar a empresa? Qual a origem dessa motivação e quais podem ser as consequências de se seguir por esse caminho?

Vamos começar, portanto, pela origem. A motivação inicial foi expandir os negócios? Melhorar a qualidade dos produtos mirando em *benchmarkings* mais competitivos? Tirar proveito do câmbio, quase sempre favorável ao dólar, em comparação com o real, para preservar as margens de comercialização ou até aumentá-las? Gerar receita que possibilite a formação de um hedge natural?[4] Essas origens estão claras e de acordo com os propósitos da companhia, estão voltadas ao crescimento, à inovação, buscando novos mercados, ao aprimoramento, uma vez que o movimento exigirá da empresa grande aprendizado, e também abordam a possibilidade de mitigar riscos, de se ter a operação em outro ou outros mercados visando a diversificação de risco. Parece-nos, portanto, que

---

4 O hedge natural ocorre quando uma empresa tem seu passivo e seu ativo na mesma moeda, possibilitando, assim, que ela se proteja das oscilações do câmbio sem esforço. Por exemplo, se uma empresa brasileira faz suas compras e vendas em dólar, suas finanças não serão afetadas caso haja uma variação do câmbio que desvalorize de forma abrupta o real. <https://www.dicionariofinanceiro.com/hedge/#:~:text=Isto%20acontece%20quando%20o%20passivo,e%20ocorre%20o%20hedge%20natural>.

o ponto central da origem da ideia de internacionalizar as operações da SBCT está em gerar benefícios para o maior número de pessoas, e não apenas ao lucro em si só; tem o propósito de melhorar a vida dos *stakeholders*, ou seja, a vida de todos que se relacionam com a empresa de modo direto ou indireto.

COMPETITIVOS E ATRAENTES

Caso a origem desse movimento esteja alinhada aos valores corporativos, ela não virá exclusivamente do desejo de ganhar dinheiro, algo que, no entanto, é inteiramente desejável. Luís e a SBCT estariam entusiasmados com a ideia de ir para outro país também por acreditarem que os porcelanatos que produzem serão tão competitivos e atraentes quanto os que têm origem chinesa, o maior competidor internacional dos produtos brasileiros.[5]

"Nós também somos internacionais, temos boas ideias, podemos entregar coisas bonitas e funcionais que trarão valor e satisfação para todas as pessoas do mundo.". Luís costumava repetir esse argumento para Lídia, para convencê-la de que a internacionalização fazia sentido.

Tal discurso é algo bem diverso ao de uma organização que decide internacionalizar suas operações, porque outros *players* também estão fazendo esse movimento ou por uma vaidade de seus dirigentes. Essas seriam resoluções tomadas sob uma base fraca, conforme já explicamos em capítulos anteriores. Agindo assim, esses dirigentes inevitavelmente cairiam naquela via sem saída em que se entra à procura de uma recompensa imediata, mas não há ancoragem no longo prazo, fazendo com que a concorrência se reposicione rapidamente, destruindo resultados apoiados em base fraca — como se diz no velho jargão, "firme como prego na areia".

Uma decisão dessa ordem, na qual uma organização estaria agindo de uma maneira emocional, centrada no "eu" e na ânsia de ter coisas ou ser melhor que aquele outro, poderia até parecer dar bons resultados no curto prazo. Ao abrir

---

5   <https://www.terra.com.br/noticias/dino/brasil-e-o-segundo-maior-produtor-mundial-no-
    -setor-de-revestimentos,8c0286c9ea00a167debdc2fb68646a4brhb7vvo3.html>.

mão de estar presente na mente das pessoas com a imagem de uma empresa ética, voltada aos seus valores fundamentais, para o bem coletivo, as consequências para essa organização, principalmente no longo prazo, tendem a não se sustentar pela entrada de *players* com foco em valores e propósitos verdadeiros e praticados pela corporação.

Lídia deve ter se alinhado com a proposta de internacionalização trazida por Luís quando passou a acreditar que esse movimento em direção a outro país geraria um valor genuíno para todos aqueles que seriam impactados pela empresa. O que se queria era levar um valor real para o mercado norte-americano, e não produtos que "enganassem" os clientes, baixo custo e baixa qualidade, atendendo ao mínimo exigido, maquiados como mercadorias *"state of the art"*.

Tendo esses valores como norte, o benefício não seria apenas para os acionistas da empresa. Claro, todos teriam direito de ser recompensados economicamente pela expansão do negócio, mas, no final, a ação só daria certo se Luís, Lídia e todos os integrantes da organização estivessem convictos de que a ida da empresa para os Estados Unidos traria benefícios para os norte-americanos, proporcionariam produtos de qualidade e gerariam empregos para os cidadãos do país. Não importa se os beneficiados imediatos não fossem brasileiros, a visão aqui é mais ampla e universal. O que se quer é gerar bens para os demais, independente de quem eles são e de onde vivem, e o maravilhoso nisso tudo é que, como consequência, os resultados econômicos e financeiros virão no longo prazo — sem corta-caminhos, eles virão.

CASAMENTO DE PROPÓSITOS

Levar coisas bonitas, trazer satisfação para as pessoas, gerar valor para o maior número de pessoas possível — esses são propósitos e valores que certamente serão levados em conta no momento em que a SBCT procurar parceiros no mercado norte-americano. Procurar casar propósitos e valores com possíveis parceiros de negócios é algo que é considerado de fundamental importância no modelo para a tomada de decisões. Seja qual for a modalidade de negócios que será adotada pela empresa para se internacionalizar, a confluência desses valores e propósitos

UM ROTEIRO PARA UMA EMPRESA BRASILEIRA (...)

sempre deverá estar no topo das preocupações. Caso contrário, caso não se identifique parceiros com o mesmo nível de propósito, deve-se adotar outro modelo de negócio, ainda que mais difícil ou mais demandante de capital, ou esperar um momento melhor para a internacionalização.

"Quem sabe nós encontremos um parceiro para uma *joint venture* que também tenha como objetivo beneficiar as pessoas fornecendo a elas produtos que lhes permitam construir moradias nas quais se sintam envoltas pelo belo, confortáveis e seguras? Ou vamos procurar, quem sabe, um distribuidor que acredite no nosso produto e montar uma operação local.". Questões como essas estariam sendo discutidas no conselho da Southern Brazilian Ceramic Tiles caso todos seus integrantes estivessem de acordo que a internacionalização só os interessaria uma vez que seus valores fossem preservados e apoiados pelos possíveis futuros sócios.

A necessidade desse alinhamento ficaria ainda mais evidente no caso de a procura por parceiros norte-americanos não acontecer nos termos desejados e a iniciativa fracassasse. Nesse momento, a SBCT mostraria que, de fato, preserva seus valores, tomando a decisão de alterar sua estratégia. "Não encontramos empresas e pessoas que tivessem valores alinhados aos nossos, que comunguem da mesma visão da nossa empresa, dos mesmos propósitos, portanto, não correremos o risco de fazer uma associação que produza uma dinâmica e resultados com os quais não nos sentiremos confortáveis."

Não há nada pior do que ter os integrantes da empresa à qual você se associou fazendo oposição e desafiando a cultura empresarial que você levou anos para desenvolver.

Talvez seja mais sábio ir devagar com sua estratégia do que optar por uma ação "corta-caminhos" que provavelmente trará prejuízos e infelicidades adiante. Se o mercado no qual se quer penetrar não é ainda bem conhecido, a abordagem mais cautelosa certamente trará um crescimento mais vagaroso, mas será possível preservar os valores, manter os ganhos já conquistados pela organização e, caso a tentativa não dê certo, recuar sem sofrer grandes prejuízos.

Ainda na avaliação da dinâmica que é proposta na metodologia, faz-se um inventário dos possíveis riscos que estarão à frente. Um deles, obviamente, seria avaliar, no caso da SBCT, se o mercado norte-americano estaria interessado nos porcelanatos com motivos brasileiros que formam o portfólio da empresa brasileira. Ingressar em um mercado até então desconhecido sem fazer pesquisas de mercado competentes é correr um risco enorme e tratar de maneira desrespeitosa os interesses dos acionistas.

SCRIPT POSITIVO

Todo processo concentrado de tomada de decisões é uma oportunidade de moldar as pessoas como gestores, principalmente quando é necessário fazer escolhas críticas, como ocorre quando o objetivo é instalar um braço em outro país. Se a dinâmica das decisões seguir um script positivo, construtivo, que contempla múltiplos interesses, certamente os envolvidos chegarão ao final dessa caminhada como gestores melhores do que quando iniciaram o processo.

A metodologia de tomada de decisões, com as perguntas e reflexões que sugere, pode ser uma poderosa ferramenta em momentos como esse. Lembrando, ela traz a oportunidade de bem posicionar as escolhas e decisões tomadas com base nos valores corporativos e pessoais e agir com consciência. Com a ajuda dela, os integrantes de uma organização poderão conhecer melhor o seu negócio e ter clareza sobre se a forma como se posicionam e tomar decisões os habilita a ter uma gestão com qualidade suficiente para empreender voos longos e ambiciosos.

A autorreflexão que ela induz é capaz de reestruturar uma organização. A metodologia é um modelo de posicionamento que permite que decisões sejam feitas de uma maneira muito mais consciente e com argumentos racionais, escapando dos equívocos que surgem quando agimos empurrados por argumentos emocionais. É uma proposta de comportamento que valoriza as melhores qualidades humanas: a inteligência, o livre-arbítrio e a empatia pelos demais.

18

Uma arquitetura de negócios malfeita

etra, 24, é uma jovem arquiteta nos primeiros anos de sua trajetória profissional. Crescida em uma família com tios e primos arquitetos, Petra sempre se entusiasmou por design, projetos e atividades criativas. Seu excelente desempenho na faculdade, um estágio na Holanda e uma personalidade simpática e desenvolta lhe abriram com facilidade as portas para seu primeiro estágio, em um escritório especializado em arquitetura corporativa.

Foi ali que conheceu Bárbara, também arquiteta, dez anos mais velha, mas já dona de uma carreira de rápida ascensão e muito valorizada pelos proprietários do escritório. Bárbara participava ativamente dos projetos de lojas, restaurantes, fábricas e hospitais que o escritório produzia, e Petra passou a acompanhá-la nas obras. Generosa, Bárbara não se furtava a explicar detalhes dos projetos e com frequência pedia a opinião da estagiária, inclusive acatando algumas de suas ideias.

Por influência de Bárbara, Petra, em pouco tempo, seria promovida a arquiteta júnior, o que aumentou suas responsabilidades e lhe trouxe um contrato de trabalho e o primeiro salário digno de ser chamado por este nome. Bárbara, agora tornada chefe direta de Petra, passava a ela funções cada vez mais importantes e que exigiam mais horas de trabalho, mas proporcionavam um precioso aprendizado.

Petra amava isso. Aprendia rápido e passou a frequentar reuniões com clientes importantes. Estes gostavam daquela jovem vibrante, esforçada e competente e, não raro, ligavam diretamente para ela tratando de assuntos importantes relativos às obras. Petra se sentia nas nuvens. Comentava com o noivo, Mikel, que não só se sentia agradecida, mas cada vez mais admirava Bárbara, que continuava se sobressaindo no escritório.

MUDANÇA DE EMPREGO

Por isso, se sentiu chocada quando, um dia, ao chegar ao trabalho, colegas contaram que Bárbara havia saído da empresa. "Nossa, o que aconteceu? Ela não me disse nada!". Bárbara havia aceitado um emprego em um concorrente da área de arquitetura corporativa, maior e com clientes mais poderosos. Petra se sentia confusa: "Pensei que ela apostava no meu futuro profissional, mas ela simplesmente foi embora.". Mas logo mudaria de ideia.

Pouco mais de uma semana mais tarde, Bárbara ligou no celular de Petra. Ela era agora arquiteta-chefe do escritório. Eles estavam crescendo, tinham um portfólio bem maior que o da antiga empresa e muito mais possibilidades à frente. Ela tinha uma vaga para Petra. Ela daria um pulo lá para uma conversa mais detalhada

Petra foi à reunião. O escritório era mesmo fantástico, com clientes poderosos. Ali ela seria arquiteta-assistente, acompanharia as obras, teria contato direto com os clientes. O salário seria o dobro do que ela recebia até então. Petra chegou a se emocionar: "Claro que aceito!". À noite, convidou Mikel para um jantar em um restaurante fino. A conta a fez entrar no cheque especial, mas Petra não se importou. "A grande vantagem do novo emprego", ela comentou com o noivo, "é que vou trabalhar com alguém em quem eu confio, e, tenho certeza, sempre teremos uma boa relação. E vou ganhar bem mais também."

No novo escritório, Petra ampliou ainda mais seus contatos profissionais e, graças a eles, foi responsável, em mais de uma ocasião, por trazer projetos valiosos para o escritório. Bárbara lhe passava responsabilidades crescentes, o que aumentava a jornada de Petra. Havia dias que ela passava doze horas no trabalho. Mikel dizia que ela havia se transformado em uma *workaholic* e insinuava que Bárbara a estava explorando. Mas Petra não enxergava as coisas dessa maneira. Tinha prazer com o trabalho, envolvia-se inteiramente nas questões do escritório. Além disso, logo viria o reconhecimento da empresa, que a promoveu a coordenadora de projetos, dando-lhe um pequeno aumento salarial.

O tempo passava, Petra continuava em sua jornada de trabalho intensa, mas Mikel já não reclamava tanto. Aliás, já não eram mais noivos, eles haviam se casado, financiado um apartamento, e Petra já começara inclusive a poupar algum dinheiro, hábito que adquirira já com seus primeiros salários.

SOCIEDADE À VISTA

Tudo parecia se estabilizar naquela rotina corrida, quando, um dia, outra surpresa. Bárbara, para perplexidade geral, pede demissão do escritório. Seu cargo era estratégico, ela era dona, inclusive, de uma pequena participação da empresa. Os proprietários tentaram fazê-la mudar de ideia, em vão. Ela queria sair. E, por força do contrato, sua partida gerou para ela uma grande quantidade de dinheiro. Mais uma vez, ela nada havia dito a Petra, que, como acontecera no passado, ficou confusa e insegura com seu futuro longe de Bárbara.

Mas isso duraria poucos dias. "Vamos conversar?", Bárbara ligou para Petra. A conversa era uma proposta. A antiga chefe abriria um escritório de arquitetura e queria que Petra fosse sua sócia. Elas continuariam no mercado de arquitetura corporativa, mas havia outras possibilidades à frente. Um grande escritório internacional da área estava interessado em se instalar no

UMA ARQUITETURA DE NEGÓCIOS MALFEITA

Brasil, e Bárbara seria sua representante no país. "E aí, você está interessada em ser minha sócia?", Bárbara perguntou.

A cabeça de Petra começou a girar. E continuou assim pela próxima semana, que ela pediu para pensar sobre o assunto. Mikel foi contra. Não que achasse que a esposa não deveria aceitar novos desafios. A vida era cheia de riscos, e ele compreendia isso. Mas se encheu de desconfiança quando Petra lhe contou que havia uma exigência para formar a sociedade: ela deveria aportar uma parte do capital inicial da empresa. Enquanto Bárbara entraria com R$720 mil, Petra precisaria colocar R$80 mil.

"Mas é quase tudo que você tem!", indignou-se Mikel. Ela sempre sonhara em ter um negócio próprio. Agora surgira uma grande oportunidade. Ainda mais com alguém experiente, bem-sucedida, querida e confiável como era Bárbara. "Mikel, você não vê a oportunidade única que tenho nas mãos?", ela falava em alto e bom som. Mikel entendia, mas não achava sensato ela ter que colocar dinheiro na sociedade. Ele sabia que Petra era uma profissional excepcional e muito comprometida em fazer as coisas acontecerem. Ela tinha um valor estratégico para a empresa de Bárbara prosperar.

O fato era que Petra estava completamente maravilhada com a oportunidade de se tornar dona de seu próprio nariz. Mikel chegou, inclusive, a levantar alguns pontos e dúvidas para ela avaliar e esclarecer com Bárbara, sugerindo que deveria ter mais algumas conversas com a potencial futura sócia. Mas Petra não deu ouvidos a ele, e se decidiu poucos dias depois. Sairia do emprego e aceitaria a sociedade. Sem levar em conta tudo o que o marido lhe disse e sem consultar qualquer outra pessoa, ela fechou o negócio. Leu rapidamente a minuta de contrato social apresentada por Bárbara, não buscou um parecer de um advogado e não solicitou nenhuma alteração no texto. Simplesmente assinou o documento no dia seguinte ao seu envio. Tirou seu dinheiro da aplicação e o depositou na conta de Bárbara. "Que ótimo, somos sócias!", as duas brindaram com champanhe no novo escritório. Terminada a garrafa, Bárbara comentou: "Eu entrei com R$720 mil, e você, com R$80 mil. Eu tenho 90% da empresa e você, 10%". Petra piscou duas vezes, parecia que havia algo estranho nisso, mas deu um sorriso e concordou: "Sim, é isso mesmo. Você fez a conta certa."

Mikel ficou indignado ao saber da participação de 10%. Era muito baixa e bem aquém do que seria justo. Afinal, ele sabia que Petra daria tudo de si e trabalharia como se a empresa fosse 100% sua. Os dois tiveram uma briga feia e ficaram mais de uma semana quase sem falar um com o outro.

Mais tarde, Petra consideraria aqueles números um erro crasso. Não um engano matemático, a proporção era mesmo aquela. No entanto, havia ali um grande desequilíbrio entre a composição do capital e a vida real. Para os resultados da sociedade, ela era mais importante para Bárbara do que Bárbara para ela. Desde os trabalhos anteriores, ela, Petra, era quem mantinha contato com os clientes, garantia a fidelidade deles e mantinha a carteira em expansão.

APAGAR INCÊNDIOS

Bárbara era competente, não havia dúvidas, mas não tinha habilidades interpessoais. Mais de uma vez Petra apagara alguns incêndios provocados por desentendimentos entre a antiga chefe, agora sócia, e as empresas que as contratavam, ou seja, a relevância dela na empresa era muito maior do que os 10% relativos ao capital que ela colocara na sociedade. Pelo trabalho que ela dedicava à sociedade, Petra pensava, era razoável que os lucros fossem divididos em algo próximo a meio a meio.

Mas o contrato social firmado entre ela e Bárbara era bem claro e objetivo quanto à divisão dos lucros: dizia que estes seriam repartidos na proporção da participação detida por cada uma. E o documento não especificava, como deveria, os direitos e as obrigações de ambas as partes. Para Petra, o contrato social não passava de um papel, e ela acreditava que Bárbara iria valorizá-la e reconhecê-la de forma justa no momento da divisão dos lucros. Afinal, ela confiava — cegamente, ela viria a entender mais tarde — em Bárbara. Imaginava que aquele importante apoio, quase maternal, que recebera no início da carreira e os convites que ela lhe havia feito para novas oportunidades seria sempre o tom que seria mantido ao longo da convivência delas.

Petra deixou esses pensamentos de lado e continuava entusiasmada com o trabalho. Passava cada vez mais horas no escritório. Também viajava, visitava obras, fazia reuniões, ia a festas e eventos dos clientes.

E o dinheiro? Quanto ela recebia por todo esse esforço? Bem... nada. A verdade é que esse assunto nunca havia sido discutido. Não se falou em retiradas, pró-labore. Em sua ingenuidade, Petra imaginava que Bárbara iria chamá-la um dia e dizer que havia feito um bom depósito em sua conta. Mas esse dia nunca chegava. Petra tentava administrar suas dúvidas e sua ansiedade pensando que sociedade era assim mesmo. No primeiro ano, não se ganhava nada, e depois, com os resultados se avolumando, aí, sim, haveria a distribuição do dinheiro.

No entanto, quando expôs esse pensamento em voz alta para Mikel, ele explodiu mais uma vez. "É inadmissível alguém trabalhar de graça!", ele gritava. "Você fica o dia inteiro no escritório, viaja, nem a vejo mais, e não traz nem um centavo para casa!". Petra imaginava que agora seriam algumas semanas ou meses sem que o marido falasse com ela, mas não conseguia tomar a iniciativa de falar com a sócia.

BARREIRA PSICOLÓGICA

A verdade é que ela havia estabelecido em sua mente uma relação de submissão a Bárbara. Não conseguia vê-la como sócia, uma igual no empreendimento, mas sempre como chefe. Isso a inibia, e ela não conseguia introduzir na conversa a questão de seu pagamento. Uma forte barreira psicológica a impedia de se sentar à mesa e conversar abertamente sobre o assunto.

Pressionada por essa angústia, pelo mau humor do marido, pela perda de contato com os amigos, afinal estava vivendo para o trabalho, e pela perplexidade do resto da família, que a essa altura já percebia que ela estava à beira de um ataque de nervos, Petra decidiu falar com Bárbara. A conversa foi fria, uma temperatura que até então não havia surgido entre elas. Bárbara concordou em ceder um pró-labore mensal de R$ 4 mil. Era pouco, um quarto do que Petra recebia em seu último emprego. Não daria para pagar suas despesas pessoais básicas, como sua parte na prestação do apartamento e nos demais gastos domésticos. Nem se preocupou em falar sobre isso com Mikel, que agora entrava na terceira semana da sua greve de silêncio.

Já havia se passado um ano e meio naquela situação. Mesmo nesse curto espaço de tempo, o escritório já começara a dar dinheiro. O faturamento, Petra acompanhava os números, havia superado os R$ 100 mil mensais. Mesmo assim, inacreditavelmente, ela continuava ganhando os mesmos R$ 4 mil por mês. Criou coragem e conversou mais uma vez com Bárbara, e sua retirada mensal subiu para ainda insuficientes R$ 7 mil.

A confiança de Petra na sócia começou a se estilhaçar. Ela continuava a trabalhar longas horas, mas sem o mesmo entusiasmo anterior. Passaram-se mais alguns meses. Uma noite, exausta, Petra voltou para casa e não encontrou o marido. Foi até o quarto e notou os armários e gavetas vazios. Ele fora embora. Uma separação digna de um romance barato, sem bilhete e nem recado no celular.

Petra não dormiu aquela noite. Mandou uma mensagem para Bárbara dizendo que não estava bem e faltaria ao trabalho no dia seguinte e desligou o celular. Também não dormiu durante o dia, nem na noite seguinte. Durante o longo período de vigília, se fez muitas perguntas. "O que eu estou fazendo da minha vida? O que é importante para mim? Eu estou feliz com o que faço? Por que minhas decisões não deram certo?"

QUINZE MINUTOS

Três dias depois, seus pais foram até seu apartamento, alarmados com a falta de notícias. Ela contou o que havia acontecido e os tranquilizou: tudo daria certo. Ligou para Bárbara e marcou uma reunião. Durou quinze minutos. "Meu marido foi embora, eu não estou mais feliz de trabalhar aqui, vou sair da sociedade. Por favor, gostaria que você comprasse a minha parte, para que tudo termine em paz." Bárbara arregalou os olhos, mas ficou em silêncio. Petra levantou-se e saiu da sala com a impressão, como dizia uma velha música, de que já ia tarde.[1]

A separação da ex-sócia seria quase tão dura quanto foi a do marido. "Comprar a minha parte", como havia sugerido, não estava nos planos de Bárbara. Aliás, segundo ela, não havia parte a ser comprada. As retiradas de Petra foram

---

1   Chico Buarque de Holanda e Francis Hime. "Trocando em Miúdos". Polygram/Phillips, 1978, no verso: *Eu bato o portão sem fazer alarde / Eu levo a carteira de identidade / uma saideira, muita saudade / E a leve impressão de que já vou tarde.* <http://qualdelas.com. br/trocando-em-miudos-2/>.

UMA ARQUITETURA DE NEGÓCIOS MALFEITA

299

contabilizadas como antecipação de lucros. Além disso, a empresa tinha feito um empréstimo recente para ampliar sua estrutura. Assim, segundo Bárbara, Petra não tinha nada a receber por sua parte. Lançar as retiradas como antecipação de lucros não era algo ilegal, mas não foi o correto nesse caso. Petra correu até um advogado e um contador. Eles avaliaram a situação, e não havia o que ser feito a não ser amargar o prejuízo. Segundo eles, Bárbara, se quisesse, poderia, inclusive, exigir que Petra aportasse mais dinheiro na empresa para poder sair da sociedade. O melhor caminho para Petra foi entregar suas cotas à Bárbara sem nada receber em troca e perder R$ 80 mil.

O que ninguém pode negar é que Petra, desde o início de sua carreira, sempre foi capaz de preservar seus valores. Ela não pensava apenas em seus objetivos pessoais, queria que as empresas pelas quais passou progredissem, se empenhava para que os clientes estivessem satisfeitos com os resultados, esforçou-se profundamente para que a sociedade com Bárbara crescesse e desse resultados que as duas desfrutariam.

É evidente que ela se deixou levar por decisões emocionais todo o tempo. Se refletisse de maneira racional, nunca aceitaria entrar em um empreendimento de uma maneira intempestiva, como fez. Refletiria mais, pediria conselhos de advogados e contadores, consideraria as opiniões do marido ao pensar sua decisão de entrar na sociedade e se importaria com a maneira com que ele se sentiria com as atitudes dela de trabalhar um número excessivo de horas e ficar um tempo sem receber nenhuma remuneração mensal. Foram atitudes que acabaram impactando a vida afetiva e financeira do casal.

Ao deixar de examinar como se dariam as relações societárias no empreendimento, ela deixou de verificar a dinâmica do processo no qual teria de tomar decisões. O que estava na origem? Uma relação tão desigual quanto a de um dos sócios deter 90% do capital era algo que deveria ter despertado sua atenção e desconfiança quanto às chances de a parceria progredir.

Também faltou um olhar mais minucioso quanto aos valores pessoais da sócia Bárbara. Eles eram os mesmos que os de Petra? Qual era a essência dessa sócia majoritária: "ter" ou "ser"? Ao descuidar desses pontos, como a origem, a essência e o propósito, que, no caso de Bárbara, parecia ser muito mais pensar em si do que em beneficiar os outros, Petra se tornou incapaz de prever as consequências na dinâmica que se estabeleceu na sociedade. Deu no que deu.

Durante algum tempo, Petra permaneceu recolhida, buscando se refazer da tempestade que desabou sobre ela. Mas sua vontade de produzir projetos que fossem úteis às pessoas, seu desejo em dividir os frutos de seu trabalho e a vasta rede de relações que estabeleceu acabaram por prevalecer. Vários de seus antigos clientes a procuravam. Ela levantou a cabeça, decidiu abrir seu próprio escritório de arquitetura e choveram contratos de novos projetos.

Dois meses depois de sua saída da sociedade, chegou uma carta da Holanda. Na parte de trás do envelope, estava o nome de Mikel. Petra prendeu a carta no quadro que mantinha ao lado de sua mesa. Nunca a abriu.

19

Otávio e sua transição de carreira

Otávio sempre considerou que sua carreira profissional foi muito mais afortunada do que a da maioria de seus antigos colegas da faculdade de Administração de Empresas que frequentou. Desde os primeiros anos de formado, nunca lhe faltaram bons convites de empregos. Depois que decidiu cursar um MBA em Gestão Financeira, oportunidades ainda melhores surgiram diante dele.

Em determinado momento, Otávio chegou a ser sondado seriamente por três empresas. Fez entrevistas aprofundadas com os responsáveis pelos Recursos Humanos de duas dessas organizações e acabou focando uma delas, que lhe pareceu a mais interessante e promissora. Tratava-se de uma empresa de logística, sediada no interior do estado de São Paulo, mas que estava em um processo de franca expansão, sobretudo, na região centro-oeste do país, na qual centenas de caminhões levavam a produção do agrobusiness local até os portos e os grandes centros consumidores.

Otávio foi entrevistado por alguns diretores e se entusiasmou com o dinamismo e a visão deles. Uma última entrevista com o CEO o convenceu de que ali seria um bom lugar para trabalhar. Além disso, a política salarial e de benefícios também era bastante atraente. E isso viria em uma ótima hora. Aos 31 anos de idade, ele e a esposa, Paula, três anos mais nova, esperavam o segundo filho. Os dois decidiram que ela se permitiria um período sabático para se dedicar às crianças, já que a diferença de idade entre o primeiro filho e a do que estava a caminho seria de pouco mais de um ano. Um trabalho intenso, portanto, aguardava Paula.

OTÁVIO E SUA TRANSIÇÃO DE CARREIRA   303

Se o casal estava de acordo com essa distribuição de tarefas, não tinham ilusões de que um filho a mais e um salário a menos seriam pesados desafios às finanças da casa. Aquela boa oferta da empresa de logística, portanto, era uma oportunidade excelente para a carreira de Otávio. Mas, mesmo com esse quadro animador diante de si, antes mesmo de dar o seu "sim" à proposta de emprego, ele pesquisara bastante sobre a organização.

A empresa parecia ser querida pelos seus funcionários. Havia um plano de carreira que fora citado inclusive como exemplar em uma publicação especializada que ele lera. Dedicada cada vez mais ao escoamento da produção do agrobusiness para os portos e armazéns, a organização trazia benefícios, inclusive, para cooperativas que reuniam pequenos produtores. Seus valores prometiam trazer ganhos para as comunidades em que atuava, agir com transparência, respeitar o meio ambiente, agregar valor aos clientes. Eram, enfim, valores nos quais Otávio acreditava.

LUA DE MEL

Os três primeiros anos no novo emprego transcorreram de maneira tranquila e satisfatória. Otávio se sentia cada vez mais à vontade junto aos demais integrantes da empresa, que continuava em uma trajetória vitoriosa de expansão. Otávio e Paula, que ainda não havia voltado ao mercado, estavam felizes. "Estou em uma lua de mel com a empresa", brincava Otávio. Entre suas funções profissionais, estava a de desenvolver práticas que permitissem a redução de custos, algo que ele exercia junto com outros gestores da organização.

E foi exatamente quando exercia essa tarefa que Otávio começou a perceber alguns estranhos indícios em um dos índices que examinava. Pneus! Os pneus dos caminhões da organização apresentavam uma durabilidade extremamente baixa. Os pedidos de compra pareciam excessivamente altos e constantes. Otávio começou a investigar. Consultou histórico de compras, fez *benchmarkings*, checou as especificações dos fabricantes, foi até as oficinas de manutenção da empresa.

Otávio notou, também, que os responsáveis pelas compras dos pneus ficaram inquietos com suas perguntas e solicitações de notas fiscais e outros documentos. Começaram as conversas de corredor. Ao examinar a documentação, Otávio descobriu um fio solto e puxou-o. Junto com ele vieram nomes de revendedoras de pneus usados, laudos desencontrados e até denúncias anônimas. Levou o assunto ao seu superior. Mas, para sua perplexidade, foi aconselhado sutilmente, e com sorrisos e tapinhas nas costas, a não se dedicar tanto ao assunto. "A empresa é grande, há muita gente, vários escritórios, muitos lugares diferentes, é inevitável que haja algum desencontro de informações. Isso não é nada, não se preocupe, deixe para lá", ele ouviu de seu chefe.

Mas Otávio não queria "deixar para lá". Os pneus ficaram, quase literalmente, rodando em sua mente. Aquilo estava com um leve cheiro de desonestidade, e Otávio tinha completa aversão a arranjos maliciosos e maracutaias. A educação que recebera em casa, os valores que desenvolvera ao longo da vida e o desejo de deixar um legado de ética, compaixão, empatia e bons exemplos para os filhos não o permitiam concordar com desvios e histórias mal contadas. Insistiu no assunto com seu superior. Desta vez, o chefe não foi tão sutil. Disse-lhe que não tocasse mais no assunto, havia interesses dentro da empresa que era melhor que não fossem contestados. Ele, Otávio, não sabia de muita coisa que acontecia na organização, e talvez fosse melhor que não soubesse mesmo. O chefe disse essas coisas e outras, desta vez sem sorrisos ou tapas nas costas.

ENCANTO QUEBRADO

A partir desse momento, cerca de quatro anos depois que entrara para a organização, Otávio começou a sofrer. O encanto se quebrara. Ele não se sentia mais à vontade em sua função. Queria ir embora. Mas, agora, aqui estava ele aos 35 anos de idade, um filho de 5 e uma filha de 3,5 anos, a esposa fora do mercado de trabalho e um financiamento do apartamento que ainda se estenderia por mais 20 anos... Que situação! O que fazer? Deixar a empresa ou engolir o sapo?

OTÁVIO E SUA TRANSIÇÃO DE CARREIRA

305

Embora estivesse em sua mente uma enorme vontade de jogar tudo para cima, mudar de trabalho e sair imediatamente daquela situação, Otávio sabia que não poderia renunciar à sua remuneração e conseguir, em um prazo previsível, outra oportunidade de trabalho. O fato é que ele não tinha como deixar a empresa de maneira repentina. Seria uma decisão emocional que teria um impacto negativo no bem-estar de sua família. Identificar exatamente quais são as emoções envolvidas em situações críticas como essa e raciocinar levando em conta argumentos racionais é um dos passos fundamentais para caminhar em direção a uma decisão bem posicionada e de qualidade, segundo propõe minha metodologia de tomada de decisões.[1]

E quais seriam as emoções que giravam na mente de Otávio? Havia, claro, o medo da mudança, a insegurança de deixar o certo (um bom emprego com uma remuneração satisfatória) pelo duvidoso (voltar ao mercado de trabalho com o risco de não conseguir uma colocação tão favorável quanto à anterior e rapidamente). Otávio era pai de filhos pequenos, que já estavam na escola, o plano de saúde da empresa era ótimo, a esposa não trabalhava, e todos os gastos dela eram bancados por ele. O casal não contava com reservas financeiras, e havia, ainda, o longo financiamento do apartamento.

No entanto, não era só o medo das repercussões econômicas que o atormentava. Afinal, Otávio sempre repetia para si mesmo que tinha um bom currículo, era jovem, dificilmente ficaria sem trabalho. Mas havia outras implicações. Se ele decidisse pedir demissão, sem ter um emprego já garantido, não faltaria o peso das críticas dos amigos e parentes. "Como alguém com duas criancinhas e a mulher sem trabalhar pede demissão de uma hora para outra sem pensar nas consequências?". Esse seria, talvez, o questionamento mais educado que ele ouviria. Haveria outras críticas, mais duras. Quer queira, quer não, essas críticas nos pesam na mente, por mais que as reconheçamos e saibamos isolá-las. Mas lembremos sempre de que essas críticas devem ser isoladas. Não devemos ceder a argumentos dos outros para dar rumo à nossa vida, às nossas escolhas e decisões.

---

1 No Capítulo 7, lembro aos leitores de que Platão (427-347 a.C) pontuava: "A vida não refletida não vale a pena ser vivida." O primeiro dos quatro preceitos platônicos, "pense mais", propõe a superioridade da razão sobre a emoção, o que é enfatizado em meu método de tomada de decisão.

DESEMBARQUE PLANEJADO

A ideia de sair repentinamente do emprego era algo, portanto, a ser descartado. Mesmo porque essa seria uma decisão totalmente emocional, Otávio reconhecia isso. O necessário era fazer um planejamento cuidadoso desse desembarque da empresa de logística para novas oportunidades. Na reflexão que faria para avaliar os movimentos seguintes, Otávio poderia tomar decisões mais acertadas caso analisasse a dinâmica daquela situação.

A origem da dinâmica desse processo, sabemos, era seu incômodo em trabalhar em uma empresa que rompia com seus valores de transparência, ética e de agir com respeito às necessidades dos *stakeholders*. As consequências de permanecer no emprego, por sua vez, seriam desastrosas: surgiriam o desânimo e um engajamento cada vez menor com suas funções, por estar rompendo com seus próprios valores. E haveria, até mesmo, o perigo de ser responsabilizado por aquelas ações desonestas caso alguém julgasse que ele havia se comportado de uma maneira omissa.

De novo, se decidisse que a mudança de empresa seria inevitável, ele deveria fazer isso de uma forma planejada e responsável. Procurar o apoio da família seria também indispensável, já que sua decisão poderia ter profundo impacto sobre a vida dos filhos e da esposa. Essa compreensão e o apoio familiar são fundamentais, sobretudo nos primeiros momentos em que se sai à busca de outra oportunidade no mercado, no qual a redução do padrão de vida familiar é difícil de ser evitada.

Ao examinar todos os desafios que poderiam decorrer de sua saída do emprego, Otávio poderia até se sentir tentado a fechar os olhos para a ação desonesta que chegou ao seu conhecimento e continuar trabalhando como se nada houvesse acontecido. Mas caso se permitisse fazer isso, ele estaria deixando que seu ego se sobrepujasse à sua preocupação com os outros, pois aí ele estaria pensando apenas no "eu", negligenciando uma situação que prejudicaria os interesses da organização e das demais pessoas. Isto é, estaria negando sua essência e seus valores que têm como foco as demais pessoas e as suas necessidades. Não seria mais, em resumo, o Otávio.

OTÁVIO E SUA TRANSIÇÃO DE CARREIRA   307

Permanecendo na empresa, Otávio até poderia se sentir confortável no primeiro momento, favorecendo aos seus familiares e evitando problemas. Mas, novamente, dessa maneira ele se tornaria uma pessoa bastante infeliz, deixando de viver seu propósito e desalinhado de seus valores. As consequências não seriam nada boas, por isso a urgência da mudança e o pensar na mudança.

"Ok, vou sair da empresa, mas qual serão as consequências dessa atitude?", ele se perguntava. Seria bastante provável, pelo currículo que tem, que conseguisse se recolocar em uma organização com a qual seus valores estivessem afinados e, assim, conquistar de volta a alegria e a paz mental que experimentava nos primeiros anos na empresa de logística.

SENTIR-SE ÍNTEGRO

Este é um ponto de relevância. O que importa para alguém que esteja em uma situação como essa vivida por Otávio? Que a pessoa se sinta íntegra, feliz, confortável consigo mesma? Ou é ter o dinheiro e a estabilidade em uma posição de trabalho que, no final das contas, apontará para uma situação tóxica, inadequada? Para alguém que esteja alicerçado em valores, acredito que a resposta é sair o quanto antes daquele ambiente no qual são permitidos comportamentos que não conseguimos aceitar.

Para o chefe de Otávio, que demonstrou não compartilhar de seus mesmos valores, levar em conta questões como a prática da ética talvez nada signifique. Mas alguém que dê importância a seguir a vida norteado por princípios não suportaria viver por muito tempo violentando suas convicções.

Quando finalmente começasse o processo de encontrar outra colocação, ele poderia, mais uma vez, lançar mão da metodologia de tomada de decisões para escolher um trabalho que estivesse de acordo com seus valores. Continuaria no seu esforço de isolar a emoção, e todos seus movimentos de saída seriam racionais. Essa seria uma maneira adequada para se transferir para um bom local de trabalho e preservaria a sua família de qualquer risco.

Nesse planejamento de partida gradual, ele procuraria, com calma, ainda trabalhando na empresa, ativar os contatos na sua rede de relacionamentos. Esta aqui é também uma questão racional: enquanto não se desligar da empresa, Otávio tem a obrigação ética de continuar a entregar o melhor de sua energia e empenho para alcançar os resultados que ele tem o compromisso de entregar. Essa é a postura que, além de justa em relação aos empregadores, permite que ele consiga manter um bom relacionamento com os integrantes da empresa (certamente a maioria deles sempre será ética), fornecedores e clientes, que, futuramente, poderão recomendá-lo para oportunidades em outras organizações.

TRANSPARÊNCIA NA FAMÍLIA

Ser transparente com a família também é uma atitude racional. Deixar claro para aqueles que estão próximos que se está fazendo esse movimento de troca de empregos tornará esse momento mais harmonioso. A família irá, assim, entender que essa decisão foi tomada porque aquela pessoa está infeliz no trabalho e quer apoio, evitando aqueles efeitos colaterais em situações como essas, na qual surgem o mau humor, a irritabilidade e as discussões exaltadas.

Por fim, Otávio deveria, durante esse processo de transição e já tendo isolado a emoção, checar a todo momento se ele continua obedecendo aos seus próprios valores, buscando sua essência. Nas decisões que está tomando, o que está no centro de seu raciocínio: olhar para o "ser" ou para o "ter"? Quando ele teme perder a

OTÁVIO E SUA TRANSIÇÃO DE CARREIRA

309

possibilidade de dar o conforto habitual para sua família, ainda assim se mantém firme naqueles valores que não se podem negociar?

Essa reflexão lhe dará segurança no momento em que ele for procurar o novo trabalho. Talvez entre as possibilidades de emprego futuras também haja organizações que não tenham tanto apreço aos bons princípios, como acontecia no emprego anterior.

A vida é repleta de incertezas. Não temos controle sobre muita coisa que surge diante de nossa trajetória pessoal ou profissional. Talvez seja uma ilusão acharmos que há, em algum lugar, uma organização na qual todos os envolvidos tenham os mesmos valores, a mesma essência que a nossa. Certamente, sempre haverá integrantes que se conduzem de uma maneira com a qual não concordamos, mas não devemos nos esquecer de que nossas escolhas e decisões é que moldam nosso caráter.

Devemos, portanto, ser pragmáticos, mas até certo ponto. Otávio talvez pudesse fingir não ter conhecimento dos malfeitos que aconteciam na empresa de logística na qual trabalhava, mas essa alternativa se mostrou impossível para ele. Muitos entre nós já viram, ou algum dia verão, alguém agindo de uma maneira com a qual não concordamos. A maneira como reagiremos está diretamente relacionada à profundidade com que acreditamos em nossos valores.

Há alguns momentos da vida em que poderemos simplesmente nos afastar e ir à procura de outra colocação no mercado, sem grandes considerações. Em outras circunstâncias, talvez tenhamos de agir com mais vagar e prudência. Mas a determinação de mantermos nossa essência e nossos valores nunca deve ser abandonada. Sem elas, não seremos nós mesmos. Sem a essência, seremos ocos. E a metodologia mostra o caminho que devemos trilhar para tomarmos decisões sempre movidos pelo que temos de mais precioso: a nossa integridade.

Mas, afinal, qual foi a decisão de Otávio? Após avaliar com calma diferentes cenários individualmente e com sua esposa, além de ter conversado com dois *headhunters* para entender como estava o mercado de trabalho naquele momento, ele traçou um plano de recolocação contendo ações como pesquisa e mapeamento de empresas que achava interessantes, contatos com pessoas de sua rede de relacionamentos que pudessem aproximá-lo dessas empresas e contatos com as dez maiores empresas de *executive search*, para se colocar à disposição para concorrer a possíveis vagas. E, por fim, decidiu ficar, no máximo, mais seis meses na empresa de logística, guardar pelo menos 25% de seu salário nesse período, para o sustento de sua família por mais algum tempo, caso ele não conseguisse se recolocar antes desse período, negociar com a escola das crianças uma redução temporária das mensalidades e cogitar a venda de um dos dois carros da família. Isso demostra consciência e bom posicionamento segundo seus valores. Se necessário, revisões futuras poderiam ser feitas.

20

Podemos tomar decisões difíceis em situações tremendamente adversas e hostis

N a tarde de 15 de janeiro de 2009, uma quinta-feira, um bando de gansos-do-canadá cruzava o céu sobre o bairro novaiorquino do Bronx. São aves de grande porte. Suas asas, medidas de ponta a ponta, chegam a até 1,80 metro. Quando pousados, sua altura atinge 1 metro[1]. Aquele bando, cujo número de integrantes nunca se soube ao certo, deslocava-se disciplinadamente na chamada "formação escada", na qual as aves voam no mesmo nível, mas cada uma ligeiramente deslocada à esquerda, ou à direita, do pássaro que avança à frente, formando a letra "V" ou a forma de uma escada aberta, que muitos de nós já vimos no céu. Um estilo de voar que os gansos, e outras aves, apreendem com os membros mais velhos do bando e que possibilita se aproveitarem da turbulência provocada pelo bater de asas à frente para se deslocarem com menos esforço.[2]

A revoada se deslocava a uma altitude incomum para a maioria dos gansos, cerca de 900 metros, e iam rápido, a 80 quilômetros por hora[3]. Nunca se saberá qual era o plano de voo daqueles animais. Estariam fugindo do inverno no norte do Canadá? Pouco provável. Essa espécie migra para os Estados Unidos no verão para fugir do frio e acasalar-se, algo que costumam fazer em março, e ali se estava em pleno janeiro. Além disso, migrar era algo que estava ficando fora de moda para muitos dos gansos-do-canadá. Essas aves, e esse era um fenômeno

---

1 <https://birdsoftheworld.org/bow/species/cangoo/cur/introduction>.

2 <https://www.nationalgeographic.com/science/phenomena/2014/01/15/birds-that-fly-in--a-v-formation-use-an-amazing-trick/>.

3 <https://www.vanityfair.com/culture/2009/06/us-airways-200906>.

PODEMOS TOMAR DECISÕES DIFÍCEIS EM SITUAÇÕES (...)

recente, trocaram a vida nômade por endereços fixos em Nova York e em outras partes do país. Fizeram isso estimuladas pela abundância de comida nos parques e pela segurança oferecida nas áreas protegidas da região[4]. Talvez por isso, muitos deles chegavam a pesar até 6,5 quilos,[5] mais do que um peru de Natal.[6]

Bem alimentados e com disposição suficiente para voar quase na altura das nuvens que cobriam a cidade, os gansos vinham do norte em direção ao aeroporto La Guardia, localizado no bairro do Queens, em Nova York. E exatamente às 15h27, quando as aves estavam a 8 quilômetros do aeroporto, aconteceu uma tragédia[7]. Sem que tivesse tempo de desviar, ou nem mesmo de emitir um grasnido de alerta, o bando se chocou de frente com um Airbus A320 da companhia aérea US Airways que havia decolado dois minutos antes do aeroporto novaiorquino em direção a Charlotte, no estado da Carolina do Norte. Era o voo 1549.[8]

Nunca se saberá quantos gansos conseguiram escapar, mas aqueles que se chocaram com aquela aeronave de 68 toneladas, que estava em meio a uma subida a 370 quilômetros por hora, explodiram de encontro à fuselagem e às duas turbinas do avião, provocando um ruído tão alto, que foi captado pelo gravador de voz na cabine de comando[9]. Os passageiros se assustaram. Charles, nosso viajante imaginário apresentado no primeiro capítulo deste livro, chegou a pensar, em meio ao susto, que pedras gigantes estavam sendo atiradas contra o avião.

Mas se os gansos não tiveram a chance de desviar, na cabine de comando também não se pôde fazer nada para evitar o choque. Exatamente um segundo antes de que Charles imaginasse que o avião estava sendo bombardeado por pedras voadoras, o comandante Chesley Sullenberger, que viria a ser conhecido mundialmente pelo

---

4   <https://www.dec.ny.gov/animals/34434.html>.

5   <https://www.vanityfair.com/culture/2009/06/us-airways-200906>.

6   <https://www.panelinha.com.br/receita/Peru-assado>.

7   <https://www.vanityfair.com/culture/2009/06/us-airways-200906>.

8   <https://www.britannica.com/topic/US-Airways-Flight-1549-incident>.

9   <https://www.vanityfair.com/culture/2009/06/us-airways-200906>.

seu apelido "Sully", alertou seu copiloto: "Pássaros!"[10]. Na altitude e na velocidade em que o Airbus estava sendo pilotado por Jeffrey Skiles, o copiloto que pela primeira vez voava no comando de um Airbus A320[11], era impossível qualquer manobra evasiva.

GANSOS LIQUEFEITOS

As pesadas aves atingiram várias partes da aeronave e deixaram marcas nas pontas das asas, da cauda e no nariz do avião[12]. Mas o estrago fatal se deu nas duas turbinas do Airbus. Sugados pelos motores, os gansos foram literalmente liquefeitos ao se chocarem com as afiadas lâminas de tungstênio que compõem o rotor responsável por parte do empuxo das aeronaves. Restos de tecidos e penas no interior das turbinas comprovaram a origem do acidente.

Tais lâminas são flexíveis e desenhadas para se dobrarem em caso de choque com algum objeto, mas não resistiram ao pesado impacto e se estilhaçaram, deixando completamente fora de combate a turbina do lado direito da aeronave, e a da esquerda, apenas com um pequeno empuxo, insuficiente para manter o avião no ar.[13]

Incidentes envolvendo choques com pássaros que resultam na destruição total dos motores de um avião são bastante raros. De acordo com um estudo publicado pelo *International Journal of Avian Science*,[14] entre 1990 e 2007,

---

10 Conforme relatório produzido pelo *The National Transportation Safety Board* (NTSB), uma agência federal norte-americana independente voltada para a investigação e aconselhamento de medidas de segurança voltadas para acidentes em vários meios de transporte. <https://www.ntsb.gov/investigations/AccidentReports/Reports/AAR1003.pdf>.

11 <https://www.aeroflap.com.br/milagre-do-voo-1549-da-us-airways-que-pousou-no-rio--hudson-completa-10-anos/>.

12 <https://www.ntsb.gov/investigations/AccidentReports/Reports/AAR1003.pdf>.

13 Idem.

14 Bradley Blackwell et al. *A Framework for Managing Airport Grasslands and Birds Amidst Conflicting Priorities*. 17 de novembro de 2012. <https://onlinelibrary.wiley.com/doi/full/10.1111/ibi.12011>.

PODEMOS TOMAR DECISÕES DIFÍCEIS EM SITUAÇÕES (...)

foram registrados danos causados por pássaros em 12.028 motores de aeronaves. Destes, perto de 8 mil não sofreram qualquer dano. Entre os 4 mil restantes, apenas 312 foram totalmente destruídos durante o voo, ou seja, 2,6% do total de incidentes levaram à perda da funcionalidade do motor.

Durante os 8 segundos que se seguiram ao choque com os gansos, o capitão Sully e o copiloto Skiles permaneceram em um estado de paralisia, de "leitura de cenário", após constatar que as duas turbinas haviam parado de funcionar. Passado o choque, Sully começou a tomar decisões. "Acione a ignição", ordenou a Skiles. Mais dois segundos, e o comandante decidiu ligar o APU, uma pequena turbina que gera eletricidade auxiliar para o avião[15]. Essa decisão seria de fundamental importância para manter as luzes do compartimento dos passageiros acesas e permitir o funcionamento do sistema de som e do painel de controle. Em seguida, Sully assumiu o controle do avião, que estava nas mãos de Jeffrey Skiles, já que, como capitão em comando, cabia a ele a responsabilidade pelo avião e seus 155 ocupantes, entre eles 5 tripulantes.

Controlando o avião, que começava lentamente a perder altitude, Sully orientou o copiloto a consultar o guia de referência do avião para tentar reativar os motores. Várias tentativas foram feitas, sem sucesso. O comandante tomou o microfone do rádio e fez o clássico pedido de socorro internacional — "Mayday! Mayday! Mayday!" — para o controle aéreo do La Guardia, afirmando que tentaria retornar ao aeroporto. O controlador respondeu que o aeroporto estava pronto para recebê-lo, mas o comandante respondeu que não conseguiria voltar ao aeroporto "e que acabaria no Rio Hudson", referindo-se ao rio que separa Nova York da cidade de Nova Jersey.

Enquanto o copiloto Jeffrey Skiles continuava, sem sucesso, tentando religar os motores, o controlador de voo do aeroporto La Guardia entrou em contato mais duas vezes com o avião, oferecendo outra opção de pista de decida no aeroporto do qual o Airbus havia partido. Mas Sully, após avaliar os instrumentos de bordo, desistiu de voltar ao La Guardia. Não, afirmou, ele não conseguiria levar o avião até lá. Ao contrário, o comandante procurou uma opção no caminho à frente e solicitou autorização

---

15 Sigla para *Auxiliary Power Unit* (Unidade Auxiliar de Energia, em português), o APU suplementa a energia elétrica e pneumática utilizada em sistemas do avião, permitindo que estes operem independente de força externa ou dos motores. <http://www.avioese-musicas.com/apu-auxiliary-power-unit.html>.

para pousar no aeroporto de Teterboro, no condado de Bergen, em Nova Jersey, buscando escapar dos arranha-céus de Manhattan.

"PREPARAREM-SE PARA O IMPACTO"

Às 15h29, exatamente dois minutos após o choque com os pássaros, o comandante Sully, anunciou, seco, pelo sistema de som do avião aos passageiros: "Aqui é o capitão falando. Preparem-se para o impacto!" O controle de voo voltou a chamar: "Em qual pista do Aeroporto de Teterboro prefere pousar?" Mas o comandante não tem mais esperança de alcançar qualquer aeroporto, e decide: "Nós vamos para o [Rio] Hudson."[16]

Talvez o avião conseguisse planar a distância que o separava do aeroporto no Queens ou até mesmo do de Nova Jersey, que estava um pouco mais distante. No entanto, caso escolhesse uma das duas opções, o Airbus teria de chegar até os aeroportos completamente alinhado com a pista, sem tempo para uma mudança de direção para acertar sua trajetória. Além disso, qualquer das duas vias sobrevoaria uma área urbana densamente povoada, e não havia nem velocidade nem altitude suficientes que garantissem que isso pudesse ser feito sem o perigo de uma queda fatal para os passageiros e um número que não poderia ser calculado de pessoas em terra. "Estávamos muito distantes, muito

---

16   As informações sobre a sequência de decisões e os diálogos com a torre de controle estão em <https://www.ntsb.gov/investigations/AccidentReports/Reports/AAR1003.pdf>.

PODEMOS TOMAR DECISÕES DIFÍCEIS EM SITUAÇÕES (...)

baixos e muito lentos [em relação aos dois aeroportos]", o comandante Sully explicaria mais tarde[17]. O risco de se espatifarem de encontro a um edifício era real e gigantesco.

O comandante já havia decidido onde pousaria. Era sua única opção, o Rio Hudson. Não foi uma decisão fácil. Especialistas em segurança de voo afirmam que pousar um avião na água pode ser mais perigoso do que, em uma mesma emergência, aterrissar em terra firme[18]. O perigo é que o revestimento de alumínio da barriga do avião pode dobrar ou quebrar, diminuindo a proteção dos passageiros. No pouso de barriga no solo rígido, o alumínio tende a amassar, amortecendo o impacto[19]. O comandante e o copiloto sabiam muito bem disso.

Chesley Sullenberger era um comandante extremamente experiente, conhecia os perigos de voar. Naquele 15 de janeiro de 2009, aos 57 anos de idade, ele já havia acumulado 19.663 horas de voo[20]. Às suas habilidades somavam-se aquelas adquiridas no período em que havia servido a Força Aérea dos Estados Unidos como piloto de caça, quando chegou ao posto de capitão. Era especialista em segurança aérea e fora instrutor de voo em planadores. Desde 1980, atuava como piloto comercial, função que exerceria até março de 2010, um ano após o choque com os gansos, quando se aposentou.[21]

Mas, naquele momento, o comandante não estava pensando em aposentadoria e nem mesmo ouvindo o controlador de voo, que, no rádio, continuava, angustiado, a oferecer opções de descida no aeroporto de Teterboro. Junto com Jeffrey B. Skiles, aos 49 anos, também um piloto com grande experiência atuando, naquele voo específico, como copiloto, começavam a ajustar o aparelho para a descida no rio. No interior da cabine, ouviam-se alarmes e vozes

---

17   <https://www.wired.com/story/miracle-hudson-flight-anniversary-flight-path-sully/>.

18   <http://content.time.com/time/nation/article/0,8599,1872195,00.html>.

19   Idem.

20   <https://www.vanityfair.com/culture/2009/06/us-airways-200906>.

21   <http://www.sullysullenberger.com/about/>.

automatizadas repetindo avisos: "Too low, terrain!", "Too low, gear!" "Terrain, terrain, pull up!" "Caution, terrain!"[22]

FORA DO RADAR

Às 15h29m53s, quase três minutos depois do choque com as aves, o Airbus começou a voar abaixo da altura dos arranha-céus de Manhattan. Como estes estão posicionados entre a aeronave e o aeroporto La Guardia, isso faz com que o avião desapareça do radar do controle de voo[23]. Mas o contato pelo rádio se manteve e foi assim que o controlador sugeriu a Sully que tentasse aterrissar no aeroporto de Newark, a 11 quilômetros dali.[24]

Àquela altura, Newark parecia tão inacessível quanto atingir a galáxia de Andrômeda. O avião agora, às 15h30m16s, estava a 80 metros do solo e a uma velocidade de 280 quilômetros por hora[25]. A aeronave já estava alinhada com o Rio Hudson. O último, e perigoso, obstáculo para sua descida, a ponte George Washington — que liga Manhattan a Nova Jersey —, havia sido ultrapassado a 280 metros de altura momentos antes[26]. Sully e Skiles decidem manter os flaps[27] na posição em que se encontravam. O comandante, faltando menos de 10 segundos para o avião tocar na água, reuniu sangue frio e humor suficientes para, em

---

22 Em português: "Baixo demais, solo!", "Baixo demais, acione instrumento!", "Solo, solo, suba!", "Cuidado, solo!".

23 Radares e outros equipamentos que atuam em radiofrequência funcionam em linha de visada, o que significa que a transmissão ou recepção se dá em linha reta e não é capaz de ultrapassar obstáculos, como ocorre com a visão humana. <https://www2.anac.gov.br/anacpedia/por_ing/tr4060.htm>.

24 <https://www.ntsb.gov/investigations/AccidentReports/Reports/AAR1003.pdf>.

25 Idem.

26 <https://www.cntraveler.com/story/the-miracle-on-the-hudson-flight-things-you--might-not-know>.

27 Flaps são partes móveis instaladas na parte de trás das asas que podem ser estendidos ou mantidos embutidos sob as asas. Sua função, quando estendidos, é aumentar a sustentação da aeronave no ar, sobretudo durante os pousos e decolagens, ao mesmo tempo reduzindo a sua velocidade. <https://www.airway.com.br/para-que-servem-os-flaps-no-aviao/>.

PODEMOS TOMAR DECISÕES DIFÍCEIS EM SITUAÇÕES (...)

uma divertida ironia, perguntar, conforme registrado na gravação da cabine de comando, se o copiloto tinha "alguma outra ideia do que fazer". Skiles responde: "Na verdade, não."

Um último sinal sonoro avisou que o avião estava a 15 metros de altura, e Sully ainda disse: "Vamos abraçar para o impacto." O avião tocou a água. O choque da parte traseira com o rio foi forte o suficiente para fazer com que uma barra de metal do compartimento de carga perfurasse o chão da aeronave, provocando um profundo corte na perna da comissária de bordo, Doreen Welsh, obrigando-a a realizar uma cirurgia. Além de Doreen, outros quatro passageiros se feriram com alguma gravidade e permaneceram hospitalizados por pelo menos dois dias. Muitos outros foram atendidos com hipotermia, uma diminuição severa da temperatura corporal, provocada pela exposição aos 7 graus negativos que eles enfrentaram ao sair do avião.[28]

Mas, fora a forte batida na parte traseira, o avião deslizou de maneira equilibrada pela água do rio. Sully conseguiu manter a direção para diante do aparelho e as asas perfeitamente alinhadas com a linha d'água. Caso uma delas afundasse, a aeronave poderia dar um cavalo de pau, com grande possibilidade de romper a fuselagem violentamente. Isso não ocorreu, mas houve danos. Além do buraco aberto na parte traseira do avião, por onde a água começou a entrar, a turbina esquerda foi arrancada e afundou no rio. Só foi recuperada dias depois.

PASSAGEIROS CALMOS

Durante toda a descida do avião, os passageiros e as comissárias de bordo sabiam que estavam caindo, mas não faziam ideia de que o capitão escolhera o rio como destino. Segundo depoimentos posteriores, as comissárias só se deram conta de que haviam pousado no Rio Hudson quando olharam pela janela.[29] Logo após o choque com as aves, alguns dos passageiros

---

28 <https://www.cntraveler.com/story/the-miracle-on-the-hudson-flight-things-you-might-not-know>.

29 <https://www.vanityfair.com/culture/2009/06/us-airways-200906>.

entraram em pânico, mas rapidamente se controlaram. Alguns rezavam, outros se davam as mãos, mas permaneceram sentados e obedecendo às ordens das comissárias de manter as cabeças abaixadas.

Quando o avião parou de se movimentar, a porta da cabine de comando se abriu. Sully surgiu por ela e deu uma ordem: "Abandonar a aeronave." Orientados pelas comissárias de bordo, pelo próprio comandante e pelo copiloto Skiles, os passageiros continuaram em calma, como haviam feito durante a assustadora descida, e começaram a sair de maneira ordenada para cima das asas e para os escorregadores infláveis, acionados a partir das portas de emergência[30]. Entre os passageiros estava uma criança de colo e uma senhora em cadeira de rodas.[31]

Houve gestos elegantes (além daquele de nosso Charles, que permaneceu junto àquela senhora idosa até o resgate final), como o de passageiros que ficaram no interior da aeronave distribuindo coletes flutuantes para aqueles que estavam sobre as asas. Sully percorreu a aeronave duas vezes para se certificar de que ninguém havia ficado a bordo e foi o último a deixar o avião.[32]

Em apenas quatro minutos, chegou o primeiro resgate: um ferryboat batizado como *Thomas Jefferson*. Seu capitão, Vincent Lombardi, assistiu ao pouso do Airbus A320 no rio e saiu em sua ajuda, por sua própria conta. Em poucos minutos, sete barcos rodeavam o avião, que, levado lentamente pela corrente do rio, descia em direção ao oceano[33]. Os passageiros e tripulantes foram resgatados em 24 minutos, e toda a operação de retirada e atendimento de urgência envolveu cerca de 1.500 pessoas. Os 155 ocupantes do voo 1549 se salvaram.[34]

Quando o avião se imobilizou em meio ao rio, o gravador do áudio da cabine marcava 15h30m47s, exatamente 3m32s depois de o Airbus ter se chocado contra o bando de gansos. Se você leu este capítulo sem pular nenhuma linha, provavelmente levou mais que o dobro desse tempo para chegar até aqui.

---

30 Idem.

31 <https://www.ntsb.gov/investigations/AccidentReports/Reports/AAR1003.pdf>.

32 <https://www.telegraph.co.uk/films/sully/miracle-on-the-hudson-how-it-happened/>.

33 <https://www.nytimes.com/2009/01/17/nyregion/17about.html>.

34 *Sully, o herói do Rio Hudson*. Direção: Clint Eastwood, 2016. Netflix.

PODEMOS TOMAR DECISÕES DIFÍCEIS EM SITUAÇÕES (...)   321

Não é exatamente um intervalo que permita tomar decisões sem pressa avaliando todas as possibilidades calmamente e debatendo sugestões de terceiros.

Logo após o acidente, o The National Transportation Safety Board (NTSB), órgão federal norte-americano responsável pela investigação de acidentes graves, iniciou a apuração das circunstâncias envolvidas no pouso forçado do avião pilotado pelo comandante Sully. Simuladores de voo foram utilizados, os tripulantes foram entrevistados, e partes da aeronave, examinadas cuidadosamente. Em sua conclusão final, o NTSB apontou que as decisões tomadas pelos pilotos Chesley Sullenberger e Jeffrey Skiles foram responsáveis pela sobrevivência dos 155 ocupantes do voo 1549 e por poupar um incontável número de vítimas em terra.

Além da performance dos dois profissionais, o NTSB destacou mais três fatores como relevantes para o final feliz alcançado no incidente: a boa coincidência daquele Airbus A320 utilizado na rota Nova York-Charlotte estar equipado para voos de longa distância sobre a água, como escorregadores infláveis, mesmo que isso não fosse obrigatório para aquela rota específica; o desempenho das comissárias de bordo no momento de evacuar os passageiros; e a proximidade e a rapidez das equipes de resgate, no caso, principalmente os ferryboats que faziam a travessia Manhattan-Nova Jersey.[35]

ISOLAR A EMOÇÃO

Entre todos os casos de tomada de decisão descritos neste livro, este, que teve como protagonista o comandante Chesley Sullenberger, é o que ilustra melhor a absoluta relevância de isolar a emoção para sermos capazes de tomar as melhores decisões possíveis. Não é preciso muito esforço para imaginar o que aconteceria caso o comandante do avião se deixasse envolver pela emoção e decidisse levar a aeronave, da qual as duas turbinas haviam parado de funcionar, até o aeroporto mais próximo sem examinar cuidadosamente os dados disponíveis no avião, como sua velocidade e a taxa de decida. Isso seria um desastre certo. Prevaleceu o uso

---

35 <https://www.ntsb.gov/investigations/AccidentReports/Reports/AAR1003.pdf>.

da razão e da intuição do comandante sobre o medo e a angústia pelo incerto, além, é claro, de sua experiência.

Além de todos os desafios, Sully tinha contra si até mesmo o "fogo amigo" do controlador de voo do La Guardia. Por que fogo amigo? Porque, na ânsia de ajudar, o controlador insistia em lhe indicar opções de pouso, mesmo quando o Airbus estava em uma altitude em que era impossível realizar qualquer manobra. A essa altura, o controlador não conseguia nem mesmo acompanhar a trajetória da aeronave, já que esta saíra do alcance do radar, e mesmo assim sugeria alternativas distantes mais de 10 quilômetros. Caso o comandante perdesse o autocontrole e se deixasse levar pelo pânico, poderia ser induzido a um erro fatal.

Sully, no curto tempo disponível para fazer escolhas, passou por todos os passos que preconizo em minha metodologia. O primeiro, e fundamental, como já afirmei, foi conseguir de maneira brilhante separar a emoção e levar em conta apenas argumentos racionais. Não há dúvidas de que o próprio comandante e as outras 154 pessoas que ocupavam a aeronave tiveram a grande fortuna de poder contar com a experiência de um piloto que voava há quase 30 anos, boa parte desse tempo em caças supersônicos.

SE APRENDE A DECIDIR DECIDINDO

Sully já havia passado, portanto, por outros momentos críticos e treinamentos exaustivos e, com isso, aprendido a raciocinar de uma maneira prática, focada, na qual as distrações e as emoções eram deixadas de lado. Isso reforça minha tese de que o processo decisório exige aprendizado e treino. Aprendemos a tomar decisões decidindo. E quanto mais tomamos decisões, melhor nos preparamos e nos tornamos mais eficazes nessa arte. Ficamos mais concentrados e mentalmente ágeis, a ponto de interiorizarmos a sequência de perguntas, de reflexões, e com o raciocínio mais aguçado ao respondermos às questões sobre as quais minha metodologia se apoia.

Por isso, decisões bem tomadas, que trazem resultados de qualidade, não exigem longas reflexões e postergações. À medida que elas sejam incorporadas à sua maneira de pensar, você estará habilitado a fazer escolhas precisas mesmo quando o tempo for um fator crucial.

PODEMOS TOMAR DECISÕES DIFÍCEIS EM SITUAÇÕES (...)

Tendo passado com louvor pelo primeiro passo necessário — o de isolar as emoções —, o comandante Sully também acertou ao se guiar por bons valores naqueles três minutos e meio de que dispunha para conduzir um avião seriamente avariado até o pouso seguro. Ele estava plenamente consciente de que, além da própria vida, o destino de outras 154 dependia de sua escolha e decisão, além de suas mãos hábeis, é claro.

Pode-se argumentar que seu empenho em conduzir a situação era motivado pelo desejo de salvar a própria vida. É verdade que em nenhum momento ele se esqueceu de que ele estava naquele avião, mas tal argumentação não se sustenta. Primeiro, porque não há evidências que comprovem que Sully era indiferente ao destino daqueles que estavam em sua companhia. Depois, porque gestos como tomar para si o comando do avião, quando poderia ter deixado isso sob a responsabilidade do copiloto, Jeffrey Skiles, indicam seu forte compromisso com o andamento daquele drama.

ESSÊNCIA À PROVA

Mais uma prova seria dada pelo comportamento do comandante depois de o avião já estar no rio. Naquela hora, quando a aeronave já começava a se encher de água, ele a percorreu duas vezes para se certificar de que ninguém havia sido deixado para trás. Foi também ele o último a deixar o aparelho acidentado. Essas são provas claras de que um de seus valores era beneficiar o maior número de pessoas, e não apenas a si.

Os fatos colocaram à prova a essência de Sully, que, além de ser alguém que pratica a empatia e se coloca a serviço dos outros, demonstrou ter confiança de que sua maneira de ver o mundo era sólida o suficiente para se conduzir de maneira autônoma, sem dar tanta importância às opiniões e aos julgamentos alheios. De certa maneira, isso foi o que o comandante fez ao descartar as sugestões da torre de controle aéreo, que recomendava que pousasse no La Guardia, Teterboro e até na longínqua Newark. Não foi uma decisão motivada pela arrogância, e, sim, porque Sully tinha acesso a parâmetros e experiência suficientes para se sentir seguro em decidir de sua maneira. Mesmo que essa decisão fosse algo inusitado, e potencialmente perigosíssimo, como foi pousar no Rio Hudson, dadas as alternativas, que estão no campo da escolha, o pouso no Rio Hudson se mostrava a decisão mais bem posicionada.

E o insólito dessa escolha é uma mostra de que os argumentos internos do comandante foram extremamente racionais. Ele conseguiu se livrar das ideias preconcebidas, algo que é puramente emocional, e percorrer uma série de escolhas que melhor se adaptavam àquela situação excepcional em que estava. Não havia para ele o conceito do que é aceitável, consagrado ou usual. A prioridade era encontrar soluções racionais para os desafios que surgiram, e, portanto, usou sua intuição e inovou ao buscar a alternativa com maior chance de sucesso.

Outro ponto que integra minha metodologia é a análise da origem do processo decisório: a avaliação sobre se nos sentimos confortáveis, levando em conta nossos valores, conciliando-os com os resultados a serem alcançados. Em situações críticas como essa, origem e resultado se mostram bem claramente. Não há dúvidas de que a origem era o perigo que corriam os 155 ocupantes daquele avião avariado pelo choque com as aves. A consequência desejada era a de que todos escapassem com vida e sem ferimentos, uma meta com que, não há dúvidas, todos se sentiriam confortáveis, caso ela se concretizasse.

Mais uma vez, o episódio do pouso no Rio Hudson é uma das melhores mostras de como controlar a emoção é quase "um meio caminho andado" para chegarmos a soluções que sejam boas para nós e para os outros. O sentimento que costuma disparar com maior facilidade nossas reações emotivas é o medo, a angústia pelo incerto. A possibilidade de sofrermos um acidente aéreo costuma ser um temor dividido por nove entre cada dez pessoas. Há outros, talvez mais sutis, mas também capazes de nos induzir a equívocos graves.

Ter sempre claras as vantagens de cultivarmos valores de qualidade e olhar para o bem dos outros e sublimar, restringir nossas reações emocionais, são eficientes antídotos contra o reconhecimento do medo animal e ancestral que trazemos conosco. O buscar sempre a consciência humana, baseada em valores, virtudes e sabedoria, nos guia para essa consciência. O amor ao próximo e olhar para além de nós mesmos e de nossos interesses são ingredientes fundamentais para decidirmos bem, de forma bem posicionada com relação aos nossos valores e conscientes do que estamos buscando e realizando.

Conclusão

Decidir com qualidade faz muito bem

O modelo para a tomada de decisões que apresentei neste livro não é algo útil apenas para tomar boas decisões. Seus benefícios vão além disso. Ele pode nos trazer mais alegria de viver, uma felicidade verdadeira, ao permitir que possamos agregar um bom posicionamento e consciência às nossas decisões e, consequentemente, à nossa vida.

À medida que formos capazes de integrar a sequência de ações e reflexões que são propostas na metodologia, passaremos a monitorar todos nossos atos em sintonia com nosso propósito de vida. Desenvolveremos um modelo mental que nos proporcionará a liberdade de poder levar nossa vida de verdade, com leveza, sendo senhores de nossas próprias decisões e escolhas.

Como informei na introdução, este livro não foi pensado para ditar regras e comportamentos. Isso não funcionaria, pois cada um de nós guarda valores diferentes, temos distintas habilidades, possibilidades e limitações.

Mas temos em comum o fato de sermos humanos e, por essa razão, termos a possibilidade de agirmos de acordo com nossa consciência humana, calcada na sabedoria, em virtudes e em valores. Portanto, podemos tomar as oportunidades

DECIDIR COM QUALIDADE FAZ MUITO BEM

que a vida nos apresenta, permitindo que nossas ações também se revertam em benefícios para os demais. E essa não é uma postura benemérita, caridosa. É gerarmos valor às partes interessadas, incluindo nessa conta a sociedade e nosso meio ambiente! Isso é ética, é o exercício da boa convivência. De que adianta gerarmos grande massa de ativo se, para tal, gerarmos passivo maior? Lembremo-nos dos cases apresentados aqui.

O que procurei ao longo deste livro foi apresentar um método de nos fazermos perguntas, de nos questionarmos antes de escolhermos diante das alternativas que a vida nos apresenta para tomarmos decisões que, de novo, estejam além de satisfazer exclusivamente nossas aspirações. Para construí-lo, apoiei-me, além de em minhas próprias reflexões e estudos, na sabedoria de pensadores e filósofos consagrados.

Como vimos, o modelo traz Kant não apenas para dar um guia ético às nossas decisões, mas também para lembrar que a maioridade, ou maturidade, do indivíduo se dá pela atitude e pela coragem de pensar e deliberar sobre a própria vida, segundo o próprio entendimento. Decisores maduros não caem na armadilha emocional de se submeter ao entendimento de outros ou do que é moda.

Quando usei Platão como a base para "o pensar mais" e trazer você, leitor, ao uso da razão e da reflexão para decisões difíceis, também procurei oferecer mais um instrumento para atingir essa maioridade tão necessária para decidir bem. A esse propósito, também, propus o alinhamento com o princípio socrático — "Conhece-te a ti mesmo" —, que, em outras palavras, facilitará a descoberta de quais são seus valores.

Os filósofos Charles Pierce e William James embasaram a importância do processo de aprendizado no decidir cada vez melhor e o "mirar" nas consequências de nossas escolhas e decisões antes de tomá-las, o que significa que devemos avaliar muito bem os riscos em função das alternativas que se apresentam diante de nós.

De Freud, absorvi o conceito de que devemos buscar o "NÓS", no lugar de vivermos a consciência animal do "EU", abandonando qualquer consideração pelos demais. A vida que vale a pena ser vivida é aquela dedicada ao próximo. Cada um de nós é parte de um todo e, portanto, precisamos exercitar a humildade para admitir que temos pouco poder sobre as incertezas da vida, sobre o acaso, o imponderável, o acidental. Entender que não controlamos quase nada.

Mas esse "quase nada" é uma pequena janela de milissegundos na qual é possível decidir e fazer, assim, toda a diferença. Neste exato momento, talvez possamos dizer que exercitamos nosso livre-arbítrio para, logo em seguida, voltarmos às incertezas que a vida nos oferece. Incertezas estas que devemos encarar com reconhecimento e respeito. É como estar em um veleiro. O vento age da mesma maneira que nossa vida se desenrola. Ele pode ser contra ou a favor. Há brisas suaves e furacões. Em todas essas circunstâncias, teremos oportunidade de navegar seguindo nossa rota, nossos propósitos e nossos valores. Para isso, precisaremos tomar decisões as melhores possíveis. Podem ser certas ou se demonstrar erradas, mas elas foram as melhores. Minha metodologia pretende ser uma carta de navegação para essa travessia representada pelas nossas empresas, nossos empreendimentos e nossa vida pessoal.

Viver a vida é nos comportarmos como parte de um todo orquestrado pelo universo e nos esforçarmos para entender que precisamos uns dos outros, da natureza e de todos os recursos que nos estão sendo colocados à disposição pelo planeta, pela vida e pelos nossos semelhantes. O segredo está na vida ser vivida em harmonia e cada um de nós saber como expressar nossas naturezas, nossas habilidades e, assim, servir aos outros.

Quando palestro e dou aulas para jovens em começo de carreira, digo que cada escolha profissional está relacionada à forma como eles desejam servir aos outros. Trata-se, talvez, da primeira grande e difícil decisão de um jovem caminhando para a maioridade, ou seja, ele terá de tomar a decisão de como usará suas habilidades, sua energia e suas intenções para contribuir para o bom funcionamento da sociedade, para a harmonia do universo. Esse pensar carrega enorme dúvida, é de grande responsabilidade e é de difícil escolha, claro.

E assim como esses jovens, muitos de vocês podem ter uma grande dúvida: mas não seria mais simples deixarmos a vida nos levar? Deixar as coisas irem se ajeitando? A resposta está no propósito de vida humana neste planeta. Assim como os jovens têm enorme responsabilidade na escolha da profissão, ao mesmo tempo, temos também a enorme responsabilidade pelo exercício da boa convivência. Portanto, por meio de nossas escolhas e decisões, convido a todos para essa jornada — façamos a escolha, tomemos a decisão e mudemos o mundo para melhor!

Anexo

Uma conversa sobre escolhas e decisões com Amyr Klink

"Nossas decisões nunca são solitárias. Somos apenas mais um elo em uma longa corrente de escolhas feitas pelas pessoas que se envolvem em nossos projetos."

Amyr Klink

O paulistano Amyr Klink coleciona pioneirismos em sua trajetória. Foi o primeiro a atravessar o Atlântico em um barco a remo, empreendimento que realizou em 1984, quando não existiam GPS ou telefonia por satélite, mas sobravam tempestades, ondas gigantescas, tubarões e obstáculos burocráticos. Foi também o primeiro palestrante da área esportiva. Em seu currículo estão feitos espantosos, como ter passado sete meses deliberadamente preso no gelo durante o inverno na Antártica, época em que a temperatura costuma cair ali a 50 graus negativos. Amyr também navegou do Polo Norte ao Polo Sul. Neste último, também realizou uma arriscadíssima circum-navegação, cruzando sem nenhuma escala em terra os oceanos Atlântico, Pacífico e Índico.[1]

Em todas essas viagens extremas — e foram dezenas delas —, Amyr Klink se viu obrigado a tomar decisões rápidas, quase em um piscar de olhos, em situações em que a escolha errada, como ele mesmo afirma na entrevista a seguir, teria como único resultado: sua morte. Mas também em terra firme, na segurança do piso sólido e estável de seu escritório em São Paulo ou na temperatura tropical de Paraty (RJ), cidade em que passa boa parte de seu tempo, Amyr faz escolhas que têm repercussões graves em sua vida e em um grande número de colaboradores que participam de seus projetos.

Amyr Klink foi convidado a dar uma entrevista para este livro porque a maneira como toma suas decisões segue os mesmos caminhos que estão presentes no método que criei e apresentei ao longo destas páginas. Assim como em minha

---

1 Dalva Frazão. *Amyr Klink, navegador brasileiro*. Disponível em: <https://www.ebiografia.com/amyr_klink/>.

UMA CONVERSA (...) COM AMYR KLINK

proposta, este ativo navegador e líder faz suas escolhas levando em conta sua própria essência, na qual residem valores dos quais ele não abre mão.

Também é possível constatar como o propósito de suas ações nunca deixa de lado o impulso de beneficiar tanto aqueles que estão diretamente envolvidos em seus projetos como aqueles para ele desconhecidos que também tirarão proveito dos resultados que ele alcança. E, finalmente, Amyr Klink sempre levou em conta as origens de suas decisões e as consequências que elas trazem. Não há melhor prova disso do que o inegável sucesso das iniciativas que ele protagonizou.

Acompanhe a entrevista dada por Amyr Klink, com exclusividade para este livro.

URANIO BONOLDI — **Quando você está em meio a tempestades e solitário diante de todos os riscos do mar, como se organiza mentalmente no momento de tomar decisões difíceis?**

AMYR KLINK — *O processo de decidir, quando você está navegando no meio do oceano, em altas latitudes, ou distante e solitário a milhares de quilômetros da terra firme, é, na verdade, muito fácil. A razão disso é que você sabe que, se não tomar uma decisão rápida, você morre. Não é que você vai se machucar, vai é morrer mesmo. Essa noção de que suas decisões terão uma consequência imediata e a ideia da finitude são sentimentos estressantes, mas também altamente saudáveis. Não dá para dizer "Meu Deus, o que eu faço? Vou rezar para Nossa Senhora!"*

URANIO — **Você tem de tomar uma decisão e ponto-final!**

AMYR — *A parte difícil do processo de decisão é quando você tem de tomar decisões que vão gerar consequências a respeito das quais você não tem certeza. Por exemplo, se eu estou fazendo um projeto muito maior do que a minha capacidade técnica ou financeira. Ou quando estou passando por dificuldades econômicas e preciso investir o dobro do que eu estava colocando no negócio até então. Tudo aquilo que eu tenho vou ter que enterrar nesse projeto. Faço ou não faço? Interrompo o processo ou continuo? Quando a gente está aqui sentado diante de uma mesa, o processo de tomar decisões é muito mais dolorido, mais assustador e mais amplo do que no momento da prática. A execução em si é a parte mais fácil, a cereja do bolo.*

URANIO — **Por que tomar decisão em terra firme é mais doloroso do que fazer a mesma coisa no mar?**

AMYR — *Eu vou responder a isso lembrando o que disse um personagem que eu admiro bastante, mas, infelizmente, se envolveu em um processo muito ruim. Estou* *falando do Carlos Ghosn, ex-presidente mundial da Renault/Nissan.[2] Em uma palestra, ele contou do perigo que existe quando as organizações não têm noção da sua própria finitude. Uma empresa, ele disse, principia a morrer no instante em que o entusiasmo dos seus colaboradores começa a esfriar. É um processo que demora anos. Esse entusiasmo vai decaindo, e a empresa lentamente começa a morrer sem dar sinais de que isso está acontecendo. Essa questão do entusiasmo, do engajamento, sempre foi fundamental para a minha atividade.*

URANIO — São, portanto, dois elementos críticos aos quais você se refere. Um deles é a possibilidade da finitude de um empreendimento, quando o entusiasmo dos envolvidos começa a esfriar. O outro é a amplitude de alternativas no momento da decisão, que podem levar a consequências diferentes. Tudo isso pode causar dor.

AMYR *— É verdade. Essa amplitude de possibilidades pode trazer sofrimento, desconforto. Mas, por outro lado, também gera um efeito positivo, na medida em que você percebe que, no contexto da sua ação, há outras pessoas envolvidas no projeto, no processo, nas decisões. Muita gente me pergunta se, quando eu parti da África, remando para o desconhecido, com 7 mil quilômetros pela frente, eu não tive uma terrível sensação de medo, de não conseguir cumprir a minha jornada. Eu respondo que, sim, senti medo. Foram dias de tempo muito ruim. Mas não foi só isso que me amedrontou. Foi ali, no momento em que comecei a remar, que entendi que eu era o último elo de uma longa corrente formada pelas escolhas das muitas pessoas que eu havia envolvido naquela história.*

URANIO — Essa compreensão provocou medo? Por quê?

AMYR *— Eu pensava que eu não podia decepcionar aquelas pessoas que eu quase vitimei com a minha história. Elas poderiam ter se dado mal seu eu morresse. Era muita gente que investiu o seu tempo, o seu dinheiro. Eles seriam acusados de terem patrocinado um suicida.*

URANIO — Mas em uma situação crítica, quando você está no mar e precisa tomar uma decisão imediata, como você lida esse medo específico?

AMYR *— O medo é um grande facilitador, porque ele é onipresente. Você está sempre numa situação de medo. Não é medo do mar, não é medo de morrer. É o medo de não conseguir manter o controle da situação, de ser surpreendido por alguma falha técnica,*

---

2 O executivo, de nacionalidade brasileira, francesa e libanesa, foi preso em 19 de novembro de 2018, no Japão, acusado de sonegação de impostos e uso ilícito de bens da empresa. Arcanjo, Daniela. Carlos Ghosn dispara contra Nissan e judiciário japonês em livro sobre prisão e fuga. Disponível em: <https://www1.folha.uol.com.br/mercado/2021/03/carlos-ghosn-dispara-contra-nissan-e-judiciario-japones-em-livro-sobre-prisao-e-fuga.shtml>.

UMA CONVERSA (...) COM AMYR KLINK

de ser surpreendido por algum evento meteorológico. É o medo do desconhecido. Eu não sabia, por exemplo, que tubarões ficam se esfregando em barcos à deriva. Era o medo de ter falhado no projeto.

URANIO — O medo de não ter levado em conta todos os fatos que estavam na origem do processo de tomada de decisão?

AMYR — *Eu percebi que havia falhas muito interessantes nas tentativas anteriores de realizar travessias semelhantes àquela que eu planejava fazer. Uma delas é que as pessoas conseguiam patrocinadores maravilhosos, projetavam barcos supereficientes e competentes. No entanto, se esqueciam de um detalhe muito sutil: uma embarcação a remo é movida pelo esforço humano, e você pode dispender esse esforço até o limite de doze, quatorze horas por dia. Por essa razão, em oito, dez, doze horas por dia, você não está avançando, ou seja, o barco não está numa atitude ativa, ele está numa atitude passiva. E eles projetaram barcos feitos para navegar com o máximo de performance humana, mas não foram feitos para serem levados pelo mar. Ou seja, foram feitos e projetados para não navegarem. Seria algo como você projetar uma Ferrari na qual o motorista fosse obrigado a dormir dentro dela sem parar de dirigir.*

URANIO — Ou seja, na dinâmica do processo de decisão, quando as origens e as consequências das alternativas deveriam ser examinadas, as consequências não foram suficientemente consideradas. É isso?

AMYR — *Sim, vários barcos fracassaram porque houve uma falha quase filosófica no projeto. Não se levou em conta o comportamento real do barco, que iria ficar metade do tempo da travessia à deriva no mar. Literalmente à deriva. E o comportamento de um barco à deriva é completamente diferente da atitude ativa de deslocamento. É como uma bicicleta. Na atitude ativa, quando você está pedalando, em pé, você pode soltar as mãos do guidom. Quando você para, você tem de colocar o pé no chão. Os barcos falharam porque se esqueceu que uma hora você tem de parar de remar. Eu fui colecionando esses tipos de equívocos, ou seja, consequências. E acredito que foi graças à minha ignorância, pelo medo de falhar, de fracassar, que acabei encontrando uma solução que se mostrou feliz.*

URANIO — A gente pode dizer que, no seu planejamento, você foi buscando identificar elementos que poderiam dar errado no seu projeto? Você foi cercando isso de forma a tentar minimizar os riscos e, consequentemente, o seu medo na travessia?

AMYR — *Fala-se muito de empresas que têm atividades de alto risco que mantêm as famosas salas de pânico. Nelas, você se reúne para tentar encontrar falhas e mesmo derrubar projetos. Eu tinha uma sala de pânico na época. Por algum fato curioso, eu não estava totalmente comprometido com a ideia. Eu havia sofrido um acidente com a minha mão direita, que quase foi amputada e, depois, implantada com dificuldade. Não sabia se isso me impediria de remar. Na verdade, na época eu não estava cem por cento convencido de que eu faria a viagem.*

URANIO — Como essa fase de dúvidas foi superada?

AMYR *— Eu me encantei exatamente pelo tipo de falhas de projetos que eu vinha estudando. Examinando todos aqueles problemas... e, brincando, eu perguntava: qual a maior desgraça que pode acontecer? "Não vamos pintar o fundo de vermelho porque isso enerva as baleias. Então vamos pintar o fundo de azul marinho. Mas e se a baleia for daltônica?" Fazíamos perguntas como essa. Era um processo engraçado, mas muito eficiente, porque a gente foi levantando várias possíveis dificuldades. Algumas muito inusitadas.*

URANIO — O que costumava acontecer de tão estranho assim nos projetos de navegação que você estudou?

AMYR *— Fatos como o acontecido com um navegador francês que foi patrocinado por uma empresa que produzia sardinha em lata. A fábrica existe até hoje na Bretanha. Para puxar o saco do patrocinador, esse navegador só comeu sardinha em lata. Resultado: ele quase morreu. Não por causa da travessia, pelo esforço físico ou pelas tempestades. Ele quase morreu por uma constipação intestinal. Travou o intestino dele. Eu vi o relatório médico. Ele precisou desmontar uma bomba de porão, fazer uma redução da tubulação de uma polegada para meia e introduzir no reto e borbulhar 50 vezes. É preciso uma dieta balanceada, o que é a coisa mais simples do mundo. Comer sardinha em lata por noventa dias...!*

URANIO — O que eu entendo desse processo é que a boa preparação, um planejamento o mais detalhado possível, ajuda a gerenciar medos e a tomar decisões consistentes, decisões de boa qualidade.

AMYR *— É verdade. Eu comecei a me apaixonar cada vez mais pelo projeto e fui descobrindo e desenhando a ideia da viagem de uma maneira ainda muito tosca, mas considerando todas as possibilidades absurdas. A partir disso, fui me encantando com o entendimento de que as principais razões do fracasso das outras tentativas, ou mesmo de tentativas que não conseguiram sair do papel, da travessia do Atlântico não estavam ligadas à distância ou aos medos normais. Não era, por exemplo, o medo da solidão, da distância, do confinamento, do isolamento, dos tubarões, dos navios cegos no oceano, das tempestades. As origens estavam ligadas a falhas de planejamentos muito interessantes. Por exemplo, o fato de não ter uma estratégia de alimentação balanceada, o cálculo correto da rota, a resistência dos equipamentos, a simplicidade de manobra da embarcação.*

URANIO — Eu imagino que deixar de lado qualquer um desses detalhes, que são críticos, pode comprometer seriamente o resultado.

UMA CONVERSA (...) COM AMYR KLINK

AMYR — *Certamente. Há dois anos, aconteceu uma outra travessia do Atlântico. Era uma dupla. Dois navegadores da Letônia. Eles escolheram sair da mesma cidade que eu elegi como ponto de partida, na África,[3] para vir para o Rio de Janeiro. Aí, eles calcularam: o Amyr fez 7 mil quilômetros, mas se a gente for em linha reta para o Rio de Janeiro, vamos economizar quase 2 mil quilômetros. Só que eles não pensaram nas correntes marítimas que poderiam atuar a seu favor e vieram em linha reta. Quando eles passaram o arquipélago da Trindade,[4] começou o vento contra, levando-os para o sul, o que os deixou ainda mais distantes da costa.*

URANIO — **Isso os deve ter atrasado...**

AMYR — *A minha viagem levou 100 dias. A meta deles, que estavam em duas pessoas, era fazer o percurso em 70 dias. Mas eles acabaram levando 151 dias. E enfrentaram toda a sorte de problemas. Foram obrigados a pedir socorro para 11 navios, pediram ajuda para plataformas de petróleo na Bacia de Santos, em Cabo Frio. Eles sofreram com uma furunculose gravíssima. Simplesmente não conseguiam chegar ao Brasil. Quando estavam a 50 quilômetros de distância, o vento os carregava de volta para 70. Eles avançavam mais 40, e voltavam para trás 50 quilômetros. Foi um tormento.*

URANIO — **Você, ao contrário, estudou a fundo as características do trajeto antes de decidir partir.**

AMYR — *Eu fiz tudo para procurar não me opor as condições naturais, mas, sim, tirar partido delas. E isso foi importante.*

URANIO — **Na sua opinião, quais são as escolhas equivocadas nas quais as pessoas costumam incorrer quando precisam tomar decisões difíceis? O que compromete essas decisões?**

AMYR — *Eu acho que o excesso de confiança, o envolvimento emocional. Eu também me envolvi emocionalmente. Mas foi um sentimento quase zombeteiro. Achei engraçada toda a ideia, tipo "ô loco! Se eu fizer assim, eu vou morrer". Mas, às vezes, um movimento obsessivo, com uma ideia que faz você muito mais propor do que ouvir, pode resultar em erros. Eu considero que o grande mérito existente nos projetos que*

---

3   Na travessia do Oceano Atlântico, da África para o Brasil, Amyr Klink partiu, em 12 de junho de 1984, da cidade de Lüderitz, na Namíbia. Gonçalves, Daniel Nunes. Namíbia: Ponto de Partida da 1ª Travessia de Amyr Klink. Disponível em: <https://viagem.estadao.com.br/noticias/geral,amyr-klink-da-travessia-do-atlantico-ao-tour-em-familia,1766419>.

4   Arquipélago de Trindade e Martim Vaz situado a 1.167 quilômetros da costa brasileira. Mesquita, João Lara. Arquipélago de Trindade e Martim Vaz, Joia da Coroa. Disponível em: <https://marsemfim.com.br/arquipelago-de-trindade-e-martim-vaz-joia-da-coroa/>.

eu fiz, que envolviam viagens muito radicais ou muito complexas, foi o de definir formalmente um tempo específico para ouvir ideias de terceiros, mesmo que fossem ideias absurdas. Eu convivi com um vizinho em Paraty (RJ)[5] que era muito chato. Um argentino chamado Carlos que era a pessoa mais pessimista do mundo. Cada vez que ele ia na minha casa, ele dizia: "Ah, la Antártica, la solitud, el alcoholismo, te vas morir."[6] Eu dava risada, mas ele não tem ideia do quanto me ajudou. Ele era um chato de um pessimista, mas foi me abrindo os olhos para várias coisas.

URANIO — Devemos saber lidar com as emoções, saber ouvir e reconhecer que o medo existe, para administrá-lo e superá-lo, não lhe parece?

AMYR — *Abrir os olhos e os ouvidos é algo fundamental. Se passarmos a sentir confiança excessiva em alguma ideia nossa, podemos não ouvir todas as outras possíveis ideias e, como consequência, não entender o contexto em que estamos. Nesse aspecto, eu tenho um respeito muito grande pela atitude de prestar atenção, de aprender com quem faz, de não querer impor a minha opinião. Faço assim por causa do medo e, também, por não ser alguém que domine todas as disciplinas que envolvam meus projetos.*

URANIO — Acredito que uma boa dose de pessimismo, até de ceticismo, é importante para nos mantermos humildes e não acharmos que somos o máximo, o todo-poderoso, e que vamos conseguir superar todos os limites.

AMYR — *Isso que você falou é de grande importância. Você mencionou essas palavras, mas não acho que seja exatamente pessimismo ou ceticismo. É uma dose de humildade em relação às nossas convicções. A humildade é muito importante em processos complexos, também na gestão corporativa e em projetos complicados.*

URANIO — Essa visão surgiu de alguma experiência pessoal que você viveu?

AMYR — *Sim. A conclusão da travessia me trouxe um êxito barulhento à época. Sair na capa da revista* Veja, *por exemplo, era a glória nacional. Muita gente me procurou depois disso. Eram diretores de multinacionais, empresários bem-sucedidos que queriam realizar o sonho de fazer uma viagem de volta ao mundo. Um deles foi especialmente marcante. Era um diretor de uma multinacional da área de eletrônicos. Um dia, ele apareceu e me disse: "Eu me inspirei no seu livro[7], achei maravilhoso, estou seguindo os seus passos, estou fazendo um projeto supermeticuloso e planejado." E ele começou a falar usando todos os termos técnicos de gestão de processos e de projetos.*

---

5   Desde criança, Amyr Klink tem uma profunda relação com a cidade de Paraty, no litoral sul do estado do Rio de Janeiro, na qual viveu suas primeiras experiências de navegação. Dalva Frazão. Amyr Klink, navegador brasileiro. Disponível em: <https://www.ebiografia.com/amyr_klink/>.

6   "Ah, a Antártica, a solidão, o alcoolismo, você vai morrer!"

7   Amyr Klink. *Cem dias entre céu e mar.* José Olympio, 1987.

URANIO — **Bem senhor de si, não é?**

AMYR — *Sim, ele me impressionou. Então eu disse: "Caramba, que legal! Posso ver o projeto do seu barco?" Ele disse: "O projeto é esse aqui." Eu me surpreendi: "Mas caramba, 22 pés? Você não acha muito pequeno?". Ele disse que não achava pequeno. Explicou que era um planejamento impecável, todas as situações estavam previstas. E ele falava com tanta arrogância! Para concluir a história, ele ficou três ou quatro anos tocando o projeto. Se demitiu do emprego, construiu o maldito barquinho, e a viagem dele começou no Guarujá e terminou em Bertioga[8]. Ele não passou de Bertioga. Outro desses navegadores, depois de três ou quatro anos, conseguiu chegar até a Bahia e voltou para São Paulo. Um terceiro, argentino, foi apenas até o Uruguai. É um risco terrível ser arrogante e prepotente com as suas convicções.*

URANIO — **Qual é o papel do autoconhecimento para decidirmos bem? Que peso ele tem no processo de escolha e na tomada de decisão?**

AMYR — *Eu sou péssimo para responder isso porque eu nunca olho para mim mesmo desse modo, procurando conhecer o meu "eu". Admito que eu me conheço, mas aí voltaria àquela questão de manter uma certa dose de humildade. Sou alguém desorganizado. Para fazer os meus projetos, precisei aprender a me organizar a um custo muito contundente, porque não é da minha natureza ser cartesiano. Sou meio atrapalhado também e desastrado. Sei quais são as minhas limitações.*

URANIO — **Bem, a sua resposta mostra que você se conhece muito bem.**

AMYR — *Acho que consigo reconhecer e falar sem melindres das minhas limitações. Eu gosto de fazer coisas complicadas, mas não sou um ás da perfeição. Eu sei que é fácil errar. Essa postura de me conhecer, não as minhas qualidades (eu tenho várias, que eu não gosto de elencar e não vou), mas as minhas limitações, é algo que tem me ajudado bastante. Isso me permite saber até onde posso ir. Eu não gosto de dor. Há experiências que geram muito sofrimento, exaustão, desidratação, mutilações, morte. É um corolário de sofrimentos, de dor, de tragédias, de frio e desconforto. Eu penso que é possível fazer tudo isso dando risada, olhando para cima, brincando com Deus, admirando a força da natureza.*

URANIO — **Suas viagens sempre terminaram bem, não é?**

AMYR — *Eu fui muito feliz porque eu sempre cheguei. Fiz mais de quarenta viagens para a Antártica e sempre cheguei em ordem, feliz, triste em ter que deixar o barco. Adorei*

---

8   Guarujá e Bertioga são duas cidades do litoral norte do estado de São Paulo distantes 25 quilômetros, em linha reta, entre si. Distâncias entre Cidades. Disponível em: <http://www.distanciasentrecidades.com/pesquisa?from=guaruj%C3%A1&to=bertioga>.

todas as viagens, inclusive a última, em 2020, quando eu fiz uma bobagem. Larguei meu barco nas Falklands[9] por um mês, para voltar para a Antártica. O barco ficou preso, por causa da pandemia do coronavírus. Eu acho que em relação ao autoconhecimento, você ter uma visão, eu diria, quase humilde das suas limitações é muito importante.

URANIO — **Certa vez, você comentou não ser aquele tipo de líder que toma a frente, que grita, que faz as coisas acontecerem e todo mundo saltar. Você acha que em algum momento fez falta em seus empreendimentos ser um líder mais barulhento, alguém mais impositivo?**

AMYR — *Sim. Para suprir isso, fui obrigado a buscar pessoas que tinham competências que eu não possuía. Eu sou um péssimo gestor e um péssimo líder. Sou tímido. Não sou aquela pessoa que vai na frente gritando. Mas aos poucos eu fui descobrindo que a forma de liderança que importa para o que eu faço não é a de ser esse alguém que vai na frente, que mostra o caminho, que grita "vamos lá, pessoal!" É mais efetivo fazer o contrário. Ser aquele que vai, às vezes silenciosamente, atrás do grupo e faz com que todos cheguem até onde é preciso chegar. É uma diferença de liderança sutil, mas muito poderosa.*

URANIO — **Mas talvez esse tipo de liderança mais assertiva seja também necessária para a tomada de algumas decisões.**

AMYR — *Eu reconheço que há áreas, talvez uma área técnica que seja necessária a presença daquela pessoa que vai na frente gritando: "Vamos para a direita, para a esquerda. Agora, senta a pua!" Talvez em alguma atividade muito complexa, em uma mina, por exemplo, uma atitude mais proativa poderá ser importante. Mas ela não é imprescindível em muitas outras situações. Eu não gosto de gritar. Reconheço, é uma falha minha. O fato é que eu vou acumulando repreensão ou críticas a algumas formas de atitudes e, sem aviso, a válvula estoura e descarrego de uma vez. Todo mundo fica assustado. "Nossa, mas o Amyr é um cara tão controlado e de repente ele está furioso, o que aconteceu?" Para mim, essa imprevisibilidade ajudou bastante. Não sei se isso serve para o mundo corporativo.*

URANIO — **Você ali, no meio do mar, já precisou se impor de uma maneira mais assertiva?**

AMYR — *Já aconteceu. No Paraty, meu primeiro veleiro[10], nós pegamos uma tripulação de cinco pessoas. E era uma tripulação absolutamente improvável. Dois deles*

---

9   As Ilhas Falkland, também chamadas de Malvinas, estão localizadas a 480 quilômetros da extremidade sul da América do Sul. Disponível em: <https://escola.britannica.com.br/artigo/ilhas-Falkland/481264>.

10   Amyr Klink começou a projetar o Paraty em 1986. Em 1989, ele partiria com a embarcação para uma viagem de treze meses, entre o Ártico e a Antártica, onde ficaria preso no gelo por sete meses. Dalva Frazão. Amyr Klink, navegador brasileiro. Disponível em: <https://www.ebiografia.com/amyr_klink/>.

UMA CONVERSA (...) COM AMYR KLINK

possuíam muita experiência. Os outros dois, nenhuma experiência. Foi uma espécie de amálgama de experiências humanas muito bem-sucedida, porque eles eram completamente diferentes uns dos outros.

URANIO — **Qual é a qualidade que você acha relevante para um bom líder?**

AMYR — *Eu acredito que seja o carisma e o bom humor. E tenho um exemplo disso. Certa vez, eu precisava levar o meu barco até Portugal para, dali, iniciar uma travessia muito longa pelo Atlântico. Mas eu precisava atender a um compromisso na África e, portanto, larguei o barco na mão do meu melhor amigo, o médico Fábio Tozzi. Ele é a pessoa mais carismática que conheci, é impossível alguém brigar com ele. E ele acredita nas pessoas. Pois o Fábio organizou a tripulação mais improvável que poderia existir. Nela estavam pessoas de valores, expertises e comportamentos completamente antagônicos, diferentes e estranhos entre eles. Uma loucura total!*

URANIO — **Puxa vida, haja carisma e bom humor para controlar uma turma dessas!**

AMYR — *Foi o que eu pensei. Quando eu vi a tripulação, eu falei: "Meu Deus do Céu, não há qualquer chance dessas pessoas chegarem vivas a Portugal!". Porque uma viagem como essa leve de um mês e meio a dois meses. Quando eu os encontrei em Portugal, para trazer o barco de volta para o Brasil, estavam todos se abraçando e fazendo selfies lá nos Jerônimos[11]. Isso foi resultado do infinito bom humor desse meu amigo.*

URANIO — **Como costuma ser a sua reação diante de situações críticas ou desafiantes?**

AMYR — *Quando eu tenho um problema sério, que requer decisões complicadas, como, por exemplo, se estou com a tripulação ou a família e o barco está prestes a bater em uma pedra ou algum outro risco e as minhas filhas começam a gritar "Papai, eu vou morrer!"[12], por alguma razão misteriosa, eu fico bem-humorado, não entro em pânico. Eu tenho calma diante de momentos críticos, o que permite que as situações sejam resolvidas e ainda acalma as outras pessoas. Essa é a atitude que aquele meu amigo médico sempre tem. Ele enxerga o lado positivo de qualquer situação. Eu tenho também essa atitude, mas nem sempre...*

---

11 Mosteiro dos Jerônimos é um mosteiro construído no século XVI, localizado em Lisboa, e considerado patrimônio mundial pela UNESCO. Mosteiro dos Jerônimos. Disponível em: <http://www.patrimoniocultural.gov.pt/pt/museus-e-monumentos/dgpc/m/mosteiro-dos-jeronimos/>.

12 Amyr é casado com Marina e tem três filhas, as gêmeas Tamara e Laura, e a caçula, Marininha. Oliveira, Marina. Marina Klink: "Não sou de esperar marido para trocar de carro ou de casa". Disponível em: <https://www.uol.com.br/universa/noticias/redacao/2018/05/27/influente-sem-ser-notada.htm>.

URANIO — Já houve alguma vez em que você entrou em pânico?

AMYR — *Em 2018, fiz um projeto com a Honda que consistia em viajar com dois carros da marca até o ponto mais austral do continente[13]. Na Terra do Fogo, eu fiz uma besteira. Enfiei um dos carros num precipício, e o automóvel ficou balançando, pronto para cair de 15, 20 metros de altura. Eu falei: "Bom, acabou a viagem, não tem como chegar trator, caminhão, guincho, os outros carros não têm como alcançar a gente". Estava na equipe o Rogério, que já viajou muitas vezes com a gente para a Antártica. Eu falei: "Rogério, pelo amor de Deus, o que eu faço? Será que você pode ir buscar socorro?", mas essa possibilidade não existia. "Amyr, aqui não tem socorro, não tem ninguém para socorrer, nós vamos ter que sair por conta própria", ele respondeu. E disse mais: "Faz o seguinte, sobe lá no alto do morro. Sente lá quietinho! Fique 30 minutos, tome a decisão que você tiver que tomar e a gente executa.". Falou como se fosse a minha mãe: vai lá e fica pensando... E nesses 30 minutos, eu encontrei a solução.*

URANIO — Mas no final das contas, esses episódios mostram de maneira clara que você era capaz de isolar a emoção, algo essencial para a tomada de boas decisões.

AMYR — *Eu gosto de olhar, analisar, pensar antes de resolver na força bruta. Não adianta muito você ter uma coragem destemida e se atirar contra uma âncora de 100 quilos batendo. Se ela atingir o seu peito, ela vai te perfurar e você vai morrer. Não é para agarrar ela. Você tem de domesticá-la com inteligência.*

URANIO — Neste livro, eu falo da importância de que você faça uma reflexão, com calma, buscando o tempo que for necessário e possível antes de tomar uma decisão difícil.

AMYR — *Usar a inteligência, os recursos que você tem e as informações de que dispõe para resolver um problema é algo vital. Principalmente porque a sua sanidade física e mental é o atributo que mais precisa ser preservado nessas situações.*

URANIO — Há um outro ponto que destaco neste livro e que está relacionado a uma característica que você demonstrou ao longo da sua vida. Trata-se da sua forte capacidade de realização e conclusão dos projetos que se propôs a fazer. O autor norte-americano Jeffrey Pfeffer[14] afirma que as decisões que se sucedem à decisão-origem são muito mais importantes do que as decisões que a antecedem, porque serão aquelas que irão, obviamente, permitir a realização e a conclusão do projeto. Você concorda?

---

13 Amyr Klink e equipe chegam pra lá do fim do mundo a bordo dos modelos Honda HR-V e WR-V. Disponível em: <https://www.honda.com.br/noticias/amyr-klink-e-equipe--chegam-pra-la-do-fim-do-mundo-bordo-dos-modelos-honda-hr-v-e-wr-v>.

14 Jeffrey Pfeffer é professor de Comportamento Organizacional na Universidade de Stanford e autor de quinze livros, entre eles *Poder – por que alguns têm?*, Best Business, 2013. Disponível em: <https://jeffreypfeffer.com/>.

UMA CONVERSA (...) COM AMYR KLINK

AMYR — *Eu concordo com essa afirmação porque houve várias dúvidas que eu levantei diante da decisão original de fazer a travessia do Oceano Atlântico que foram extremamente importantes para as decisões que se sucederiam nos anos seguintes. Muitas delas me marcariam fortemente, transformando minha maneira de ver várias coisas. Uma delas foi ouvir do engenheiro naval José Carlos Furia que a travessia estava fadada ao fracasso "porque o projeto do barco estava errado". Ele disse uma frase que eu nunca esqueci e que seria muito importante nos anos seguintes. "Amyr, o problema é que você está fugindo da questão das capotagens", ele disse. "Se você quiser ter sucesso e chegar vivo no Brasil, você tem que abraçar o problema, dormir com ele, e é por isso que eu queria desenhar para você um barco feito para capotar, e não um barco incapotável." Ter um barco que não capotasse, incapotável, era exatamente o que eu queria fazer. Eu sabia que vários remadores haviam desaparecido porque os seus barcos capotaram.*

URANIO — Os barcos afundavam?

AMYR — *Não, os barcos não afundavam. Eles se enchiam de água, o navegador entrava em hipotermia e, depois de uma semana, morria. E eu achava genial a minha ideia, "vou fazer um barco que não capote nunca". O engenheiro insistia: "Amyr é impossível um barco de 5 metros navegando entre ondas de 15 metros não capotar. Você vai capotar, querendo ou não. Você tem que dormir com esse problema, você tem que sair da África e vir capotando que nem um tarado até o Brasil." Eu me divertia com o jeito cômico como que ele se referia ao problema. Mas ele dizia uma grande verdade, era preciso me adaptar às imposições do meio, no lugar de tentar negá-las. Dormir com o problema.*

URANIO — É um conselho certeiro.

AMYR — *Em 2021, aconteceu um fato divertido. O Armando Oliveira, professor do MBA da Fundação Getúlio Vargas que leciona gestão de projetos para executivos de grandes empresas, resolveu, no lugar de usar conceitos teóricos, analisar casos reais. Ele me convidou para conversar. Muito jovem e entusiasmado, ele lançou um livro com um título engraçado:* Capotar é Preciso[15]. *Ele usa esse conceito de que você tem que abraçar os problemas, senão você não vai resolvê-los. O curso dele é muito engraçado, muito interessante, e deu resultados muito positivos.*

URANIO — Uma pergunta que poderia ter começado esta conversa. O que fez você decidir que deveria atravessar o Atlântico remando? O que você buscava nesse processo e, principalmente, como isso contaminou a equipe?

AMYR — *Eu tenho que admitir que foi um processo engraçado, porque foi uma época que eu estava em recuperação por causa daquela cirurgia na mão direita. No*

---

15 Armando Oliveira. *Capotar é Preciso — Gestão de Projetos com Amyr Klink*. Portfólio, 2020..

começo, eu nunca me vi como protagonista dessa história. De repente, como eu disse no começo dessa conversa, eu fui me encantando com as dificuldades que outros remadores enfrentaram, que não eram as que eu havia imaginado inicialmente que seriam as questões mais relevantes. E pouco a pouco, eu fui sendo seduzido pelo projeto.

URANIO — Quando você comentou sobre seu projeto com outras pessoas, qual foi a reação delas?

AMYR — *Falei primeiro para os meus colegas de remo.*[16] *Eles disseram que eu era louco. "Você vai morrer! Você está fugindo do quê? Você está devendo quanto?" Decidi transformar essa intenção, que a essa altura ainda era vaga, em um projeto. E aí eu literalmente escrevi um projeto. Aliás, eu tenho mais orgulho desse projeto do que da travessia propriamente dita. Porque nele eu fui muito analítico, muito pontual, analisei todas as possibilidades. Eu o chamei de Dossiê Amarelo. Era um caderno de umas quarenta, cinquenta páginas, com gráficos, mapas, estatísticas.*

URANIO — Você mostrou esse dossiê para outras pessoas? Como elas reagiam?

AMYR — *Sim. Cada um que lia o projeto se encantava do mesmo modo que eu havia me encantado. Mas também houve várias pessoas que não tiveram paciência de ler. "Pelo amor de Deus! Tira esse cara daqui", elas diziam. Eu fui pedir uma consultoria para o IPT*[17]*, aliás, eu estava pagando pela consultoria. Anos mais tarde, o diretor do IPT me contou o que ele havia dito na ocasião: "Tirem esse louco daqui, nós não podemos contaminar a imagem da nossa instituição com esses tarados que vêm aqui querendo se matar no meio do Atlântico."*

URANIO — Como se pôde ver depois, ele tomou uma má decisão.

AMYR — *Ele se arrepende até hoje. Aliás, o subalterno dele, o José, um engenheiro que me ajudou profundamente, me contou mais tarde: "Amyr, você não tem ideia de como a gente falou mal de você!" Ríamos muito ao lembrar disso.*

URANIO — Mas houve muita gente, claro, que foi contaminada pelo seu projeto.

AMYR — *Eu acho que a formalização do projeto, naquele Dossiê Amarelo, foi um dos instrumentos que fez com que várias pessoas fossem contaminadas. Foi assim que eu contaminei um visionário que montou os painéis solares que geravam energia*

---

16 Amyr Klink foi remador do Clube Esperia de São Paulo entre 1974 e 1980. Frazão, Dalva. Amyr Klink, navegador brasileiro. Disponível em: <https://www.ebiografia.com/amyr_klink/>.

17 O Instituto de Pesquisas Tecnológicas é vinculado à Secretaria de Desenvolvimento Econômico do Estado de São Paulo. É um dos maiores institutos de pesquisas do Brasil. *Sobre o IPT — Quem Somos.* Disponível em: <https://www.ipt.br/institucional>.

UMA CONVERSA (...) COM AMYR KLINK

no barco, o primeiro no Hemisfério Sul, que fabricava células fotovoltaicas, aqui em Vargem Grande Paulista, na região metropolitana de São Paulo. Outro desenvolveu baterias especiais para acrobacias aéreas, que não vazavam e não iriam me queimar com ácido, quando o barco capotasse. O seu Vieira, que fabricou essas baterias. Havia mais um que projetou todas as gaiutas[18] e outras peças que eram muito caras para serem importadas. Ele as desenvolveu em náilon, acrílico e polietileno. As meninas da nutrição[19], que se encantaram com a ideia de fazer um projeto sofisticadíssimo e inédito de nutrição. Durante a travessia, eu comi como um rei, melhor do que no mais estrelado restaurante de São Paulo.

URANIO — **Havia uma história de que você não precisava levar o sal, porque você preparava os alimentos já com a água salgada, não é?**

AMYR — *A ideia dessa logística usando a água do mar para cocção funcionava para alguns produtos, mas para outros, não. Tudo isso estava nesse dossiê. Eu escrevi tudo de uma maneira muito formal. Eu queria eliminar palavras e expressões como "aventura", o "meu projeto", o "meu sonho", a "minha superação". Era formal. Eu escrevia coisas assim: "o posto do remador ficará colocado a 3/4 da ante à ré[20] da embarcação, os braços se deslocarão com movimento longitudinal de 132 graus...", eu tentei tirar o máximo possível da parte humana. Não queria que as pessoas ficassem pensando "Poxa, um cara sozinho no meio do Atlântico..." e eu acho que funcionou. Esse tom formal contaminou o interesse de outras pessoas.*

URANIO — **As pessoas que se envolveram certamente se encantaram com seu projeto de atravessar o Atlântico. Mas talvez, para elas, tenha sido ainda mais do que isso. A sua travessia também dava a elas a oportunidade de desenvolver seus próprios projetos, como foi criar um alimento revolucionário, uma bateria que não vazasse, gaiutas seguras... Isso também, certamente, as fascinava e criava engajamento. Você concorda com isso?**

---

18 Armação de metal ou de madeira que cobre uma escotilha, protegendo o interior de uma embarcação das intempéries, ao mesmo tempo que permite a passagem de luz natural e da ventilação. *Dicionário Eletrônico Houaiss.* Disponível em: <https://houaiss.uol.com.br/corporativo/apps/uol_www/v5-4/html/index.php#3>.

19 A alimentação balanceada para a travessia do Atlântico e para a primeira viagem à Antártica foi desenvolvida pela Nutrimental, empresa que lançaria a primeira barra de cereais no país..

20 Posição, na embarcação, situada mais próxima da popa do que de qualquer outro ponto de referência. *Meu Dicionário.* Disponível em: <https://meudicionario.org/ante%20%C3%A0%20r%C3%A9>.

AMYR — *Eu fui feliz por encontrar pessoas que enxergaram uma oportunidade de colocar em prática ideias que elas estavam desenvolvendo ou queriam desenvolver. O uso da resina epóxi; a técnica de construção do West System[21] de maneira laminada; o engenheiro que projetou os painéis de silício monocristalino[22], que eram superdesacreditados. Imagine, havia na época um engenheiro da USP que declarou que esse negócio de energia fotovoltaica era bruxaria, que nunca ia funcionar. Era o começo dos anos 1980. Cada um enxergou uma janela de oportunidade para colocar em prática algum conceito. Mas, também, havia tudo para dar errado. Poderia ter dado errado de muitas maneiras.*

URANIO — O que poderia dar errado?

AMYR — *Poderia nem mesmo ter começado, porque o início foi tão burocrático, tão difícil, tão traumático! Era tempo do* apartheid[23]. *A África do Sul ocupava a Namíbia. Tudo era difícil naquele país.*

URANIO — Eu ouvi, certa vez, que nas últimas semanas antes da viagem aconteceram várias coisas inesperadas...

AMYR — *Verdade, foram eventos que poderiam ter cancelado o projeto. Nos últimos dias, antes de sair do Brasil, eu corria de motocicleta para cima e para baixo. Em uma dessas vezes, estava atravessando a Avenida Paulista, quando fui atropelado por um cortejo fúnebre. O féretro passou no semáforo vermelho e eu bati e acabei em cima do capô do carro fúnebre. Depois, passando pelo centro de São Paulo, eu vejo uma mãe que derruba o filho enquanto cruza o Vale do Anhangabaú. Parei a moto e corri para ajudar a levantar a criança. Só que, na pressa, me esqueci de baixar o cavalete da motocicleta e ela caiu, com estardalhaço, no chão. Imagine a cena. A moto no chão e eu segurando uma criança e a entregando para a mãe, nervosa. O povo em volta começou a gritar: "Atropelou a criança, tem de morrer!" E foi só juntando gente. Tive de fugir, rasgaram a*

---

21   West System é uma linha de produtos da empresa norte-americana GBI. Criada em 1969, ela oferece soluções em epóxi voltadas principalmente para a indústria naval. Disponível em: <https://www.westsystem.com/gbi-history/>.

22   Na travessia do Atlântico, Amyr Klink utilizou um painel de células fotovoltaicas para alimentar seu radiocomunicador. A Força do Sol. Disponível em: <https://super.abril.com.br/tecnologia/a-forca-do-sol/>.

23   O *apartheid* foi uma política imposta pela minoria branca da África do Sul durante grande parte do século XX que segregava as populações negra e branca. *Dicionário Eletrônico Houaiss.* Disponível em: <https://houaiss.uol.com.br/corporativo/apps/uol_www/v5-4/html/index.php#3>.

minha camisa. Imagine isso, eu ali cheio de boa vontade ajudando aquela mãe, e precisei fugir para não ser linchado.

URANIO — **Parecia haver uma conspiração para não deixar você viajar...**

AMYR — *E teve mais. No último dia, às 11 horas da noite, no aeroporto de Congonhas, eu estava no posto de vacinação, exigida para a viagem à África. Um amigo estava me ajudando. Os alforjes da motocicleta estavam cheios de rádios, bobinas e equipamentos eletrônicos caríssimos. Meu amigo disse que iria ao banheiro. Eu fiquei esperando na calçada. O tempo passava, e ele não voltava do banheiro. Tarde da noite, na calçada, cheio de material na moto... eu estava cada vez mais nervoso. Se a polícia passasse por ali, seria um grande risco, pois parecia que eu era ladrão. Afinal, o que eu estava fazendo, sozinho, ao lado de uma moto sem a sua chave e documentos? Como ele não voltava, corri o risco, larguei a motocicleta e fui até o banheiro procurá-lo.*

URANIO — **Uau, que situação! E você o encontrou?**

AMYR — *Quando chego lá, ele está ajoelhado em frente ao vaso. "Você não vai acreditar", ele disse. "Eu dei a descarga, e a chave da motocicleta foi junto!" Meti a mão na privada e não consegui tirar. Eu perdi a paciência. "Chega!" Meu amigo perguntou: "Mas o que nós vamos fazer? Temos que voltar, já é uma hora da manhã e a gente tem de sair às três para pegar o navio no porto de Santos." Decidi fazer uma ligação direta na motocicleta. Nunca havia feito isso, mas teria de aprender ali, na hora. Tirei o canivete do bolso, me agachei e comecei a cortar os fios da moto e conectá-los uns aos outros. Quando já havia conseguido que a luz verde da ignição acendesse, percebi uma sombra nas minhas costas. Era uma viatura da Rota.*[24] *E ali estava eu, fazendo ligação direta em uma motocicleta que não era minha, carregada de material eletrônico....*

URANIO — **Inacreditável!**

AMYR — *Naquele momento, toda a tensão dos últimos dias me pegou. Senti tanta raiva, que me levantei e disse: "Seu guarda, sabe de uma coisa, eu estou de saco cheio! Está tudo errado! Me prende logo, de uma vez! Eu nem sei se tenho documentos! Me prende logo, que eu não aguento mais essa porcaria!" E o soldado desceu do carro e disse: "Meu filho, você está nervoso. Vai para casa e descansa." Ele podia ter me prendido e a viagem nunca teria acontecido. Eu poderia ter perdido o navio, o barco teria ido embora e a viagem não iria acontecer. Mas o soldado dizer que tudo iria dar certo, para eu ir para casa e me acalmar, isso foi algo que nunca imaginaria que pudesse acontecer comigo.*

---

24   A Rondas Ostensivas Tobias de Aguiar (Rota), criada em 1970, integra a polícia de choque do Governo de São Paulo. São feitas críticas ao uso excessivo de violência pelos seus integrantes.

346

DECISÕES DE ALTO IMPACTO

URANIO — Temos mesmo de admirar sua determinação. Mesmo com tantas coisas negativas, você continuou a viagem. Mas você também enfrentou muitos problemas na África, até conseguir iniciar a viagem, não é mesmo?

AMYR — *Eu contratei um serviço de despachos marítimos de uma empresa famosa do Brasil. Eles cuidaram do transporte, mas não da documentação. Quando eu cheguei na África do Sul para ir para a Namíbia, eu não possuía documentação para internar o barco. Fui salvo por tripulantes argentinos de um navio chamado Santiago Del Estero. Eram pessoas que já haviam viajado noventa vezes para o Japão, noventa vezes para Roterdã. Uma época em que a navegação era mais glamourosa. Eles falaram: "Amyr, se você colocar o barco dentro da zona alfandegada de Cape Town, você vai perder o barco, porque você não tem os documentos. Vamos esconder o barco no porto, fora da área alfandegada, no cais, e vamos tentar achar um outro navio que leve você até a Namíbia." Eles de fato acharam um barco de uma empresa de cabotagem local. Se eu tivesse internado o barco, ele teria sido apreendido e a viagem não aconteceria.*

URANIO — Imagino que todos esses desafios não constavam no seu planejamento.

AMYR — *Foram tantas as dificuldades pessoais e burocráticas, que eu dizia para mim mesmo que só faltava fazer a parte mais fácil, que era remar até o Brasil, seria simples, fácil e sem dificuldade. Eram tantas as coisas sobre as quais eu não tinha controle e nem autonomia, que remar foi a parte deliciosa. Acho que, nesse sentido, às vezes, os problemas são importantes para trazerem você para a realidade.*

URANIO — Em algum momento passou pela sua cabeça que a decisão de fazer a viagem foi incorreta e surgiu o desejo de desistir de tudo?

AMYR — *Sim, o desejo de desistir passou várias vezes durante essa tormenta de problemas que antecederam a viagem. Mas pensei que, depois de tudo que eu havia passado, eu não poderia desistir. Houve também uma sensação curiosa. Eu imaginava que, quando estivesse no meio do Atlântico, eu estaria como nunca havia me sentido, isolado da vida civilizada, dos meus amigos. Mas não foi assim que aconteceu. No dia em que eu dobrei a metade da carta náutica do Atlântico, a minha sensação foi completamente diferente. Eu senti que eu estava mais próximo dos amigos que havia feito dos dois lados do oceano do que em qualquer momento. Naquele momento, eu estava equidistante da África e do Brasil e, aos poucos, eu me afastava dos amigos que eu deixei na Namíbia e lentamente me aproximava daqueles que eu iria encontrar na Bahia. Essa é a beleza de você fazer travessias e colocar os projetos em prática.*

URANIO — Essa satisfação certamente surgiu por você ter percorrido de maneira satisfatória as etapas que antecedem a tomada de decisões difíceis. Você estava à vontade com a dinâmica das decisões, que envolve as origens e as consequências das escolhas feitas. O propósito era o de beneficiar pessoas, envolvidas direta ou indiretamente

UMA CONVERSA (...) COM AMYR KLINK

com o projeto. A essência de todo o processo estava alinhada com os seus valores. Este livro trata destes pontos: essência, dinâmica e propósito das decisões.

AMYR — *Você está me dizendo algo de muita importância que é a questão dos valores que me guiam. Eu sou cabeça-dura e construí um elenco de valores dos quais eu resolvi não abrir mão em nenhuma hipótese. Primeiro, eu decidi não pagar dinheiro para ninguém. Não iria encontrar formas de cortar caminhos e não faria concessões do que estava naquele Dossiê Amarelo. Outro ponto é que, se eu sentisse que o risco de segurança seria alto demais, paciência, cancelaria todo o projeto. Eu construí uma espécie de desapego: se não fosse fazer as coisas do jeito certo, eu preferia não fazer, por mais vergonha e humilhação que eu fosse passar. Decidir não abrir mão dos meus valores foi de grande importância e iria me ajudar muito nos projetos seguintes, quando fui construir o barco para invernar na Antártica. Graças aos meus valores, consegui viajar dois anos com o barco. E foi por causa deles que eu construí uma relação excelente na Aços Villares.*[25]

URANIO — **Como se deu isso?**

AMYR — *Foi a única vez que consegui um patrocínio substancial para um projeto meu. O conselho da Aços Villares concordou em me receber para apresentar o projeto. O problema é que eu queria fazer um barco de alumínio, e o alumínio é o mais terrível concorrente estratégico e psicológico do aço. Mas os barcos de aço enferrujam, e os de alumínio não. Por esse motivo, os barcos de alumínio têm mais valor. O pessoal do aço, portanto, odeia o alumínio, que é um superconcorrente. Eles me deram dezessete minutos para apresentar o projeto no Conselho.*

URANIO — **Você falou para esse "pessoal do aço" que o seu barco seria feito de alumínio?**

AMYR — *Havia onze membros do Conselho na sala. Um deles se chamava André Musetti, era o presidente da Federação das Indústrias de Aço. No final da apresentação, que durou quinze minutos, ele levantou a mão e perguntou: "Amyr, do que vai ser feito o seu barco?" Eu havia tomado o cuidado na apresentação de nunca usar a palavra alumínio. Eu falei da importância da construção metálica, "o barco vai ser feito em metal..." era tudo o que eu dizia. Jamais pronunciei a palavra alumínio' ou aço. E ele queria saber qual era aquele metal do qual o barco seria feito. Naquela hora, eu estava nervoso, suando. Eu sou meio tímido para falar. Mas aí eu me acalmei. "Quer saber",*

---

25 Até o início da década de 1990, a Aços Villares liderou o mercado latino-americano de aços especiais. Com problemas financeiros, a empresa foi vendida, em 2000, para um grupo espanhol e, em 2004, passou para o controle da empresa austríaca Böhler-Uddeholm AG. Disponível em: <https://www.paulogala.com.br/grupo-vilares-uma-gigante-brasileira-que-virou-po/>.

eu pensei, "eu vou recolher o projeto, eles não vão dar o dinheiro". E respondi: "O meu barco vai ser de alumínio."

URANIO — Eu posso até escutar o "Ohhhh!" do Conselho.

AMYR — *O André Musetti perguntou: "Você sabe onde a gente está?" Eu respondi: "Eu sei, na sede da Aços Villares." Ele voltou a perguntar: "Você sabe o que a gente faz?" Eu disse: "Olha, eu não sei o que vocês fazem, sei que vocês odeiam alumínio." Ele concordou: "Exatamente, a gente odeia alumínio." E lançou uma questão: "Se depender do nosso dinheiro para você fazer o projeto, você faria o barco em aço?". Eu disse: "Seu André, se eu fizer o barco em aço, ele vai custar 30% mais barato. Eu posso fazer em aço, só que eu não vou abrir mão de fazer em alumínio, porque se eu fosse pedir patrocínio para a Trol ou para a Estrela[26], eu não iria fazer o barco de plástico. Se eu fosse pedir para a Companhia de Melhoramentos[27], eu não iria fazer o barco de papel higiênico."*

URANIO — Eu posso escutar outro "Ohhhh!" do Conselho quando você disse tudo isso.

AMYR — *Eu estava tão nervoso, que eu fui ao banheiro. O Paulo Villares, então presidente do grupo, também entrou no banheiro, e fazia xixi no urinol ao meu lado, quando me disse: "Mas Amyr, você vai perder o nosso apoio. Por que você não faz o barco em aço?". Eu disse a ele: "Seu Paulo, eu não posso ficar mudando de acordo com a cara do cliente. Para cada empresa, eu vou fazer o barco do material que eles querem? Não posso abrir mão, eu tenho um projeto." No dia seguinte, eu fui ao banco e falei para o meu gerente que eu precisaria fazer um empréstimo para fechar o escritório e pagar os funcionários, pois eu teria de cancelar o projeto. Eu estava ali, tratando do empréstimo, quando ligou a secretaria do Paulo Villares para me dizer que o projeto havia sido aprovado por unanimidade pelos conselheiros.*

URANIO — O que os fez mudar de ideia?

AMYR — *Descobri, anos depois, conversando com o André Musetti, que foi exatamente a questão dos valores que pesou na decisão deles. Ele me disse: "Claro que a*

---

26 As duas empresas foram fabricantes de brinquedos com grande penetração no país. A Trol desfrutou de grande presença nesse mercado entre as décadas de 1950 e 1990. Fundada em 1939, também produzia produtos de plástico. Em 1983, teve a sua falência decretada após fortes problemas financeiros. A Estrela iniciou suas atividades em 1937, tem ações negociadas na Bolsa de Valores e é uma das mais tradicionais produtoras de brinquedos do país. Disponível em: <http://playvender.blogspot.com/search?q=trol> e <http://playvender.blogspot.com/2014/10/historia-da-estrela.html>.

27 Conglomerado industrial fundado em 1890, com negócios, entre outros, nos setores de papel, celulose e editora. Disponível em: <http://www.melhoramentos.com.br/v2/perfil/>.

UMA CONVERSA (...) COM AMYR KLINK

gente queria que você fizesse o barco em aço, mas se você tivesse concordado em fazer em aço apenas para receber o nosso dinheiro, nós teríamos negado o apoio, porque ficaria claro que você estava preocupado com o dinheiro, e não com o projeto."

URANIO — **Sensacional!**

AMYR — *Foi, de certa maneira, um teste pelo qual eu passei, e levei anos para entender. O amigo que estava comigo na apresentação ao Conselho, que montou a apresentação de slides com três projetores e tal, quando eu disse que não iria fazer o barco em aço, gritava comigo: "Seu louco, nós perdemos o trabalho! Nós perdemos dinheiro! Esse projeto não vai acontecer!"*

URANIO — **Por falar na presença desse seu amigo na reunião, você vê o processo de tomada de decisão como algo solitário?**

AMYR — *Eu acho que é um processo solitário quando ele ocorre na esfera das pessoas que controlam o processo. Mas eu acredito que a gente deve entender que é um processo dinâmico, nunca é definitivo. Vivemos em um mundo que se movimenta por meio de transformações tão contundentes, que se insistirmos em seguir à risca o que planejamos, correremos um risco sério de falhar. A mais importante habilidade, hoje, na gestão no mundo corporativo, é a capacidade de adaptação. Se a decisão que tomamos não se mostrar como a melhor possível, temos de ter a humildade de rever o que propomos.*

URANIO — **Perfeito! E nos seus projetos, você adaptava as suas decisões constantemente?**

AMYR — *Vou responder da seguinte forma: remei durante cem dias para chegar no Brasil. Meu alvo era Salvador, na Bahia. Mas eu nunca remei na direção de Salvador, nunca. Eu estava sempre tentando diminuir, mitigar as perdas. Eu estava sempre tentando compensar o erro provável do dia seguinte. Quando eu sabia que no dia seguinte o vento iria soprar do sul, aí eu remava para o sul, para ganhar uma margem. Não remava para ir para Salvador.[28] Eram decisões cotidianas, constantes, o tempo inteiro... Mutantes como as ondas do mar.*

---

28 Amyr Klink completou a travessia do Atlântico em 18 de setembro de 1984, ao chegar à Praia da Espera, no município de Camaçari, na Região Metropolitana de Salvador. Disponível em: <https://www.marbahia.com.br/post/chegada-da-primeira-viagem-de--amyr-klink-%C3%A0-bahia-completa-35-anos>.

Índice

A

accountability 84
accountable 85
agrobusiness 302
alianças estratégicas 226
alternativas 115
atitude 17–18
  racional 308
autoconhecimento 14, 55, 88, 107,
212, 337–338
autonomia 88, 114
autorreflexão 290
avanços tecnológicos 103

B

background 144
baixo impacto 177
Balanced Scorecard 241
base fraca 264
bem comum 127
bem-estar 142
benchmarkings 230, 286, 303
benefício 280

C

caçadores-coletores 70
carreira 11
cisne negro 178
coerência comportamental 208

competitividade 51
Compliance 52
componente emocional 47
confiança 98, 106, 268
  mútua 68
conflito interno 39
consultorias 197
controle de riscos 240
controller 170

D

deadlines 160
Deal breakers 227–228
decisões 13–15, 18, 28–40, 121
  difíceis 34–41, 86
  emocionais 55, 68, 299
  errôneas 33
  fáceis 34–41
  racionais 66
dedução 145
deficiências 115
desculpability 89
dinâmica 137, 140–141, 190

E

efeito de primazia 210
Ego 130
ego inflacionado 128
Einstein 145
Emanuel Kant 224

ÍNDICE

emoções 14, 172
escolhas 29, 172
espírito de equipe 68
essência 137, 140–141, 190
excesso de informação 193
executive search 309
expectativas 205
experiência 118, 199

F

fake news 195
falta de liberdade 83
fluxo de pensamentos 194

G

gestão de pessoas 14
governança 86–87
guru 263

H

habilidades interpessoais 296
hedge natural 286
homens primitivos 70

I

Id 130
indicador de riscos 237
indicadores 227
   da performance organizacional
   241
   eficientes 238
insegurança 179, 238
internacionalização do negócio 285
intuição 55–56, 321

J

joint venture 285

K

Kant 229

L

liberdade de escolha 37
líder 65–66
liderança 11
linha de frente 223
livre-arbítrio 128
low cost 155

M

mailing-list 243
market share 256
Mark Zuckerberg 36
más decisões 46–59
Maslow 147
mercado de capitais 279
metas 53
mindfulness 64
motivações 135

N

Não accountables 86
networking 100
novas soluções 257

P

papel social 244
P&D 251
Pesquisa e Desenvolvimento 51

planos de negócio 286
Platão 196, 217
poder 104
   de decisão 128
   de influenciar 188
   do medo 138–140
   genuíno 98
ponto de relevância 307
processo
   de decisão 264
   de execução 239
profissionais inexperientes 40
propósito 137, 140–141, 190
prospects 237, 242
punch 285

Q

qualidade de vida 105

R

razão 321
regras da negociação 226
remunerações variáveis 87
resultado 239–240, 281
Revolução da Mentalidade 105
risco 237

S

Script positivo 290
sensemaking 64
shareholders 286
Sigmund Freud 130

sinergias 230
Sistema
   Dois 57
   Um 57
situações
   conflituosas 207
   críticas 240, 324
solidão 117
solitude 117
solução inovadora 158
stakeholders 97, 135, 174–175, 244
Steve Jobs 36
stop loss 165
Superego 130
sustentabilidade 87

T

tomada de decisão 18–19, 29–32,
129, 133–138, 188, 337–339
trabalho conjunto 68
turnover 242

V

valores 50, 98, 212, 226
   corporativos 178
   éticos 257
viés retrospectivo 33

W

Warren Buffet 263
workaholic 293